JN101180

A Guide to Developmental Psychology

for

Early Childhood Education & Care

2003

DOBUNSHOIN

Printed in Japan

保育・教育ネオシリーズ 5

発達の理解と保育の課題

第三版

【監修】

岸井勇雄

無藤　隆

湯川秀樹

【編著】

無藤　隆

同文書院

執筆者紹介 *authors*

【編著者】

無藤 隆（むとう・たかし）/ 第1章
白梅学園大学名誉教授

【著者】 ＊執筆順

藤谷智子（ふじたに・ともこ）/ 第2章
武庫川女子大学名誉教授

上村佳世子（うえむら・かよこ）/ 第3章
文京学院大学教授

松嵜洋子（まつざき・ようこ）/ 第4章
明治学院大学教授

吉川はる奈（よしかわ・はるな）/ 第5章
埼玉大学教授

小松 歩（こまつ・あゆみ）/ 第6章
白梅学園短期大学教授

平山祐一郎（ひらやま・ゆういちろう）/ 第7章
東京家政大学教授

相良順子（さがら・じゅんこ）/ 第8章
聖徳大学教授

塩﨑万里（しおざき・まり）/ 第9章
名城大学教授

大國ゆきの（おおくに・ゆきの）/ 第10章
東京成徳短期大学教授

細川かおり（ほそかわ・かおり）/ 第11章
千葉大学教授

中島寿子（なかしま・ひさこ）/ 第12章
山口大学教授

福丸由佳（ふくまる・ゆか）/ 第13章
白梅学園大学教授

中橋美穂（なかはし・みほ）/ 第14章
大阪教育大学教授

Introduction

はじめに

　グローバル化に象徴されるように，現在の社会は従来の枠のなかでの安定にとどまることが許されず，市場原理にさらされる自由競争の時代を迎えている。このことは基本的には必要なことではあるが，厳しい現実を伴う。優勝劣敗という弱者に冷たい社会。短期的な結果や数字にあらわれる成果の偏重。基礎的な理念よりも人目を引くパフォーマンスの重視など——。

　これらは人間形成としての教育，とくに乳幼児を対象とする保育にとって，決して望ましい環境ではない。教育者・保育者は，すべての価値の根源である1人ひとりの人生を見通し，その時期にふさわしい援助をあたえる見識と実行力をもたなければならない。

　こうした観点から，本シリーズは，幼稚園教諭ならびに保育所保育士（一括して保育者と呼ぶことにする）の養成機関で学生の教育にあたっている第一線の研究者が，研究の成果と教育の経験にもとづいて書き下ろしたもので，養成校のテキストや資格試験の参考書として配慮したものである。

　各章の著者はそれぞれ研究と教育の自由を活用し，個性豊かに叙述したので，その記述に多少の軽重や重複が見られるかもしれない。無理な統一を敢えて避けたのは，テキストを絶対のものとは考えないからである。教科書を教えるのではなく，教科書で教える——といわれるように，あくまでもテキストは参考書である。担当教員は自ら大切と思う点を詳細に重点的に講義し，それだけでは偏る恐れがあるので，他のところもよく読んでおくようにと指示することができる。学生諸君も，読んでわからないところを教員に質問するなど，幅広く活用していただきたい。

　「幼稚園教育要領」と「保育所保育指針」は，近年いちじるしい深まりを見せている保育学および周辺諸科学とともに多くの実践の成果を結集したものである。その趣旨が十分に理解されてよりよい現実をもたらすにはさらに少なからぬ努力と時間を要すると思われるが，本シリーズが，この重大な時期を迎えているわが国の保育・幼児教育の世界と保育者養成のために，ささやかな貢献ができれば，これに過ぎる喜びはない。

初版　監修者・編著者代表　岸井勇雄

無藤　隆

柴崎正行

第三版改訂にあたって

　本書は，「発達の理解と保育の課題」の第三版です。幼稚園教諭・保育士養成課程において，「保育の心理学」「子どもの理解と援助」「子ども家庭支援の心理学（旧精神保健）」などに対応するように構成してあります。

　2017（平成29）年に幼稚園教育要領，保育所保育指針，幼保連携型認定こども園教育・保育要領の改訂（定）が告示され，さらに幼稚園教諭・保育士養成課程についても見直しがなされて，科目の再編が行われました。今回はそれに合わせ，随所に新たな項目を入れ，また最新の資料に入れ替えてあります。14章立てとしてあり，また注釈を豊富に入れて，わかりやすく，授業に使いやすいという定評に応えてきました。また，保育士試験のための参考書としても役立つという声を多く頂いており，その出題傾向に合わせて，頻出項目の解説を加えました。

　また各章において，この十数年急激に進歩した研究知見と実践のあり方を反映させるために，幼児教育において特に重要とされる「非認知能力（社会情動的スキル）」の解説とその育成のポイントを示しました。それにより現今の保育実践の動向についても把握できるようになるでしょう。

　さらにさまざまな現代的な課題について解説を加え，特に変化しつつある保育・教育状況に応じるとともに，学生にぜひ伝えてほしい事柄を明記しました。例えば，ジェンダーとその差別の問題，多様性を尊重した保育のあり方，性別違和感を巡るいわゆるLGBTQと略称される性的マイノリティについての解説と対応，子どもの貧困など，社会として，また保育者として対応すべきことなどをわかりやすく整理しました。

　どの章についても従来以上に養成課程の授業で使いやすいこと，また自習して学ぶ場合にも理解が行き届くことを目指しています。それを通して幼稚園教諭・保育士となる方々が基礎的な知見を確実に身につけられるテキストになったと考えています。また現役の方，復職する方の学び直しにも有益だと思います。旧版と同様に多くの方々にお使いいただけるものとなったと思っております。

　2023年　春

編著者　無藤　隆

Contents

目次

第 1 章

発達と保育のつながり

〈学習のポイント〉　①子どもの発達について保育現場の中で捉えよう。
　　　　　　　　　②知的発達とは保育のさまざまな活動の中に現れることを理解しよう。
　　　　　　　　　③知的発達を促すにはどのような働きかけが可能なのか理解しよう。
　　　　　　　　　④非認知能力がなぜ大切なのか，どう高めるのか理解しよう。

　本章では，発達心理学でわかってきていることが，どのように保育を進め，保育を見直すのに役立つかを示したい。「幼児の知的発達」という視点からそのことを考えよう。知的発達とは，発達心理学の中心軸の1つを占めながら（「**認知発達***1」と呼ぶ），幼児教育の中では正面切って議論されることが少ない。ときに取り上げられても，文字や数の学習と同じこととして扱われたりする。そこで，その視点から発達と保育のつながりを考えることで，発達心理学の知見が保育からすると遠いように見えて，実は，深い結びつきがあり，どうして今のような保育を行うのかについての基礎を提供してくれることがわかる。さらに，保育を高めていく観点としても役立つだろう。

> *1　**認知発達**：記憶力，思考力，また知識などが年齢段階に応じてどのように高まっていくのかを指す。

1. 保育における知的発達とは

1 知的発達を示す子どもの姿

　子どもが積木を積んでいる。子どもがごっこ遊びを始める。砂場で穴を掘っている。庭でウサギの世話をしている。どれも幼稚園，保育所等でよく見られる光景である。その1こま1こまに知的な発達の芽生えがある。その折々に，子どもが頭を使って工夫しているかどうか，考えているのかどうかがポイントとなる。

　積木を積んでいるときに，ただ機械的に，また力まかせに積むのではなくて，1つ積んでは，うまくいっているかを考えているだろうか。かなり積木に慣れてきたなら，全体として例えば「おうち」になっているかどうか，居間や台所らしくなっているかなどを考えて，それに合わせて作り替えたりしているだろうか。

　先生に，車が作れないから作って，と言ってきたときに，「自分で考えて」と言うだろうか。それとも，すぐに作ってあげるだろうか。一体どちらが**知的な発達**を促すのだろうか。自分でも大体は作れそうだ，あとちょっとの工夫で行けると判断したら，たぶん，自分で考えさせるだろう。そうではなく，まだまるで作り方も見当がつかない3歳児などであれば，作ってあげるけれど，子どもに作り

方がよくわかるように，ゆっくりと手順を示すかもしれない。少しできそうな子どもなら，ある程度先生が作って最後のところを子どもに作らせたりするかもしれない。

　先生が子どもの考える力をいかに引き出すかは，子どもの有能感を大事にすることでもある。自分でできた，と思えるように，ほどほどに助力しながら，でも，完成して子どものイメージが実現するようにする。今子どもができそうなことを見取って，そこまでは子どもにまかせつつ，できそうもないし，子ども同士では解決できそうになかったら，助言したり，手伝ったりするのである。

　園の中にはいろいろなものがあり，人がいる。その出会いの中で，子どもはいろいろなことに興味をもって，取り組む。こんなことをやってみたい，こんなふうに完成してみたい，これくらい上手になりたいと思う。そこで，それを目指して頑張るだろう。

　そのときに，ただやたらに力を入れて，頑張るだけでなく，ちょっと立ち止まって，どうしたら上手にできるかなと考えるところで，完成度が上がるだけでなく，子どもの考える力が伸びるのである。ほかに上手な子がいるかもしれない。どんなふうにしているのだろう。よく見て，真似しようとする。簡単に真似はできるものではない。そこにささやかであっても，工夫が生まれざるを得ない。

　熱中して取り組み，試行錯誤しているうちに，いつの間にかよいやり方をうまく見つけたり，完成させたりすることもある。そういったときにも，自分がどのようなところを工夫して，うまくできたのかとか，どんなことを見つけたかを振り返るようになると，知的な気づきが生まれて，その後の**工夫**に活きていく。

　もっとも，どんな遊びだって，いきなり考えるところからは始まらない。特に幼児の場合にはそうだ。まずは熱中して遊ぶことが大切である。何度も繰り返しているうちに，少しずつ積木でも，ウサギでも巧みに扱えるようになっていく。そこで初めて，工夫したり，考え込んだり，気づいたりする余裕も生まれる。小さいうちはまず慣れること，そして試行錯誤することをたっぷりと経験させたいものである。

　知的発達を促すことは，何も特別な保育などではない。普段，保育の中で行っていることである。ただ，もう一歩進めて，子どもが少しでも考えるという経験をするかどうか，まわりに**関心**をもって，どうしてだろうとか，どうなっているのだろうと疑問をもつことが増えるように刺激し，支えていくことが，知的発達を促す保育になるのである。

２ 知的な探求心を育てる

　子どもが園に行き，新たにさまざまなものに出会う。今の子どもは，家にいる

ときには，家族のもとで暮らし，テレビやテレビゲームや家の中の遊びをしていることが多い。3歳までであれば狭い行動範囲になるには違いないのだが，そのうえ，今の社会では子どもの数も少なく，家の中で機械を相手に楽しく過ごすのが当たり前になっている。そういった狭いところでの暮らし方と，相手が楽しませてくれるという受身の関わり方を大きく広げるのが園の役割である。

「世界に出会っていくこと」というと，大げさかもしれない。でも，園に来る前の子どもの環境を思い浮かべれば，園に来て，何と多くのものに出会うことだろうか。部屋には大きな積木がある。もしかしたら，はさみを使うのも初めてかもしれない。砂場に初めて入る子どももいる。水をふんだんに使って遊ぶこともそれまでなかっただろう。草むらで初めて虫を探す。畑で野菜を育てていく。

同年代の子どもと遊ぶこと自体，それまで経験していなかったかもしれない。1人程度の遊び友だちはいたとしても，こんなに大勢で遊ぶことはない。保護者以外の大人と付き合ったこともありそうにない。

世の中にこれほど多くのものがあり，いろいろな人がいることを子どもは初めて知る。その1つひとつがただあるのではなく，その各々に特徴があり，個性をもち，それにふさわしい対応がある。こうすればこうなるとわかっていく。石の下を探すと，ダンゴ虫が見つかる。触れば，丸まって面白い。でも，床に放り出しておくと，死んでしまう。

園に来ると，毎日のように発見がある。大勢で積木を積み，巧技台[*1]をつなげると，大きな家ができ上がる。いろいろな知恵を出し合っていくと，茶の間があったり，お風呂場ができたり，素敵な2階建ての屋上のある家になったりする。宇宙基地になって，ロケットが発進するかもしれない。不思議なことがたくさん起こる。花びらを摘んで，水に入れて，つぶすと，水にきれいな色がつく。ジュースみたいだ。

子どもがいろいろなことに興味をもって，好奇心を発揮することで，知的な発達の基盤が作られていく。そのうえで，もっと面白くしたいと思うところで，さらにそのものの性質を知ることになっていく。ダンゴ虫を見つけたい。園中を探し回る。どうもしめった感じのところが好きみたいだとわかっていく。ダンゴ虫を集めて，飼育していきたい。どうやって生かしていったらよいだろう。先生に聞いたり，図鑑を調べたりする。水や食べ物がいるらしいとわかっていく。

好奇心を広げ，次にそれが**探求心**へと育っていくのである。どうすれば，自分の願うようにできるだろうか。次にはどうなるのだろう。その仕組みを教えてく

*1 **巧技台**：台や板を組み合わせ，しっかりと固定して，大きな部屋全体に広げて遊ぶことができる。幼児でも組み立てることが不可能ではない。使い終われば片づけも簡単で，すぐれた遊具である。

れるものがどこかにないだろうか。子どもの興味は次第に知的なものへと育っていく。

　探求心を育てるには，広がった好奇心をさらに深める必要がある。二段，三段と子どもの探求が進むところで，探求心が湧き出てくる。もっと知りたいと思って，もっと追求してみると，確かにもっと面白くなっていくという経験が元になる。ただボタンを押して，目を奪う光景が展開するというのでは足りないのである。自分の力を発揮し，どうやったら深められるかを工夫して，その先の広がりをものにしていく。物事のさらに奥を知りたいという気持ちは，表面だけで満足するのではなく，その先を実際に探求することで育っていくのである。

２．物事への関心を育てる

① 文字への関心を育てる

　文字の読み書きは，小学校の教育のもっとも基礎となる学力のせいか，幼児でも重視されている。知的な発達を考えるときにも，文字の読み書きを思い浮かべる人は多いようだ。しかし，実は，幼児期の文字の読み書きは知的な発達に強く影響するものではない。知的な発達はもっと遙かに広いものだし，幼児の活動の至るところで生じている。言葉の発達を取ってみても，その文字が読めることは大事だが，言葉の意味が把握されなければならない。

　「氷」であれば，「こおり」と読めればよいのではない。さらに，氷が水が凍ったものだと理解するだけでもまったく不足している。氷が触ると冷たいこと，暖まると解けて水になること，ジュースの氷も，冬水たまりにできる氷も，アイススケートの氷も，皆同じ氷であること，暑いときの氷は気持ちよいけれど，冬の厳しい寒さの氷はうっかり触ると手が凍りつくくらいだということなどもわからなければ，氷という言葉を使えたことにならない。しかも，それは，絵本で情景を見て理解するだけでは足りず，冬の朝，息がハア，ハアと白くなるときに，水回りの氷に乗ってみたら割れたとか，取ってみたら手がかじかんだけれど，透明できれいだったこと，それを落としたらガラスみたいに割れたこと，といった思い出と一緒に記憶されて，意味を担うようになる。

　だが，現代社会では，文字を覚えることは特別なことではなくなっている。昔の時代だと，学校の教室で初めて文字に接したかもしれない。でも，今は文字は幼児を囲む至るところに見られる。絵本にはずいぶん小さい年齢から接している。大人向けの新聞や雑誌は幼児は読まないが，大人が読んでいる様子は見ていて，文字を読むという活動には馴染みがある。50音表なども貼ってあるかもしれな

い。台所や食卓に置いてある瓶詰めや食品の入った箱や飲み物の瓶には，必ず商標や説明書きが書いてある。外に出れば，至るところに広告があり，標識がある。「止まれ」の標識は形や色が特徴があるうえに，曲がり角ごとにあるから，すぐに覚える。

マクドナルドにハンバーガーを食べに行けば，例のMのマークを覚えることだろう。それは独特の文字の形と込みで，しかも「マクドナルド」と読むから，文字を覚えたわけではないが，その文字を覚える前提となる**記号の理解**[*1]にはなる。どのような場面でも「一定の形は一定の発音と意味に対応している」ということがわかるからである。

＊1 記号の理解：絵文字やしるしの理解は，その呼び名と意味がわかることである。マークを「読める」ことである。それは，文字の読みの前段階である。

文字に接する活動が当たり前のことである環境も文字の習得を支える。文字を使うことは日常の普通のことだとわかることとともに，何のために文字を使うかが理解されるからである。情報伝達であったり，楽しみのためであったりするのである。

そこで，今の社会の子どもたちは，かな文字くらいなら1文字ずつを，幼稚園の終わり頃までに，意識して教えなくても大体読めるようになっていく。園のごっこ遊びでも，レストランごっこでメニューを書いたりするとか，書けなければ先生に頼んで書いてもらうといったことはよく見られる。すらすら読めるかどうかは別のことである。その段階に達するためには，本に接していて，自分で興味をもって，1人で読み始めるようになることが必要である。本が好きになる子どもに育てることが大切になる。

なお，文字を書くことは，読むことと相当に違う種類の活動である。その習得の経路もかなり違う。字を書くことが好きになって，どしどし書いていく子どももいるが，多くの子どもは文字を意識して指導しないと，ちゃんと書けるようにはならない。文字を書くのは，書き順とか，少し斜めにするとか，ややこしい規則がたくさんあるからである。だから，その十分な習得は小学校でやってもらうほうが賢明であろう。

② 絵本への関わりを育てる

どの園でも絵本の読み聞かせをしていることだろう。また，絵本のコーナーを用意して，いつでも読めるようにしている。一体何のためにそうしているのだろうか。

もちろん，まずは絵本が好きになってほしいからである。各種の調査でも明らかになっているように，絵本が好きになることで，将来の読書の習慣が育つし，読書が国語力の基礎であることは言うまでもない。少々の字を覚えることよりも絵本が好きなことのほうが，ずっと国語の力を伸ばすのに役立つ。好きであれば，

読み聞かせを楽しむだけでなく，自分から合間の時間に絵本に親しむだろう。それが先行き自分から本を読むことに発展する。自分で暇な時間に本を読まないで，学校の国語の時間だけで国語力を伸ばそうとするのは無理がある。言葉はきわめて多量の言い回しからなっているので，長い時間をかける必要があるうえに，高度な言い回しは本でこそ出会えるからである。

　好きになることが大切なのは，単にたくさん絵本や本を読むからだけではない。興味をもって読むから，読みつつ，空想を働かせるだろうし，自分が知っていることと結びつけて，驚いたり，考えたりすることも多いだろう。そうやって，感性も思考も働かせるからこそ，読書は子どもの成長に役立つのである[*1]。

　よい絵本を読むことも大切である。でも，それも，たくさんの絵本をともあれ読むという基盤があってのことだ。1種類に片寄らずに，いろいろなタイプの絵本を読むとよい。お気に入りができれば，繰り返し読んで覚えてしまうこともあるだろう。絵本で出会う言い回しがその子どものものになっていく。

　もちろん，絵本は単に言葉を覚えるためのものではない。想像を通して，子どもの世界を広げるものでもある。絵本にはさまざまな事柄が出てきて，世の中にはこんなことがあるのだ，こんなこともできるのだと子どもに伝える[*2]。子どもが1人で（あるいはぬいぐるみとともに）汽車に乗って，旅をする。現実にできないことが可能になるだけでなく，旅ということを示してくれる。都会や田舎の様子や，庭の片隅にいる昆虫の生態など，この世界にある多くの驚異に子どもの目を開く。

　物語は子どもに勇気とは何かを教えてくれる。ささやかなお使いやお留守番でも，子どもにとっては大冒険である。怪獣のいる島に行くのは本当の冒険だ。主人公は楽しげに，またときに不安を感じつつ，危険を乗り越えていく。そういった物語は，子どもが自分の身に起こっていることについて自分が主人公であること，そして勇気を奮っていったり，根気よく取り組んでいったりする智恵を教えてくれるのである。

　絵本はまた園の中で（家庭ならなおさら）ひめやかで親密な空間を作り出すものである。子どもが1人で読みつつ，まわりの騒々しさから離れて，絵本の語る世界に没入する。保育者の読み聞かせの語りに耳を傾け，絵に見入る中で，保育者との親密な関係に浸る。もっとも，そのためには，クラスで読み聞かせをする際にも，絵本の読み聞かせを統制のための手段とか，ただ機械的な説明などではなく，たとえ大勢が相手でも，保育者が**1対1での関係**を子どもに感じられるような配慮が必要である。

　絵本は，丁寧にさまざまな工夫をページに込めて作られている。その理解は，絵本の隅々までも探索し，堪能して，成り立つものなのである。ただ，筋がわか

*1 秋田喜代美『読書の発達心理学』国土社，1998

*2 以下，実際の絵本に対応するものが見つかるはずだ。図書館の児童コーナーで探してほしい。

6

ればよいのではない。親密な空間とは，人間関係の意味だけでなく，絵本を味わうという意味でも必要なことである。集団での読み聞かせでの工夫を望みたいところである。

3 数への関心を育てる

　4歳とか5歳くらいの幼児になると，何か同じ種類のものがいくつかあると，すぐに数える時期があるものだ。また，保護者に数を数えてもらいながら，公園を1周してきて，いくつだったと聞いたりもする。数えること自体に興味があるのだろう。また，数えている数字が大きくなると，自分も大きくなったような気がするのかもしれない。

　どうしてそんなに数に関心をもつのだろうか。いわば本能のようなものなのだろう。人間が認識するときに，数という捉え方はよほどその根本に根ざしたものなのだと思われる[*1]。ものが1つあるということ，同じ種類のものとしてまとめること，そのどちらも，人間が考えるときの元になることである。数は，同じ種類にまとめたうえで，「1つ，1つ，1つ」と繰り返していくところから始まる。

　でも，自分は計算なんて嫌いとか，算数は苦手という人は多いはずである。どうしてそんなに幼児とは異なるのだろうか。筆算[*2]に入るところで，急に難しくなるのである。「12」と書いて，「じゅうに」と読む。「いちに」では間違いだ。さらに足したり，引いたりすると，繰り上がり・繰り下がりが出てくる。そういった筆算の方法は，大変に特殊なやり方で，教わっても，なかなかすぐに使えるようにならない。だからこそ，小学校で算数の時間があり，計算の練習を長い時間するのである。まして，分数とか方程式などといったら，高度な技法なのである。

　幼児が喜んで数えるのは，それとは違う。どんなものでも数えられることが嬉しいのである。リンゴだって，人だって，車だって，「1，2，3」と数えてよい。幼児が手にした，いわば万能の抽象力である。

　幼児は足し算も引き算も自然にするようになる。おはじきを右手に2個，左手に3個持って，「合わせていくつ？」と問えば，あらためて数えなくても，「5個！」とわかるようになる。でも，それは筆算の式を立てて，計算するのではない。おはじきの**イメージ**を思い浮かべて，それを数のイメージに変えつつ，数えていくのである。

　さまざまに数えたり，加えたり，取り去ったりしているうちに，数の系列がしっかりしてくる。単に10までとか，20まで数えられるだけでなく，8に2を加えたら，10だとかいった関係がわかっていく。

　数を数える機会はいくらでも身の回りにある。何でも数えられるのが数の特性だからである。ただ，そのためには，同じ種類のものがいくつかあって，しかも

*1　乳児でも，ひとつ，ふたつ，みっつの点のまとまりを区別するという。

*2　筆算：紙に書いて行う計算方法。

数えやすく並べられてなければならない。そうでないと数えようと思わないし，数えても間違える。ものを整理して，きれいに並べてある環境が大事になる。

　砂場に使うスコップは並べてきれいにかけてあるだろうか。ままごと用のカップがいくつか棚に置いてあるだろうか。木の実を拾ったら，並べてみて，どれだけ取れたか，見てみることができるだろうか。全部を子どもが数えられなくてもよい。ひまわりの種など無理だ。でも，たくさんあって，それが数えられそうだと思えるだけでよいのである。

　短いものから長いものへ，小さいものから大きいものへと並べておくことも数えることを誘う。もちろん，重さを量ってもよい。誰の取ったサツマイモが一番大きいかは重さでわかる。そのために，秤を置いておいたり，巻き尺があったり，柱に目盛りを刻んでおくこともできる。何でも巻き尺で巻いて測ると，面白い活動になる。正しい答えを教わったり，正しい測り方や数え方を覚えることが大切なのではない。どんなものでも**数えたり，測ったり**できると**感じ取る**ことが基本なのである。

4 自然への関わりを育てる

　自然が子どもの**興味**をそそることは言うまでもない。草むらを歩けば，虫がいたり，草の実が見つかったり，変わった形の葉があったりする。草花遊びをしたり，虫を探したりすることは子どもの大好きな遊びである。

　そんな自然への関わりにどんな知的な意味があるのだろうか。もちろん，将来の科学的興味への始まりである。学校の理科に発展していく。

　しかし，もっと幼児の成長と絡み合うところで，自然は大事な意味がある。何より，動植物の生きたもの，そして変化に富んだものが興味を刺激する。動くから面白いという以上に，その命をもった動きは，おそらく，人間が生物として生きることと密接に関わっているのだろう。同じ命あるものとしての共感が働くのではないだろうか。

　自然は独自の動きをもつだけでなく，無数の**多様性**をもったものである。同じ虫といっても，アリとダンゴ虫とチョウチョとカブトムシでは，動き方も違うし，見かけも異なる。その種類の中でさらに詳しく見ると，また違いが見えてくる。チョウチョはチョウチョとして共通でありながら，その種類に応じて独自の特徴があるのである。無限に多様でありながら，その中に命ある動きをもっているものが動物である。

　植物は動きは乏しいのだが，多様性に富んだ変化を示し，時とともに変容していく点では，やはり命あるものであることがわかる。芽が

出ること，葉が色濃く，大きくなること，花が開くこと，葉が色づき，散っていくこと。人工のものではあり得ない，繊細さと，同時に，時に従う一定の歩調をもっている。

　それらに目が開かれていくことは，子どもの知的な関心を大きく広げる。人の都合に合った形をしているわけではない。独自のものである。そして，1つひとつが異なるものでもある。だけれども，同じものが無数にある。一体，木にはどれほどの葉がついているのかわからないくらいだ[*1]。

　それらの**自然の不思議**さに気づくには，子どもは，単に見るだけでなく，触ったり，においを嗅いだり，草花で遊んだりと，全身でまた手先で関わることが必要である。ただ見るだけでは，いろいろな色合いと形があると漠然とわかるだけだ。五感を使い，全身で関わり，指先を繊細に用いることで，自然の細部までが捉えられていくのである。そのうえ，身体ごと，例えば，落ち葉の山に入り込んだりして，自然の印象は心に深く残っていく。

　もっとも，そのような自然がいつも子どもに魅力的であるのではない。虫など，ゴキブリしか知らない子どもには気持ち悪いとしか思えないかもしれない。自然に関わって遊ぶことがまだない子どもにとっては，自然は人工のもののもつ型通りの機能性を欠いた，わけのわからないものであろう。予想外の動きをするし，それを扱うのにマニュアルもあるにしても，その通りにやればよいのではない[*2]。

　そういった子どもたちが自然に触れるようになるには，手間がかかるかもしれない。すべてが清潔な場できれいに遊ぶというのではないから，ときには保護者のほうで嫌がることもある。でも，それを越えて，関わりへと導入していくと，次第に面白くなっていく。自然の秘密を見つけると，思いもかけない発見が出てくるからである。

　そうやって虫や花や草と遊んでいるうちに，動かない自然にも目が向く。水があり，土があり，風が吹き，空には雲が浮かんでいる。それは生きたものを支える大きな舞台としての自然である。ザリガニは，水の中にいて，その水の中の泥に潜んでいることを見つける。水や泥の謎にも気がついていくことだろう。

*1　秋にイチョウの黄色い葉が舞い散る。無数の黄色で道が埋めつくされる。もちろん「無数」ではないから，冬に入り，樹々には葉の名残りも見えなくなる。自然は美しく，しかも法則に従うものだ。

*2　そうではあっても，虫の飼い方や動物・植物の図鑑の幼児向けの本は園に置いておきたい。

5 園外の暮らしへの関心を育てる

　子どもの**生活環境**の範囲が狭くなっているのではないかと危惧されることが増えてきた。家と園を往復して，後は，部屋の中で遊んでいるとか，あるいはその往復が園バスとか，自家用車になる。さらに，買い物などで出かけても，車で行って，スーパーの中を歩くだけかもしれない。

　子どもをもっと街に連れ出さないといけないのではないだろうか。自然に出会うという面とともに，**人々の暮らし**に出会い，混じり合う経験が必要だと思うの

である。**暮らしの営まれる場としての街が大切**である。もちろん，園の中で，保育者も子どもも生活していて，そこに暮らしがある。子どもは遊ぶだけでなく，片づけ，掃除をし，食事の支度をして，動植物の世話をするだろう。しかし，その園の中の生活が，園の外の暮らしの一部であることは，大人には当然だが，子どもにはそうは思えないのではないだろうか。**園の外での暮らしに根づいてこそ，園の生活を通しての保育が意味をなす**と思うのである。

家庭があり，家庭こそ暮らしの場ではないかとも思える。しかし，よほど保護者が意識しないと，家庭で子どもは食べ物を与えられ，後はテレビとテレビゲームをするだけで，せいぜい勉強でもすればほめられて，家事の手伝いとか，家事の様子を眺める機会もないことが多いのではないだろうか。まして，労働の様子を見ることなど，多くの家庭では消えてしまっていることだろう。

街には，店があり，住宅があり，会社があり，郵便局や銀行や消防署や駅がある。美術館があり，博物館があり，図書館がある。道には並木が並び，道ばたに花壇があり，ほんのわずかな土にタンポポやコスモスが咲き，猫が歩き回ってる。古い神社やお寺がある。狛犬や仏像が怖そうな顔をしている。

道を歩いたり，庭の手入れをしたり，店にいる人たちもさまざまである。若い人も年寄りもいる。白い杖を使って歩いている視覚に障害のある人もいるだろう。車椅子で移動している人もいるかもしれない。外国の人も日本語以外の言語を使ったり，最近では日本語の上手な人も増えてきた。ファーストフード店ではスタッフが明るい声を出していたり，学校の前をお年寄りが落ち葉を掃いていたりする。

どこまでを園の保育として行うか。また，家庭に対してお願いをして，経験を広げてもらうか。そのあたりは，園や地域の事情で異なるだろう。子どもは遊ぶものには違いないが，そのヒントは家庭や地域の暮らしから得るからこそ，あてがいぶちでない，自らが作り出すものになりうる。そのうえ，遊びはもっと大きな暮らしの一部として，暮らしとの往復関係が生まれてこそ，学びとして生きていく。

もちろん，ただあれこれ子どもを見学に連れて行けばよいのではない。**知的・社会的経験**として意味のあるようにすることが必要である。子どもから見て意味づけが可能となる働きかけや支えを行っていく。例えば，自分たちで見てきたものを**再現**するといった試みは，ごっこ遊びや積木を使って，あるいは絵を描いたり，**物語絵本**にしたりと可能だろう。単なる見学ではなく，そこで何か活動してみたり，**五感をフル活用**することも大事である*¹。

知性は至るところで活用する習慣を付けることで伸びていく。机の前に座るとか，先生に教わるとか，本を見るときだけが考えることではない。同時に，豊か

*1 絵や立体物などに表現する活動は，芸術的感性とともに環境を捉える力を養う。表現し，また見に行き，触り，などをくりかえすことが大事だ。

に考えるにはさまざまな素材が必要である。暮らしの至るところと関わることで，知的な働きは広がりを見せ，子どもの生きること自体に根づいていくのである。

3. 知的な発達を促す経験とは

1 工夫する力を育てる

　子どもの**遊び**の中に**学び**がある。子どもはその生活の至るところで学んでいる。知的発達は文字や数などの特定の活動に限られることなく，子どもが何をしようと，そこに知的な働きがあり，その働きから知性は伸びていく。ただしかし，その知性の働かせ方の濃淡はあるのだろう。**深く考えて**，その考えを通して，子どもの世界が広がっていくとき，子どもの**知性**はより豊かなものになっていく。

　では，特に子どもの遊びのどんなところで，子どもの知性はより強くまた繊細に発揮されるのだろうか。一言でいえば，子どもが**遊んでいて**，何かに**つまずき**，さらに**工夫しようとするところ**で子どもは**考える**。沈思黙考するわけではない。何か**活動しつつ**，子どもは**考える**。また子どもは**興味**の湧かないところでは考えるエネルギーが出てこない。さらに，これから何かやりたい，実現したいというイメージがあって，そこから構想や計画やそれを目指して実現しようとする**意欲**が出てくる。

　それがつまり工夫するという場面である。何かやりたいことがあり，形にしたいことがある，でも，相手と意見が合わない，ものが思うように動かない，漠然として具体的にどうしてよいか見当がつかないなど，つまずきが生じる。そのつまずきを乗り越えて，何とかやってみたいことを思う形にしようとする。でも，すぐには思うようにならない。再度試みる。違うやり方はないか，よいやり方はなかったか思い出そうともする。まわりを見回し，真似できないかと探す。かんしゃくを起こしたくなるが，そうしたところでやりたいことが実現できるわけではない。適当なことを試みているうちに，あそうか，こうすればよいかもしれないと思いつく。実際にやってみる。なるほど，こうすればうまくいきそうだ，さらにやってみよう。急に進展していく。

　子どもがやることだから，試行錯誤で，ともかくやってみるということだろう。科学者みたいに実験して試していくというわけではない。深く考えるというより，先に手が出てしまう。でも，手を出して，試すことで，子どもの知性は形となる。手を動かし，ものを扱い，友だちと動きつつ，子どもは考えるのである。

　とはいえ，やたらに走り回り，暴れ回っていたら，工夫するというわけにはいかない。ものを前にボーッとしていても，考える方向に進まない。つまずいて困っ

たときに，ゆったりとまわりを見回しつつ，どうしようかな，こんなふうになってほしいのだけれど，でも，今はこんなだから，などと思っているうちに，工夫が生まれる。落ち着いた気持ちが必要なのである。そして同時に，こうしたらどうか，ああしたらどうなるか，などとイメージをあれこれと広げる。思いついたら試すのだが，試しつつ，よくその結果を眺めて，具合が悪ければ改める。

よく動くときと，**ゆったりと落ち着くとき**と，これまでの結果やこれからの経過を眺め，想像することと，それらの**交代のリズム**が生まれるようにしたい。そのうえで，保育者が助言や手本を示したり，子どもの工夫しようとする姿勢を支えることが必要である。何も見通しが立たないとか，どうするか見当もつかないとなると，嫌になる。こんな感じのことならうまくいくはずだと，これまでの経験や保育者からのヒントで先が見えてくると，頑張る気になる。技術的なトラブルであれば，保育者が指導して教えることもある。ある部分は代わってやってあげてもよい。逆に，停滞して繰り返しになっていたり，だらけていたら，対話を試み，新たな方向に刺激することも必要である。どこかで子どもの工夫するところが出てくることが大事なところなのである*1。

② 物事に驚く感性を育てる

この頃の子どもは驚くことが減ったのかもしれない。コンピュータグラフィクスで精巧にできた映像が映画やテレビから流される。ディズニーランドに行けば，さまざまな仕掛けに驚き，楽しめる。何しろ毎日テレビやテレビゲームを見て，機械とコンピュータ，スマートフォンがあれば大概のことはできると思っている。驚くことは驚くけれど，よほどの仕掛けを要すると言ったほうがよいだろうか。あるいは，はじめは驚いても，2回目からはもう予期されたものにすぎない。

だったら，園に来たって，大して面白いものもない。「え，知っているよ」と片づけられてしまう。ちょっと触って，変化がなければ「つまらないの」と投げ出すだろう。道ばたの木に花が開いてる様子を見せても，「ふん」とちょっと見て，すぐにポケモンの話に移ってしまう。

驚きとは本来は知的な働きである。自分が思っていたことと違うという働きだからである。意外であることに驚く。もちろん，目の前にいきなりものが飛び出てきたら，びっくりする。その一過性の驚きを，持続的な関心に変えられるかどうか。そのあたりに，驚きが子どもの成長に意味をもつかどうかの，決め手があるのではないだろうか。

最近の映画のように，ハラハラドキドキ，つねに驚きの連続でないと，飽きてしまう状態は，子どもの知的働きを発揮させるものとは言えない。なぜなら，刺激的なものが与えるショックからの驚きだからである。そうではなく，きっとこ

*1「どうしたらいいかなあ」，「うーむ，考えてみないと」，「…ちゃんはどうしていただろう」と子どものつまずきに共感しつつ，一緒に考える姿勢が大切だ。無理そうに見えたら，手伝ったり，作ってあげてもよい。それも将来の工夫する力のもとになる。

うなるだろうと予想して，でもそうならなかった，なぜだろう，となるその一連の中の驚きが知的な発達の核となるものである。

　そうなるためには，驚きを受け身に与えられるのではなく，自分で見つけ，作り出すものにしなくてはならない。誰かが驚きをもってきてくれるのを待っているのではなく，自分で探すのである。驚きを映画館やテレビや遊園地にだけあるものだと考えるのではなく，見つけようと思えば，今目の前に起こりうるのだとわかることである。

　その意味での驚きは「驚嘆（ワンダー）」と言ったほうがよいかも知れない。「すごいなあ」「不思議だなあ」と思う心の働きである。花ひとつ取ってもその精妙な仕組みに驚く。アリをよくよく見てみると，奇妙な形をしている。思えば，自然はその種の「ワンダー」に満ちている。だから，**自然環境が幼児の知的発達**にとっても大事な意味があるのではないだろうか[1][2]

　では，幼児をいきなり自然に放り出すと，驚きを感じ，喜んで探索するだろうか。必ずしもそうではないと思う。「気持ち悪い」とか，「痛い」「汚い」という反応がありそうだ。「ねえ，遊ぶものはないの」と言って，滑り台か，それどころかゲーム機を探すのはもっとありそうだ。自然の面白さはある程度，保育者の側で導き入れてやらないと，わからない。不思議さをどう子どもに伝えるか。ただ，「不思議でしょう？」と子どもに投げかけて，不思議な様を見せてあげても，それは手品に過ぎない。テレビのほうがもっとすごい，という子どもの反応を越えられるだろうか。

　子どもが自ら不思議さを発見するように**導く**必要がある。その発見を誘うために，ちょっぴり不思議な様子を見せてやり，もっとするように促す。子どもが見つけたものをもっと面白くできると刺激できる。一緒になって探すのもよいだろう。自分が見つけた，その思いが驚きを，一過性のものから，持続し，次の発見と探索を導くものへと変えていく。受け身の驚きから**自ら発見する驚き**へ。それを可能にするのが，園の保育というものである。**不思議さへの導き手としての保育者**を目指そう。

3 落ち着いて取り組む力を育てる

　知的な才能を伸ばすといったときに，元々の生まれつきの能力と，保護者や幼児教育側で特別な教育を行うことが大事だと思う人が多いようだ。もちろん，それらは大事には違いないが，しばしば見過ごされやすいことがある。1つは，普段の生活の折々に発せられる子どもの**関心**に応じてあげることである。もう1つは，その関心を一時のものに終わらせずに，**じっくりと取り組む**ように育てていくことである。特に，**落ち着いて取り組める**かどうかは，どの子どもも示す興味

を探求心へと発展させるうえで大事な役割を果たす。

　落ち着いて取り組む力で大事なのは，知的な関心もさることながら，気持ちを落ち着かせ，**ゆとりをもって取り組めること**である。焦ってやっても，知的な事柄は急に達成できるわけではない。時間をかけるしかないことはたくさんある。そのうえ，余裕がないと，どうしたらよいかと工夫したり，違う手だてを思いついたり，時間はかかるけれど面白いやり方を試してみたりできない。いわば目指すところにまっしぐらに進んでしまい，うまくいかなくなる。あるいは，いつもと同じやり方になってしまって，ちっとも発展しない。

　頑張って，ともかく前に進むというやり方でうまくいくこともある。でも，「押して駄目なら引いてみる」ことも必要である。引いても駄目なら，まわりを見回してどうできるのか，別なやり方がないのか考えてみる。それが工夫ということである。

　時間をかけようとしても，ただぽんやりとしていては意味がない。といって，どうしよう，どうしようと気が動転しても，思うような工夫が思いつけるわけではない。1つには，長い時間がかかることの先を見通しておく必要がある。どんな遊びでも課題でも根気よく続けるしかないことがある。それは飽きてしまうけれど，**先行きどうなるかのイメージ**があれば，それを楽しみにやっていける。編み物をするときのように，その1つひとつの編み目が全体としてどんなふうになるだろうかとわかるとよいのである。

　もう1つは，行き詰まったときに別なやり方を考えられるようにすることである。それには経験が大切だし，保育者からの**ヒント**も必要だ。だが，同時に，ともかく試行錯誤してみて，その結果を注意深く見ることなのである。やたらに試しても，その結果どうなったかを見ていないと，役立たない。かえって焦りを増してしまう。試してみて，どうも駄目そうだとか，少しできたとか，こうなっているらしいなと見当がついたり，少しずつ進展していくことが大事なのである。目標に近づくというより，その様子や仕組みがわかるといったことである。智恵の輪を外すという場合のように，やみくもにやるのではなく，試してみて，その仕掛けをよく見て，わかっていくことが大事なのである。

　そのために，保育者はさまざまに援助をしていくが，その多くは相当に微妙なものである。自分で工夫することが大事だから全部指示するわけにはいかない。放っておいては自分で落ち着いて考えることができるとは限らない。子どもが興味をもって取り組み始めたものをどうやって支え，その発展を助けるかが**援助**のしどころである。子どもの様子を見て，踏み込んでヒントを出すこともあるだろう。一緒に「どうしたらよいだろうねえ」と考えつつ，子どもの気持ちを落ち着かせ，考えればできるよ，という呼びかけを暗黙の内にしていることもある。ど

の程度踏み込むかは，子どもの能力や経験，また性格によって変わる。少しでも**長く取り組める**こと，そしてそこに**工夫**が出てくることを目指したい。やり方のヒントとともに，子どもの気持ちの安定，そして子どもの興味が活発になるクラスの雰囲気が大事になる。

④ 調べる力を育てる

　幼児期の子どもの遊びを中心とした保育において，「**調べる**」という活動がそもそも入り込むものなのだろうか。実際の保育の様子を見ていれば，子どもが庭で虫を捕まえて，昆虫図鑑を見たり，飼い方の本を調べて，どうやったら飼えるのだろうかと考えることは珍しいことではない。幼児向けの図鑑も簡単なものから詳しいものまでかなり出ている。それ以上のことが可能なのかどうか，考えてみたい。

　幼児期の特性を考えれば，教室で机に座って，長い時間をかけて本を読むという形で調べることはあるはずもない。では，幼児は本を読めないかというと，そうではない。絵本の類を自分で読んでいる光景はよく園で見かける。物語絵本だけでなく，図鑑とか，知識があれこれ出ている絵本を見ていることもよくある。難しいところはわからないのだろうけれど，知識を集めるのは好きなのである。

　ただ，その限りでは，知識は断片的で身に付いたものにならない。「霜柱って，水が凍るんだ。毛細管現象って言うんだ」とわかっても，その冷たさを感じてはいないとか，水が確かに細い管を登る様子を見たりして，**実感**をもたなければ，知識は子どもの学びの活動をさらに生み出すものにはならない。使えるものにならないのである。

　実感のもてる活動の中に調べる活動を入れ込んでいくと，調べる活動が広がりを見せる。何も本を読むだけが調べることではない。友だちや先生に尋ねてもよい。親に聞いたりもするだろう。見学に行くこともある。消防署に行ったりして，体験するだけでなく，説明の方に質問をすることもあるだろう。博物館や美術館に行くことも出てきた。丁寧に観察したり，体験について振り返ったりすることも調べることになる。対象について詳しく知ることだからである。

　調べたことは**表現する**ことで身に付いたものになっていく。言葉や絵に表す。友だち同士で話して，「こうなっていたんだ」と言いながら，確認する。その後，またそのものを見に行ったりすると，今度はもっと焦点を絞ってみることができて，**観察**という活動に近づいていく。

　子どもたちと保育者の**対話**も大事になる。1人で子どもがきちんと調べられるということはまずない。「どうなっていたかな」「ここはどうなのだろう？」と保育者が投げかけることで，子どもが，調べたり，思い起こすことに力をあらため

て注げる。

　調べることで完結して，それを発表することが大事なのではない。発表しても構わないが，それ以上に，子どもの学びの活動が発展することが大切なのである。1回の見学とか，読書とかで終わらない。もっと繰り返すのである。どうしてだろう，もっと詳しくするとどうなっているのだろうか，といった疑問を解決しようと，活動していく。虫でも，消防署でも，何でも，さらに詳しく見ていくと，また次のやってみたいことや疑問が湧いてくる。それをもう1度調べることにつなげる。活動は，1回きりの断片的知識を得て満足することから，もっとダイナミックで，長い時間を要するものへと変容していくだろう。

　調べることを今よりもっと重視しようというのは，座って，ノートを取るとか，長い時間読書することを増やそうというのではない。自分が興味をもった対象について，もっと知ろう，関わろうというために知識を獲得し，その知識を使って，対象について熟知し，関わりを増やすことなのである。**体験する**ことと，**本を読む**ことやあるいは**他の人から話を聞く**ことを，もっとつなげてみてはどうだろうか[*1]。

4. 関わり，感じ，考えることを育てる

　知的な関心を育てるということは，文字を読んだり，数の計算をしたりするより，ずっと広いことである。もっと正確に言えば，文字を読んだり，計算することは，もっと広い知的な働きの発達に支えられて，意味を担う。かなを読むだけなら，実は，さほど難しいことではない。ある模様に対して，ある音声をいつも発声すればよいのである。計算なら，5と3が書いてあって，＋の記号があったら，8と書けばよい。もちろん，飽きずに繰り返すことは，特に小さな子どもには面倒なことだから，根気が必要だが。

　けれども，文字を読むのは何のためかといえば，文字で書かれた言葉を理解し，さらには本を読んで，楽しんだり，情報を得たりするためである。計算は，おはじきや積木や何でも数えて，加えたり，引いたりする問題があるときに意味がある。だとすると，そもそも言葉が発達していなければ，個々の文字が読めても文が読めるわけではない。単語や文の意味がわかるためには，その意味のふくらみがわかっている必要がある。数でも同じことだ。単に2つの数が並んだときに，第3の数を書き加えることが計算なのではない。数えることを通して，数の体系がわかっている必要がある。

　言葉の意味も，数の体系も，**膨大な経験**によって，初めて可能になることである。どんなものにも名前があり，特徴がある。その各々を知っていくことで言葉

＊1　この最上の例が，イタリアの都市，レッジョエミリアの保育である。キャロリン・エドワーズ，レーラ・ガンディーニ『子どもたちの100の言葉－レッジョ・エミリアの幼児教育』世織書房，2001を参照のこと。

の意味がわかるようになる。何でも数え，加えたり，減らしたりする経験をたくさんすることで，数の体系が身に付くのである。

　そのような意味は，例えば，春先，子どもがチューリップの出かけた芽に触り，その柔らかさと茶色の中に花びらの色が見え始めたりする経験や，そこでチューリップの球根を秋に植えたことを思い出したりすることで，把握していく。花の芽って，こういうものなんだ，とわかる。木の枝に触ると，葉の出てくる冬芽に触れる。それも堅かったり，柔らかかったり，柔毛があって，ふわっとしていたりする。種をまいて，芽が出て，花が開く。知識絵本の1頁を見れば，そんなことは出ていることだろう。でも，それは単に文字面だけの言葉にすぎない。もしかしたら，種から芽が出てきて，大きくなって，土を破り，上に出てくることや，その芽から葉が出てきて，茎になり，さらにはつぼみが花開くというつながりはわかっていないかもしれない。芽といっても，いろいろなものがあるのだと知らないかもしれない。

　芽という言葉の意味がわかるのには，それだけの経験が必要なのである。球根を植え，ふと芽に気づき，手で触り，それから毎日のように芽の伸びていく様子を眺め，いよいよ大きなつぼみができてきて，ある暖かい春の日に花開くことを見つけて，感動する。その経験全体が芽とか花という言葉の意味を担うのである。

　経験すれば，自ずと，知的な発達が成り立ち，促されると言いたいのではない。**豊かな経験を元にしながら，それを言葉にいかにつなげていくかが大事なこと**なのである。言葉につなげるとは，単に命名することだけの話ではない。そういえば，球根を植えたね，と思い起こしたり，これからどうなるのかな，と期待をもつように仕向けたり，そのように**経験を形になるようにしていく働きかけ**があってのことである。そもそも，芽に注意を向けるように，**環境設定**をしたり，さりげない誘いをしたり，気づいた子どものつぶやきを拾い上げたりすることに大事な保育者の働きがある。子どものささやかな感じ方に見られる知的なきっかけを拾い上げ，子どもの**関心を広げていく**。そこに，子どもの**知的な発達を促す保育**の要点がある。

5．情意の力と非認知能力・スキル

◪ 学びに向かう力

　近年，**情意の面**が，**学力**の獲得や適応に向けて重要だということが認識されるようになってきた。すでにこれまでに述べてきたように，やりたいという意欲や感じること，こういうことをやりたいと目標を立てること，それに向けて頑張っ

てやり続ける意志，その出会いと関わりと気づきを通してそのことを好きになること，などがそれ自体としても大事となるし，保育として大事にされている。そして知的な力は，そのような情意面と相まって子どもの発達を形成し，どちらもが大事なのである。

　そのような情意面また社会面をさして「**非認知能力**」あるいは「**非認知スキル**」と呼ぶことがある。幼稚園教育要領，保育所保育指針等でいう資質・能力のうち，「**学びに向かう力**」とはまさにそのような力である。

　すなわち，「非認知能力・スキル」とは認知（知的な面）以外の能力による働きを指しており，そこには意欲・意志・粘り強く取り組む力など多種多様なものを含めている。そして「学びに向かう力」としてまとめられるものには，その双方とさらに社会的な関係の力なども含めている。

② メタ認知

　小学校に入っていくと，次第に「**メタ認知**」と呼ばれる働きが大きくなっていく。「**メタ認知**」とは，自らの認知（知識・思考）についてわかること（認知すること）であり，自分の知識・能力などの状態の把握と，現在進みつつある問題解決に関わる自らの認知の過程を**モニター**することを指している。**学びの自覚化**と呼んでもよい。自分の考え，計画，目標に向けて学んでいく際に自分を振り返る力である[*1]。

　メタ認知は１つの統一的な力ということではなく，多様な心理的・社会的な変数を含めている。そしてそれらの基底にある中心が「**自己制御過程**」であり，とりわけ脳の働きでいえば前頭前野などによる「**実行機能**」（自分をコントロールする働き）である。メタ認知の前提としてこの自己制御が働き，自らの認知を対象化することが可能となる。また，さらに**情動**（感情）もその対象とされ，自己制御されるようになるので，メタ認知は広く認知・情動・行動の制御とつながり合う。つまり非認知能力は，認知能力やメタ認知能力とつながり，それらがともに働くことにより**学習すること**，また**社会的に適応した行動を取ること**へと進む。

　最近の研究を通して「非認知能力・スキル」として包含されてきたものを整理しておきたい。多くの研究から，幼児期そして児童期における非認知能力・スキルの育成が，その後の学業，社会，行動，職業にプラスの成果をもたらすというエビデンスが増えてきている[*2]。それは単にそのスキルが高いと将来プラスの成果があるというだけでなく，非認知能力・スキル自体が教育を通して変容可能であることの確認の上で，それがさらに学力等の改善につながったり，あるいは多少とも長期的な効果があるという実証研究が進められてきている。

＊1　第2章p.28も参照。

＊2　第2章p.28脚注＊1，第4章p.71参照。

3 自己制御と実行機能

つぎに，もう少し詳しく「自己制御」「自己調整」と呼ばれることも多いこの**非認知能力**についてわかっていることを述べてみたい。

自己制御は自らの思考・感情・行動についてのトップダウンによる過程（**実行機能**と呼ばれ，意識しているところからコントロールできること）とボトムアップによる制御（**行動面からのコントロール**）で構成される。**実行機能**は，注意ないし認知的柔軟性（必要に応じて気を散らす刺激を無視して，課題の適切なところに注意を向ける），作業記憶（目標達成に必要なことを記憶し利用する），そして抑制コントロール（衝動的な反応や日頃の反応を抑制し望ましい反応を実行する）の3つの働きからなり，問題解決のための計画・組織・実行を支え，その際に自分の情動や行動に対処するように働く。具体的には，過剰な興奮をなだめる，必要なことに集中する，当てはまるルールが変わった場合に以前のものではない新たなルールに従う，などの行動である。実行機能はもっとも基本となる認知的機構であり，脳の働きとして規定されており，自己制御の基盤となっている。

つまり，自己制御は現実世界における制御のスキルや行動を総括した呼び名である。ここでは，非認知能力（情動・社会性に関わる）と認知能力（知的働き）はかなり重なり合っている。さらにメタ認知的な能力の発達が，その成長過程をより高度なものとして行く。

この自己制御は，初めは保護者，保育者・教師（特に小学校低学年）の援助や指示や手本などにより，そこで示されるスキルを少しずつ自分のものとしていき，内的な制御が可能になっていく。途中の段階では，例えば自分がやるべきことを呟くなどの行動が見られる。この**他者制御**（保護者，保育者などからの援助や支持）から，**自己制御**（自分がやることの確認）の過程を丁寧に進めることが，**自己制御の育成**の中味である。そして自己制御を育成していくためには，子どもが安心できる人間関係と環境の中でゆとりをもち，種々の興味をもったあるいは生活上やるべき課題について，自律的に取り組むための援助を得られることが必要となる。

4 自己制御と学習行動，遊び

小学校に入ると，この自己制御を学習行動に活かすことが求められる。いろいろな機会に自主的な学習活動を行えるための援助があることにより，自主的な学習のスキルを身に付けていく。それが学力の向上へとつながる[*1]。

その援助は一律の指示によるものでもなく，といってまったくの子どもの自主性に委ねるものでもない。教科や課題に応じて，その都度，こどもが自分で学ぶためのスキルを特定し，活動をある程度構造化する。同時に子どもごとの行動・

＊1 第7章 p.128 参照。

19

方略の選択を可能にして，その使用を手助けするのである。学校においては，自己制御がそれぞれの教科などの内容と結びつき，その内容の学習に応じての具体的で細かいスキルの獲得が大事になる。

　こうしたことから，自己制御が認知能力・スキルであると同時に社会情動的能力・スキル（つまり非認知能力・スキルの一部）でもあることが，自己制御を認知面と非認知面（情動面）とに分けることにより理解できよう。**認知的制御**は，学習目標の設定，学習方略の選択，目標への進度のモニター，**自己効力感**の維持などからなる一連のメタ認知的・動機づけ的プロセスをさす。一方，**情動制御**（あるいは**社会情動制御**あるいは**向社会的制御**）は，自身の感情を緩和し，他者の感情を認識し，他者と協働して有効に交渉し，必要に応じ適応的な問題解決行動に従事することである。両者は機構として重なりつつ，異なったところがあるのである。

　なお，感情（情動）の発達と育成という観点で見ると，その制御は必要なことの一面である。そもそも感情は喜怒哀楽として表れ，人が出会う物・人・事を価値付け，意味付ける基本となる。そして，感情を豊かに感じることは幸せとなる根本であり，一方，悲しみを長く繰り返し感じることは気持ちがうつになることにつながる。子どもは，もちろんまず幸せに生き，保育の中でやりがいのある活動に出会い，そこに参加し，自ら手応えを感じて，やりがいのある活動を進んで行う。その過程で子どもは，幸せを感じ，そして未来への力を養うのである。その時，感情を豊かに感じるからこそ，そうなれるのであり，さらに適宜，感情がいきすぎないようにコントロールできることで，自他に害を及ぼさないようにしていけるのである。

　考えることを例にとってみても，よく考えるとは，集中することが大事になる。それは連想で衝動的にあれこれと気を散らすのではなく，その時の目指すものに応じて特定の考えを保持し目指すこととなる。しかしその一方で，多種多様な考えを思いつき理解できることで，その考えは広がっていく。つまり，考えるということは，集中して考えることと，さまざまに連想することの両面が必要となる。

　そして，遊びもまた，集中しながらも，あちこちへと脱線するという両面があることで，遊びとしての豊かさが生まれるのである。

<引用・参考文献>
無藤隆『早期教育を考える』NHK出版，1998
秋田喜代美『知をそだてる保育』ひかりのくに，2000
全米乳幼児教育協会『乳幼児の発達にふさわしい教育実践』東洋館出版社，2000

発達の基本的な考え方

〈学習のポイント〉　①ピアジェの発達段階説について，4つの段階の名称と特徴を理解しよう。
　　　　　　　　　②発達段階説の問題点を理解し，保育者として発達をどのようにみていった
　　　　　　　　　　らよいかを考えよう。
　　　　　　　　　③非認知能力をはじめ，これからの時代に求められる乳幼児期の発達課題と
　　　　　　　　　　はどのようなものかを考えよう。
　　　　　　　　　④遺伝と環境の相互作用説について，具体的な特性をあげて理解しよう。

　保育という仕事は，子どもの発達を支援することである。そのためには，ま
ず発達とはどういうものなのか，発達をどうみるのかという，発達の基本的な
考え方について知っておく必要がある。この章では，発達の基本的な考え方と
して，「発達段階と発達過程」「発達課題」「遺伝と環境の相互作用」などを取り
上げていく。基本的な考え方といっても，発達心理学の発展に伴い，近年考え
方がずいぶんと変化した部分もある。そこで，現在の発達心理学での考え方も
含めて述べていきたい。

1. 発達の過程：発達段階をめぐって

◼ 発達段階説 ─ ピアジェの理論

　発達とは，例えばだんだん大きな数まで数えられるようになり，足し算もでき
るようになるといった，徐々にいろいろなことができるようになる過程，言いか
えると連続的で量的に拡大していくような姿と考えられるだろうか。それとも，
ある時期に，それまでできなかった多くのことが急にできるようになり，あたか
も心の仕組みが変わったかのような印象を与えるものだろうか。

　確かにある課題での正答率という点だけに注目すると，発達は量的な変化とし
て捉えられる。しかし，多くの**発達心理学**の研究者たちは，複数の課題での子ど
もの行動から，できるようになる年齢がほぼ同じであることや，年齢によって似
かよった行動を示すということから，それらの変化をもたらすものとして，質的
な心の変化を想定してきた。それが，「**発達段階**」と呼ばれるものである。

　一般に私たちは発達について，乳児期・幼児期・児童期といった分け方をして，
これを発達段階と呼んでいる。しかし，この分け方は厳密には発達段階とは異な
る。もちろん，発達段階も考慮しているが，就学や校種の変わり目といった社会
的な節目を重視した「発達時期」という分け方なのである。また，発達時期とい

う分け方は，発達を全般的に捉えた区分でもある。それに対して，発達段階とは，それぞれの理論家が発達のある側面に注目し，その側面について，質的な節目で区分したものである。

　ここでは，まずその代表的な理論家であるジャン・ピアジェ[*1]（Piaget,J.,1964, Piaget,J.& Inhelder,B.,1966）の**心理学的構成主義**の理論を紹介して，発達段階説への理解を深めることとしよう。ピアジェは，人が賢くなっていく過程に注目して，大人とは質的に異なった子どものものの考え方とその変化とを理論化した。多くの場合，思考の発達，知能の発達あるいは認知の発達として紹介されている。

　ピアジェの理論の特徴は，岡本夏木（1986）などを参考にしてまとめると，次のようになる。まず，人が外界を認知する際の基本的な単位は，**シェマ**（schéma）と呼ぶものであり，既有の知識の枠組みや活動の枠組みをさす。認知の発達は，外界を自分のシェマに取り込む働きである「**同化**」と，自分のシェマを外界にあわせて作り変える働きである「**調節**」という機能とが，次々にバランスのとれた状態を作り出す「**均衡化**」の過程と考えられる。その機能は発達的に連続しているが，シェマの構造は質的に異なっていて不連続であり，それが発達の段階を構成している。

　例えば，子どもはトリという概念を，スズメやハトを見たり絵本で見たりする経験から比較的早くからもっていて，初めて見るオウムやフラミンゴでも，トリという概念に含まれることをたやすく理解する。これが同化である。しかし，ペンギンがトリであるということを同化することはむずかしい。ペンギンは飛べず，むしろ水の中を上手に泳ぎ，魚と同じような仲間と考えるだろう。ペンギンをトリとして認知するには，子どもがそれまでもっていたトリという概念自体を変えなければならない。水の中を泳ぐものであっても，空を飛べなくても，羽を持っているのがトリであるとか，卵を産み育てるのがトリであるといった理解に変えるのである。これが**調節**である。そして，同化と調節を行う基礎となる，概念的知識の枠組みであるシェマの質の違いが，幼児と大人とでは大きく異なると考えるのである。

　ピアジェによる発達段階の概要は，**図2−1**に示してある。

　ほぼ乳児期に相当するのが，「**感覚運動的段階**」（感覚運動期）である。乳児期はまだ言葉やその他の**象徴機能**[*2]を獲得していない。いってみれば，乳児は「今，ここで」の世界に生きているのである。この時期の認知は感覚運動的な動作のレベルで行われている。つまり，幼児は見たものや触れたものを舐めたり触ったり叩いたりするという動作によって，いいかえると知覚と運動を意識的に結びあわせることによって，自分をとりまく世界を認知し適応しようとしている。目の前の他者の行動を真似することができる**即時模倣**と呼ばれるものである。次第に，

＊1　ピアジェ（Jean Piajet）（1896-1980）：スイス出身の心理学者。「認知発達段階論」を提唱した。子どもの認知の発達は，外界から知識を与えられることではなく，子どもの認識と環境との相互作用によって段階的に行われていくものとし，20世紀以降の発達心理学に大きな影響を与えた。

＊2　象徴機能：あるものをそれとは異なるもので代表させる働き。例えば，目の前にあるリンゴは指示対象であるのに対し，それについてもつリンゴのイメージやリンゴという言葉が象徴である。象徴機能により指示対象が目の前になくても，それを表現し，人に伝え，わかりあうことができる。

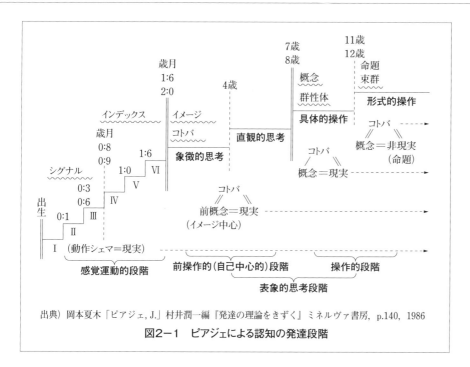

出典）岡本夏木「ピアジェ, J.」村井潤一編『発達の理論をきずく』ミネルヴァ書房, p.140, 1986

図2−1　ピアジェによる認知の発達段階

感覚運動シェマは多様化し，シェマ間に協応（関係づけ）が進むことにより，それらの内面化が起こり，次の新しい構造をもったシェマが形成される。模倣も，即時ではなく時間をおいてから模倣するという**延滞模倣**が出現する。これは子どもが象徴機能を獲得し，イメージをつくりあげられるようになると本格的になる。

　このイメージを中心とした「前概念」と呼ばれるシェマによる思考はまだ一貫した論理操作とはなっていないために，「前操作」と呼ばれる。この段階がほぼ幼児期にあたる「**前操作的段階**」（前操作期）である。乳児期終わりに出現する延滞模倣から，幼児は発達しつつある**表象能力**をもとに，盛んにふり遊びや見立て遊び，さらにはごっこ**遊び**を展開するようになる。それらは，象徴機能に基づいたものなので**象徴遊び**ともいわれる。また，幼児期の間には，次第に事物の分類や関係づけもできるようになっていくが，視覚的な見えに左右されやすく，思考はまだ直観に依存している。また，自分からの見えにとらわれてしまい，他者の観点に立つことが難しいという「**自己中心性**」も，この段階の大きな特徴である。

　さらに，前概念の協応と内面化が進み，概念的シェマが形成され，また主観的で自己中心的な思考から脱却して，論理的操作が行えるようになる。しかし，その初期には論理的操作が具体的に理解できる対象に限られており，その段階を「**具体的操作段階***1」（具体的操作期）と呼ぶ。ほぼ児童期にあたる。

　最後に，抽象的な概念シェマが形成され，内容が経験的事実に反した命題からでも論理的に推論できるようになり，仮説演繹的な推理が中心的になる段階であ

*1　具体的操作段階：この段階になると，正しく答えられるようになる課題として，ピアジェによる「保存課題」や「三つ山課題」がある。保存課題の1つである「液体量の保存」では，子どもが2つの同じ大きさのコップに入った同量の液を確認した後，目の前で一方の液を細長い別の容器に注ぎ入れ，同じ量かどうかを尋ねる。その際の子どもの理由づけが操作の表れである。

る，「形式的操作段階」（形式的操作期）*1 が訪れる。この段階は，言い換えると，------------------------
＊1　第8章 p.144 参照。

論理的な推論規則をそれらが用いられている内容や領域の知識とは独立に，一般
性の高い手続き的な知識として獲得していて，それを自在に使いこなすことがで
きる段階ということであり，この段階で認知は完成されたものとなる。

　このように，ピアジェは操作というものを中心に，それをもっていない段階と
もっている段階とに大きく分けて発達過程を捉えている。ピアジェの理論に従う
と，幼児は論理的思考のできない，つまり非常に未熟な思考しかできない段階と
いうことになる。この見出された幼児の姿と現実の幼児の姿とは同じだろうか。

　ピアジェ以降の発達心理学は，ピアジェが描いた乳幼児よりもはるかに有能な
姿を浮かび上がらせ，発達の過程に関して異なる理論をも提案している。

② 領域固有の発達

　ピアジェ以降の発達心理学における研究成果の中から，発達とは発達段階を上
がっていくというものではなく，個々の知識領域ごとの発達が基本であるという

---

column　さらに学んでみよう

コールバーグの道徳性発達理論

　道徳性とは，人間としてよりよく生きようとする人格的特性であり，道徳的判断力，道徳的心情，
道徳的実践意欲という諸相から構成される。心理学研究においては道徳的判断に重きが置かれてきた
経緯がある。道徳性についても，発達段階理論を提唱したのはピアジェであるが，**コールバーグ**
（Kohlberg,L.,1984）は，他者のルールに従う**他律的道徳性**から自分の中のルールに従う**自律的道徳性**
へと発達するという**ピアジェの理論**を発展，精緻化させて，**表2-1**のように3水準各2段階計6段
階の発達段階を提唱した。彼は，仮説的に設定された道徳的な葛藤場面（モラルジレンマ）に対する
判断とその理由づけをもとに道徳性を評定し，理論を構成した。

　一方，コールバーグの理論には，その普遍性への疑問として，例えば**ギリガン**（Gilligan,C.,1982）に
より，女性が重視する傾向の強い人間関係への文脈的理解や他者への配慮（ケア）などが考慮されてい
ないことなどが指摘された。しかし，ギリガンに対しても，ケアの倫理が女性と固定的に結びつけられ
がちだということを批判する声や，ケアの倫理を正義の倫理と対比すること自体への批判の声もある。

表2-1　コールバーグによる道徳性発達段階

水準	段階	道徳性
前慣習的	1	他律的道徳性
	2	個人主義的，道具主義的な道徳性
慣習的	3	対人間の規範による道徳性
	4	社会組織の規範による道徳性
後慣習的	5	人間の権利と公益の道徳性
	6	普遍化可能であり，可逆的であり，指令的な一般的倫理的原理

出典）日本道徳性心理学研究会，1992

考え方が出てきた。特に，認知発達研究からは，認知がいろいろな領域ごとに独立的で区切られており，それぞれが独自の特徴や構造をもっているという「**領域固有性**」の考え方が提出された。

例えば，M.T.H. チーら（Chi, M.T.H. et al.,1989）は，恐竜についての知識を幼児に尋ね，多くの知識をもっている年少の幼児は，見たことのない恐竜に関しても，より発達した段階の推論ができることを示している。子どもと大人との違いも，思考様式全般の違いではなく，その領域に固有の知識の多少により説明できることを主張したのである。

領域固有性という考え方を推し進めていくと，認知の発達は個々ばらばらの知識の寄せ集めとなってしまい，知識の領域によって，子ども1人ひとりがまったく異なる姿をみせることになる。しかし，発達は，ある程度まとまりのある領域ごとに同じようなレベルを示すし，また同じような年齢の多くの子どもに共通することも多い。そこで，次の考え方が出てきた。

3 発達とは「理論の発達」

発達段階説も領域固有説も，実際の子どもの発達を的確に捉えているとは言いがたい。そこで，発達段階説と領域固有の発達という両極の考え方の中間に位置するような理論が考えられ，今日ではこの考え方が一般的な認識となってきている。それは，発達とは「**理論の発達**」であるという考え方である。

S. ケアリ（Carey, S.,1985）は，発達とは「理論」の構造的変化であるという考え方を提案した。理論とは，目的達成のために外界の現象を理解し，説明し，予測することを可能にしている，ある程度構造化された知識システムである。そして，「理論の発達」としての発達とは，まず各理論で，知識の蓄積が進み，理論で説明される現象領域が広がり変化し，説明メカニズムが変化し，さらに個々の概念の変化を含む理論の再構造化が起こる。そして，新しい理論の獲得や理論間の発達的変化へと向かうと考えるのである。

ケアリによれば，領域の数は，心理学，力学，生物学，経済学，化学など，多くても1ダース程度であり，しかも幼児ではごく少数の領域から始まると考えられている。幼児ではどんな理論をもっているのかについては，いわば素朴生物学，素朴心理学といった領域について研究が進んでいる。

稲垣佳世子（1996）に従って，**素朴生物学**の成立と獲得について紹介していこう。幼児が生物に関する**素朴理論**をもっているというためには，まず生物と無生物の区別，心と体の働きの区別ができていなくてはならない。これまでの研究から，自力で動く動物と自力では動かない無生物の区別については，生後10カ月の乳児でもできることが見出されている。3～4歳までには安定して区別でき

る。自力で動かない植物も含めて生物として、無生物と区別できるかということに関しては、幼児は成長や再生という植物にも動物にも共通する生物学的特徴から、無生物と区別している。心と体の働きの区別については、遺伝する属性という観点から尋ねると、6歳までには背の高さなどの生物学的属性と信念などの心理的属性とを区別できることが明らかとなっている。

　また、幼児は未知の生物学的事象に対して、幼児なりに首尾一貫した予測ができることも確かめられている。幼児は、大人ほど生物に対してもっている知識が多くないので、ある程度知識をもっている人間についての知識を当てはめ、それと対象となっている生物についての知識との整合性から、もっともらしい予測を導き出すのだという。しかし、生物学に特有の説明の仕方という観点からみると、稲垣と波多野（K.Inagaki & G.Hatano, 1993）は、大人と同じような機械的な因果で説明できるのは8歳くらいからであり（例えば、「体の中のいろいろなところに血が流れていくのはどうしてか」という問いに対して、「心臓がポンプの働きをして血を押し出すから」という説明を選ぶ）、幼児は、意図的な因果の説明（同じ問いに「わたしたちが、血が流れるように体をいろいろ動かすから」）ではなく、幼児に特有の生気論的な因果による説明（同じ問いに「心臓が血と一緒に命や力を送り出そうとがんばるから」）を選択する傾向があるという。こうしてみてくると、素朴生物学という領域でも、幼児は個々の生物についての知識の寄せ集めをもとに思考しているのではなくて、幼児なりの説明の原理、つまり「理論」をもっていることがわかる。ただ、その説明が大人とは質的に異なるものであり、大人のもつ科学的理論に対して、**素朴理論**といわれる。

4 「心の理論」の発達

　発達がいくつかの理論の発達によるという考えには、素朴心理学という心に関する理論（心の理論）の獲得と発達が含まれる。「**心の理論**」とは、他者の心を類推（自分の心の状態を当てはめて理解することであり、論理的な推論には至っていない思考の仕方）して理解する能力である。「心の理論」の獲得は、認知的発達における理論の獲得ということにとどまらず、幼児の対人関係や社会性の発達という文脈においても重視されている考え方である。

　心の理論という呼び方は、**プレマック**（Premack, D）と**ウッドラフ**（Woodruff, G.）（1978）による"Does the chimpanzee have a theory of mind?（「チンパンジーは心の理論をもっているか？」）"という論文において初めて用いられ、それ以後、人間の乳幼児がいつ頃からその能力をもつようになるかという関心から、さまざまな研究が行われるようになった。

　図2-2は、心の理論を獲得しているかどうかをみるための**誤信念課題**の1つ

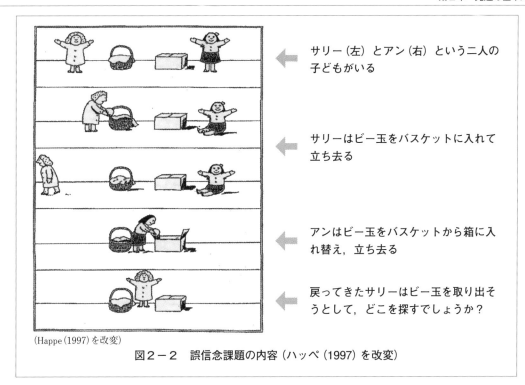

サリー（左）とアン（右）という二人の子どもがいる

サリーはビー玉をバスケットに入れて立ち去る

アンはビー玉をバスケットから箱に入れ替え，立ち去る

戻ってきたサリーはビー玉を取り出そうとして，どこを探すでしょうか？

(Happe（1997）を改変)

図2－2　誤信念課題の内容（ハッペ（1997）を改変）

である「**サリー・アン課題**」である。自分は見ているから知っているが，サリーちゃんは見ていないので，最初に置いたところを探すということがわかるかどうかをみるものである。4・5歳児になると，「ある人があることについて知っているのは，それを見たからだ」ということや，「信念は，人があるやり方で行為をする原因となる」ということを理解するようになる。「心の理論」は，子どもが友だちとのいざこざを経験したり，まわりの養育者や保育者による他者の心に気づかせる働きかけを受けたりする中で育っていくものである。

　なお，自閉症スペクトラム障害の子どもの特徴として，「心の理論」の獲得が遅れることが示されている。さらに，近年では「心の理論」の芽生えの証拠として，生後9カ月頃から見られる**共同注意**[*1]（例えば母親に促され同じものを見ることであり，大人の行動の意図をある程度理解し，注意対象に対する態度を共有していると考えられる）や，生後1年前後に見られる指さしが指摘されており，自閉症スペクトラム障害の子どもはこれらの獲得にも問題を示すことが指摘されている。

＊1 第3章p.45, p.50参照。

5 メタ認知と非認知能力の発達

　発達段階による発達という考えではなく，理論の発達という考えに立って，目の前の1人ひとりの子どもの発達過程を見ていくことの意義は明確ではあるが，それだけで発達を解き明かすことは不可能である。また，理論の発達という考え

方だけでは，全人的な発達を遂げていく子どもの姿を明確にできるわけでもない。

そこで，近年重視されているのが，**メタ認知の発達**と**非認知能力**[*1]の発達である。

メタ認知とは，二次的認知つまり認知についての認知であり，認知を対象とする上位の認知である。このメタ認知は，研究者によって分類の仕方や名称に違いがあるが，一般にはメタ認知的知識とメタ認知的活動とに分類され，後者のメタ認知的活動はメタ認知的モニタリングとメタ認知的コントロールとに分類される（三宮,2018）。メタ認知は，自分の中にいるもう1人の自分が，自分の思考過程をモニターし，必要に応じてコントロールするという高次の認知機能である[*2]。

この力は，幼稚園教育要領，保育所保育指針，幼保連携型認定こども園教育・保育要領の「育みたい資質・能力」の中の，主として「思考力，判断力，表現力等の基礎」にとって欠かせない能力であると考えられる。小学校学習指導要領解説の「改訂の基本方針」の中では，深い学びの鍵として「見方・考え方」（どのような視点で物事を捉え，どのような考え方で思考していくのかという，物事を捉える視点や考え方）が重要であることが指摘されている。また「学びに向かう力，人間性等」においても「自分の思考や行動を客観的に把握し認識する，いわゆる「メタ認知」に関わる力を含むもの」と規定されており（文部科学省,2017），学習指導においてメタ認知を培うことが重視されていることが見て取れる。

従来は，メタ認知能力は9，10歳頃からもつようになる能力と考えられてきた。しかし，近年では幼児はメタ認知の前駆あるいは原初型としてのメタ認知を発達させている（Larkin,2010）という考え方が広まっている。幼児期のメタ認知の諸相としては，**メタ記憶**，**メタ認識**，**心の理論**，**自己制御**，**他者との協同性**などの側面が考えられ，幼児期にはそれらのメタ認知の諸側面が相互に関連しており，支援として自己の認知活動への気づきである**モニタリング**の働きを活性化させることが重要である。より具体的には，遊びを「振り返る力」と「予測しながらの工夫」の育ちを支援することであり，遊びにおいて，保育者が「どんなことをしたいの？」「何に困っているの？」「どんなところを工夫したのかな？」などの言葉かけをすることによって，子どもたちはそれらに支えられながらメタ認知を働かせ，自分なりに遊びを創り高めていく過程を経て，メタ認知の萌芽の状態から就学後の自覚的な学びへの発達を遂げていくと考えられる。

非認知能力あるいは**社会情動的スキル**は，「育みたい資質・能力」の「学びに向かう力」に示されている，認知以外の能力による働きを意味しており，意欲・意志・粘り強く取り組む力など多様なものを含んでいるが，**自己制御**とその中心としての**実行機能**がその核である[*3]（無藤,2021）。社会情動的スキルは非認知能力とかなり重複するものであり，OECD（2015）が提唱した，学習によって獲得される汎用的な獲得すべきスキルである。図2−3に示すように，**目標の達成**

*1　**非認知能力**：ヘックマン（Heckman,J.,2015）が，「ペリー就学前プロジェクト」と呼ばれる就学前教育の効果を総括して提唱したものである。そのプロジェクトは，アメリカのミシガン州の低所得者層の58世帯の幼児に実施した就学前教育であり，その後40年にわたって縦断的に調査を行った結果，この就学前プログラムを受けた子どもたちの方が，受けなかった子どもたちよりも，高校卒業率や社会的地位，収入などが高く，また幸福感も高かったという結果を示している。就学前プログラムによって獲得した力は，「読み・書き・計算」などの認知的能力ではなく，頑張ろうとする意欲や集中力，自分の気持ちのコントロールなどの「非認知能力」であり，この非認知的な能力の方が，将来の生き方を規定するということである。
第4章，p.71参照。

*2　第1章p.18も参照。

*3　第1章p.18，p.19も参照。

（忍耐力，自己抑制，目標への情熱）や**他者との協働**（社交性，敬意，思いやり），
情動の制御（自尊心，楽観性，自信）から構成されると定義されている。

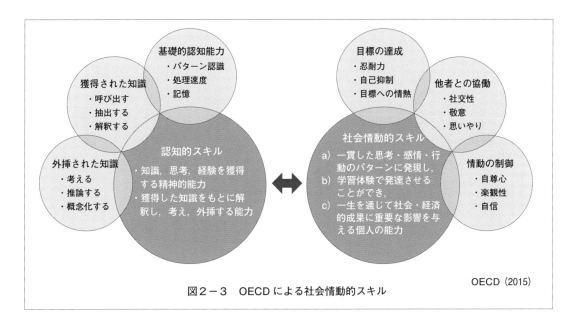

図2-3　OECD による社会情動的スキル

　非認知能力も社会情動的スキルも，認知的な能力を発揮しうまく使いこなすう
えで欠かせない能力であることがわかる。しかしながら，非認知能力は，認知能
力とは完全に独立した異なる能力と言い切れるのだろうか。単なる知識・理解で
はない，深い学びを構成する認知的能力を重視するなら，それに欠かせないのが
メタ認知能力であり，認知活動の中で必要となる自己をコントロールし，自己の
学びを高めていく力に焦点を当てると非認知能力と呼ばれる能力となる。つまり，
メタ認知と非認知能力という2つの能力は，一見関係のない能力に見えるが，実
は認知的能力を十分に働かせるための条件となる能力であり，これらの能力の発
達は，「何が発達するか」という問いへの有力な候補となるものである。

⑥ 発達をどうみていくか — 個々の子どもの発達過程を捉える

　これまでみてきたように，知的な発達は発達段階というよりも個々の子どもの
もつ「理論」の発達と考えられるようになってきている。しかし，理論の領域と
して何を考えたらよいのか，また理論の発達のメカニズムはどのようなものかと
いうことについては，まだわからないことも多い。今後の研究で，理論の発達の
メカニズムや，その要因などが明らかになっていくことだろう。さらに「理論」
の発達という考え方に否定的な考えの研究者もおり，知的発達の本質については，
メタ認知や非認知能力を含め，これからも議論が続いていくと考えられる。

また，これまで知的な発達の側面に焦点を絞ってみてきたが，発達の他の側面についても，例えば社会的認知や道徳性の発達の側面においても，近年は一般的な構造の段階的な発達としてではなく，それらを構成していると考えられる**スキーマ**[*1]を中心に理論化する動きが活発となっている。

さて，保育者としては，発達をどのようなものとして捉えていったらよいのだろうか。質的に異なる段階を経ていくのが発達であるというピアジェ的な知見を否定したところから始めるべきなのだろうか。

保育者が個々の子どもの発達を理解し，適切な支援をしていくためには，まず一般的な発達の道筋としての発達段階について理解することは，基礎知識として重要であろう。しかし，それを適用しただけで子どもの発達が捉えられたと思ってはいけない。その基礎知識を踏まえたうえで，個々の子どもの発達過程を見つめ，その子なりの発達の過程を捉え，今その過程のどこにあり，どう発達しつつあるのかを知り，さらにどこに向かってほしいかという願いとつき合わせながら，保育を考えていく姿勢が求められるであろう。

保育所保育指針においては，「第1章総則 （1）保育所の役割」のイに「保育所は，その目的を達成するために，保育に関する専門性を有する職員が，家庭との緊密な連携の下に，子どもの状況や発達過程を踏まえ，保育所における環境を通して，養護及び教育を一体的に行うことを特性としている。」とあり，また「（3）保育の方法」のウには「子どもの発達について理解し，一人一人の発達過程に応じて保育すること。その際，子どもの個人差に十分配慮すること」とあり，子ども1人ひとりの発達の状況を理解することの重要性が記されている。

「発達段階」も「発達過程」も，1人ひとりの子どもに最適な支援を行っていくための基本的道具なのである。あくまでも発達の主体は子どもであり，保育者はその子どもを支援する役割を担う存在なのである。

2. 発達における発達課題

発達を支援する際には，保育者が，子どもに対してこの時期にこれだけはぜひ身に付けてほしいと願う事柄がいくつかある。これについては，従来発達心理学においては「**発達課題**」という言葉で捉えられてきた。発達課題とは，**R. J. ハヴィガースト** (Havighurst,R.J.,1953) によれば，「個人の生涯の各時期に生ずるもので，その課題をりっぱに成就すれば，個人は幸福になり，その後の課題にも成功するが，失敗すれば個人は不幸になり，社会で認められず，その後の課題の達成も困難になってくる」[*2]というものである。このように，発達課題とは単に保育者か

らの発達期待という意味にとどまらず，人のその後の発達を左右するようなものであり，しかも生涯にわたって存在するものと考えられているのである。

🔳 ハヴィガーストの発達課題

具体的に記述された発達課題として有名なのが，ハヴィガーストの発達課題[*1]である。彼の発達課題についての考え方の特徴は，発達課題には個人の内部の生物的・心理的成熟から生じる課題だけでなく，社会の文化的な圧力から生じる課題，さらには個人のもつ価値や抱負から生じる課題があり，たいていの場合はそれらの諸要素の相互作用から生じるものであるという点である。発達を，現実の社会の中における経験を通して展開していくものとして捉え，また発達における教育の効果を積極的に捉えていると言えよう。

＊1 第7章p.130 参照。

表2−2　ハヴィガーストによる乳幼児期・児童期の発達課題

<table>
<tr><th colspan="2">乳 幼 児 期</th><th>児 童 期</th></tr>
<tr><td rowspan="9">具体的な発達課題</td><td>(1) 歩行の学習</td><td>(1) 普通の遊戯に必要な身体的技能の学習</td></tr>
<tr><td>(2) 固形の食物をとることの学習</td><td>(2) 成長する生活体としての自己に対する健全な態度を養うこと</td></tr>
<tr><td>(3) 話すことの学習</td><td>(3) 友だちと仲よくすること</td></tr>
<tr><td>(4) 排泄の仕方を学ぶこと</td><td>(4) 男子として，また女子としての社会的役割を学ぶこと</td></tr>
<tr><td>(5) 性の相違を知り性に対する慎みを学ぶこと</td><td>(5) 読み・書き・計算の基礎的能力を発達させること</td></tr>
<tr><td>(6) 生理的安定を得ること</td><td>(6) 日常生活に必要な概念を発達させること</td></tr>
<tr><td>(7) 社会や事物についての単純な概念を形成すること</td><td>(7) 良心・道徳性・価値判断の尺度を発達させること</td></tr>
<tr><td>(8) 両親や兄弟姉妹や他人と情緒的に結びつくこと</td><td>(8) 人格の独立性を達成すること</td></tr>
<tr><td>(9) 善悪を区別することの学習と良心を発達させること</td><td>(9) 社会の諸機関や諸集団に対する社会的態度を発達させること</td></tr>
</table>

出典）Havighurst,R.J., Human development and education, New york:Longman. 1953（荘司雅子監訳『人間の発達と教育』玉川大学出版部，1995 から作成）

表2−2にハヴィガーストによる発達課題の中から，乳幼児期と児童期を取り上げて具体的な発達課題の事項を示している。これを見ると，具体的な発達課題の事項は，彼の時代と社会を反映しており，例えば性役割に対する考え方など，現代ではそぐわない点もあることに気づくだろう。

🔳 エリクソンの発達段階理論と発達課題

「発達課題」を考える際に有効な理論として，人の誕生から死までの**ライフサイクル**の視点に立ち，それぞれの発達段階において，人が達成すべきことについて理論化したのが，**E.H. エリクソン**[*2]（Erikson, E.H, 1956）の提唱した**心理社会的発達理論**である。

エリクソンは**パーソナリティの発達**について，成人した後の段階も含め，人生を8つの段階に分けた。そして，それぞれの段階において，**肯定的感情**（ポジティブな面）と**否定的感情**（ネガティブな面）とを経験し，その両者の葛藤から**基礎**

＊2 エリクソン（Erik Homburger Erikson）（1902-1994）：ドイツ出身の発達心理学者。1939年にアメリカ国籍を取得し，以後アメリカを拠点に活動した。心理社会的発達理論やアイデンティティの概念を提唱した。

的活力（人間の強さ）を獲得して，次の段階へと発達していくと考えた。彼自身は「発達課題」という言葉は使っていないが，この理論においては，各段階での心理社会的な危機を乗り越えて，肯定的感情である望ましい心理的特性を獲得していくことが発達課題に相当する。それを獲得できないと，一見段階を進んでいっても，さまざまな適応上の問題を抱えることになると考えた。各段階の**心理社会的危機（サイコソーシャル・クライシス）**を示したのが，**図2-4**である。

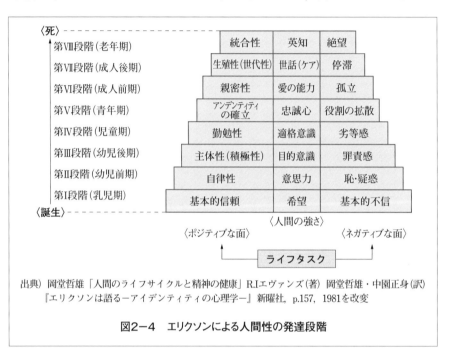

	〈ポジティブな面〉	〈人間の強さ〉	〈ネガティブな面〉
第Ⅷ段階（老年期）	統合性	英知	絶望
第Ⅶ段階（成人後期）	生殖性（世代性）	世話（ケア）	停滞
第Ⅵ段階（成人前期）	親密性	愛の能力	孤立
第Ⅴ段階（青年期）	アイデンティティの確立	忠誠心	役割の拡散
第Ⅳ段階（児童期）	勤勉性	適格意識	劣等感
第Ⅲ段階（幼児後期）	主体性（積極性）	目的意識	罪責感
第Ⅱ段階（幼児前期）	自律性	意思力	恥・疑惑
第Ⅰ段階（乳児期）	基本的信頼	希望	基本的不信

出典）岡堂哲雄「人間のライフサイクルと精神の健康」R.Iエヴァンズ（著）岡堂哲雄・中園正身（訳）
『エリクソンは語る－アイデンティティの心理学－』新曜社，p.157, 1981を改変

図2-4　エリクソンによる人間性の発達段階

❸ 発達課題をどう考えていくのか

　発達段階のところでは，保育者として発達段階を理解することを基礎としながらも，個々の子どもの発達過程を捉えることの重要性を述べた。発達課題を捉える場合もまったく同じであり，全般的な発達時期ごとの発達課題の理解を基礎としながらも，個々の子どもに即した発達課題を見ていくことが重要である。

　ハヴィガーストの発達課題からは，幼児期という時期に特有の課題を，地域やこの国の今という時代を考慮しながら捉えていくことの重要性を引き出せるだろう。エリクソンの考え方からは，人は心のネガティブな面も経験することも重要であり，葛藤を通して発達課題を達成することが求められていることがわかるだろう。

　こうした全般的な発達課題の理解のもとに，さらに目の前の子どもについて，これまでの発達の過程と育ってきている心の特徴を基本として，家族や保育施設を取り巻く地域環境の特徴なども総合的に考慮しながら，個々の子どもについて

発達課題を考えていくことが求められている。そして，これらをもとに，保育の全体的な計画を編成し，指導計画を作成し，保育を進めていくようにしなければならない。さらに，保育者には保護者の「親としての発達」を支える役割もあることを忘れてはならない。

3. 発達は人との関わりの中で生じる
——ヴィゴツキーの理論から

　ピアジェの理論における発達は，1人の人の中で生じるものであり，他者の影響はあるとしても，それは限定的であり，影響を取り入れて自分のものにする主体はあくまでも発達する個人である（心理学的構成主義）。こうした考え方と異なり，**L. S. ヴィゴツキー**[*1]（Vygotsky, L. S., 1962）は，発達という現象は，発達主体とまわりの大人や仲間との相互作用そのものの中にあるという考え方を提唱している（**社会的構成主義**）。

　ヴィゴツキーの理論は「**発達の最近接領域**（あるいは最近接発達領域；zone of proximal development）」と呼ばれている。彼は『思考と言語』という著書の中で，次のような考えを示している。知能検査を実施すると，標準的な手続きで測定されるのは，子どもが独力で解決することのできる「現下の発達水準」（完成した水準）である。しかし，子どもが自主的に解くことのできないその先の問題においても，大人が教示や誘導的質問や解答のヒントなどを与えて考えさせると解決できる問題の範囲がある。つまり共同で問題を解く場合に到達する水準があり，この成熟しつつある水準とすでに1人で解決できる現下の完成した発達水準との差異が発達の最近接領域と呼ぶものであるというのである。

　一般に，この考え方は，教育とは発達しつつある領域に働きかけることであり，それによって発達が促進されるという，教育の積極的役割を表したものと解釈されている。発達における教育の効果については，ピアジェはどちらかと言えば否定的な立場であったのと対照的である。ピアジェは，知的発達の要因について，成熟，経験，社会的伝達，均衡化の4つの要因を指摘している（Piaget, 1964）が，その中でも均衡化を主要な要因と捉え，発達段階の移行期でない限り教育の効果はほとんどないと考えていた。

　ヴィゴツキーの「発達の最近接領域」という概念は，発達における教育の効果という狭い意味にとどまらず，発達そのものの捉え方についての理論でもあり，またさまざまな意味あいをもっている。

　中村和夫（1998）は，まず知的発達の指標としての意義を指摘している。つまり，

＊1　ヴィゴツキー（Lev Semenovich Vygotsky）（1896-1934）：旧ソ連の心理学者。発達心理学をはじめさまざまな実験・理論研究を行った。20世紀初頭に才能を開花させ，わずか37歳の短い生涯を閉じたが，その理論が近年，再び注目されるようになった。どの部分を評価するかは研究者によって異なり，本章で取り上げている「発達の最近接領域」だけでなく，「活動理論」として，あるいは「文化的実践への参加」や「状況的認知」という概念の点でも評価されている。

「発達の最近接領域」は，教授(教育)の効果を媒介する子どもの発達の内的条件として捉えられるということである。一見同じ発達水準にあるようでも，教授(教育)が同じ効果をもつのではなく，子どもよってその教育可能性が異なることを指摘しているのである。次に，教授が子どもの内的発達を覚醒させるという意味があげられる。P. グリフィンと M. コール (Griffin, P. & Cole, M., 1984) も，この点を強調して，はじめは外部にあった大人の助言・教育的働きかけが，こどもの内部に取り込まれ，自己のものに内化していく過程が発達の過程であるとしている。このように，ヴィゴツキーの考え方は，発達という現象を個人の内部に生じるものとしてではなく，相互交渉による「知識の共有」やパートナー相互の中で生まれ，相互伝達される「**間主観性** (intersubjectivity)」にある (佐藤, 1996) ということを主張しているのである。

　私たちが，保育について考えていくときには，ピアジェ的な理論とヴィゴツキー的な理論とどちらか一方を選ぶという必要はないだろう。発達は，ヴィゴツキーの言うように確かに相互交渉の中で生じるが，その結果は最終的には個人の内部におさまるものであり，それがどのような形かを理論化したところにピアジェの理論の意義があったと認めていったらよいのではないだろうか。また，ヴィゴツキー的な立場を取る・取らないにかかわらず，子どもたちが幼稚園や保育所という集団の中で育つという現実の中では，子どもたちが友だちとともに過ごす喜びを感じるだけではなく，集団生活だからこその発達があるのであり，保育者はその発達の姿を把握し，集団で育つことの長所を生かしていかなければならない。

　発達は人との関わりの中で生じるという考えは，次の遺伝と環境の影響に対する考えとも深く関連している。

| *column* | さらに学んでみよう |

「遺伝と環境」をめぐることわざ

　発達における遺伝と環境の関係を表していることわざがある。次にあげることわざは，発達を規定している要因をどのように捉えているか考えてみよう。

（1）カエルの子はカエル

（2）トンビがタカを生む

（3）センダンは双葉よりかんばし

　他にどんなことわざがあるだろう。そしてそれは，どのように発達を捉えているだろう。

4．発達を規定する要因：遺伝と環境をめぐって

　保育を一生懸命に実践している保育者にとって，思うように子どもが発達していないと思えるとき，「この子どもはもともと素質的に恵まれていないからだ」と，その原因を子どもの遺伝的な要因に帰してしまいたくなることがある。また，保育への自信が大きくなると，保育の仕方次第で子どもは思うように変えられると思ってしまうこともある。このように私たちは，発達を決定づけるのは遺伝なのかそれとも環境なのかについて，両極の考え方の間で揺れ動いている。心理学においても，人の発達を規定するのは遺伝なのか環境なのか，あるいは発達とは生得的なものなのかそれとも学習によるものなのかということに関して，人々が抱く発達観を反映しながら議論が繰り広げられてきた。

■1 単一要因説：遺伝か環境か

　心理学の歴史の初期には，人の心的特徴の形成に関わるのは**遺伝**なのか**環境**なのかと，いずれかに答えを求めていた。

　遺伝説の立場からは，同一家系の中で，ある特徴がどれくらいの頻度であらわれるかを明らかにしていく家系研究によって，遺伝性を主張してきた。例えば，音楽的才能に関するバッハ一族や，研究者を多数輩出したダーウィン一族についての研究例が有名である。H. H. ゴダード（Goddard, H. H.）のカリカック家の研究も，遺伝説の立場で行われた研究である。ある1人の男性の，知的に劣った女性との間にできた子どもの家系と，のちに教養のある女性と結婚してできた家系とを数世代にわたって比較して，前者の家系からは知的に劣った者や道徳的に問題のある者が多かったのに対して，後者の家系からは有能な者が多かったということから，その差を2人の女性における素質の差に帰して説明したのである。

　遺伝説とは呼ばないが，**A. L. ゲゼル**（Gesell, A. L）の「**成熟優位説**」も遺伝説に近い考え方である。ゲゼルは，身体運動的技能について，双生児の一方には早期から訓練を課し，他方には時期を待って短期間の訓練を行った結果から，早すぎる訓練は有効ではなく，成熟を待つことの重要性を指摘したのである。学習に対する準備性のことを「**レディネス（readiness）**」というが，ゲゼルの考え方は，学習の準備性が整うまで教育的働きかけを待つべきであるという，いわば「待ちのレディネス」と言えるものである。

　一方，環境説は，その哲学的基盤を17世紀のイギリスの哲学者**ジョン・ロック**[*1]（Locke, J.）の**経験論**[*2]に求めることができる。環境説の立場からは，遺伝説に対して，環境で人の心的特徴が大きく変化した事例をもって反論することが続いた。また，20世紀の**行動主義心理学**[*3]は，経験論を背景に心理学研究を進

＊1 ロック（John Locke）（1632-1704）：イギリスの哲学者。イギリス経験論の父と呼ばれた（経験論は＊2参照）。また政治学者としても活躍し，社会契約論を提唱。のちのアメリカ独立宣言，フランスの人権宣言に影響を与えた。

＊2 経験論：人は白紙（タブラ・ラサ，tabula rasa）の状態で生まれ，後の経験によって心は形成されていくという考え方。

＊3 行動主義心理学：心理学は行動の科学であるとする立場。客観的に観察可能な出来事や行動のみを対象とし，心理学の中心課題を経験による行動の変容とみなした。

めてきたといってよい。なかでも，行動主義の提唱者である**J.B. ワトソン**[*1]（Watson,J.B.）は，遺伝的な資質にかかわらずどんな大人にでも育て上げることができると述べている。レディネスに関しては，レディネスは積極的に作り出すことができ，学習を進めることができるという考え方である。ヴィゴツキーの「発達の最近接領域」よりもさらに積極的に教育の影響を捉えている。

　しかし，遺伝か環境かという二者択一的な論争は不毛であると考えられるようになり，次のような説が出現した。

❷ 加算的寄与説：シュテルンの輻輳説

　人の心的特徴の形成には遺伝も環境も関わっていると主張し，遺伝説と環境説との対立から一応の統合へと導いたのが，**W. シュテルン**（Stern, W）の「**輻輳説**（ふくそう）」と呼ばれる説である。これは，心的特徴は素質が単に発現するだけでもなく，環境の影響をただ受容するだけでもなく，両者の輻輳の結果だとする見解である。

　輻輳説を図で示したのが，**図2−5**である。単一要素説に比べれば，輻輳説はよりよく発達を予測できるが，遺伝と環境とのダイナミックな働きを表しているとはいえず，静的なモデルにとどまっている。

❸ 相互作用説

　遺伝と環境の相互作用説とは，遺伝と環境は単なる足し算で表せるようなものではなく，相乗的あるいは相互浸透的ともいえる関係にあるということを，理論化したものである。**図2−6**に示されているように，時間軸に沿って，遺伝的要因と環境的要因とが常に関わりあっている。

　しかし，一口に相互作用説といっても，研究者によってさまざまな相互作用説が唱えられている。以下に，2つの代表的な考え方を見ていこう。

（1）ジェンセンの環境閾値説

　個々の特性によって，遺伝と環境の関わり方は異なるという考え方を提唱したのが，**A.R. ジェンセン**（Jensen, A.R.）であり，その説は「**環境閾値説**（いきち）」と呼ばれている。心身の

*1 ワトソン（John Broadus Watson）（1878-1958）：アメリカ出身の心理学者。行動主義心理学の創始者。心理学において，客観的に観察可能な行動を対象とすることを提唱した。

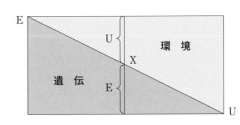

E点寄りの形質ほど遺伝の規定を強く受け，U点寄りの形質ほど環境の規定を強く受ける。E点，U点は極限点であって，遺伝または環境の規定だけを受ける形質は存在しない。

出典）新井邦二郎「1章 発達するということ」杉原一昭他『よくわかる発達と学習』福村出版，p.9，1996

図2−5　輻輳説の図式

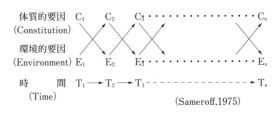

（Sameroff，1975）

出典）三宅和夫「発達」藤永保他編『心理学事典』平凡社，p.688，1981

図2−6　発達の相互作用的モデル

特徴は，遺伝的にもって生まれたとしても，それが顕在化するのには環境が重要であり，しかも顕在化に必要な環境の豊富さは心身の特徴ごとに異なっている。それぞれの特徴に固有の，ある値以上の環境が必要であるという考え方である。これを図に示したのが**図2－7**である。

この説は，輻輳説のような単純な加算説ではないと考えられるが，それでもやはり遺伝と環境の加算的な考え方である（新井，1996）との批判もある。真の意味での相互作用説といえるかどうかは議論の分かれるところである。

（2）行動遺伝学的アプローチ

遺伝と環境とは生涯にわたって関わり合うというのが相互作用説であるが，その関係を変えながら関わりあうことを理論化した説として，**行動遺伝学的アプローチ**での考え方がある。これを安藤寿康（1994）をもとに紹介していこう。

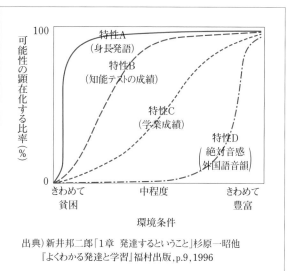

出典）新井邦二郎「1章　発達するということ」杉原一昭他『よくわかる発達と学習』福村出版，p.9，1996

図2－7　ジェンセンの環境閾値説

読書好きの性向を例に説明していく。読書好きな親ほど読書好きな性向を子どもに遺伝子を通して伝えやすい。しかし，そうした遺伝とともに，家に本を多く揃え，子どもに親の本を読む姿を見せるなど，子どもの読書を促進するような環境を与えている。これは「**受動的相関**」といい，遺伝的に関係のある人が自分の遺伝子型と関係のある環境を与える傾向をいう。また，読書好きな子には，まわりの人があの子は読書好きだからと，本を買ってやったりよい本を勧めたりする機会が多くなる。これを「**誘発的相関**」といい，子どもの遺伝的要因が，他者から遺伝に関連する環境を誘発する傾向をいう。さらに成長に従って，読書好きな子どもは，自分のこづかいで本を買ったり，図書館に行ったりすることが多くなる。これが「**能動的相関**」であり，自分の遺伝的要因ゆえに，それに関連する環境を能動的に探索・選択する傾向をいう。発達とともに，人は自分で環境を選び取っていく傾向が強くなるので，年齢が高くなるほど，遺伝的な影響が増すことになる。例えば，ＩＱの遺伝率が発達にともなって増加する現象があるが，それもこの理論で説明できる。

4 遺伝と環境の相互作用の実際

ここでは，遺伝と環境の相互作用の実際について，まず，L. ウィラーマンら（Willerman, L., et al., 1970）の研究を，並木博（1992）から紹介していこう。

ウィラーマンらは，約3,000人の白人の子どもを対象として，生後8カ月の時点で発達検査を施行した。そして得点分布の最上位1/4と最下位1/4の者を選び，4歳の時点で**スタンフォード・ビネー検査**[*1]を施行した。IQ≦79の子どもの出現率を2つの群について，家庭の社会経済的地位（socio-economic status：SES）別に算出した。その結果をまとめたのが，**図2－8**である。

この結果が示すのは，環境条件の違いが，2群の子どもたちの成育に一律の影響を及ぼすわけではなく，もともとの発達の遅速によって環境の影響が異なることである。乳児のときに発達の遅れがちな子どもが，劣悪な環境で育てられると4歳時点での知能の低い子どもの出現率が12％以上にもなる。しかし，同様の子どもが，恵まれた環境におかれると，その出現率はわずか2％におさえられる。

一方，もともと発達の速やかな子どもであれば，環境条件の違いは知的な遅れにはほとんど無関係であり，きわめて低い値である。

もう1つ，虐待を受けるという経験の影響を菅原ますみ（2003）から紹介しておきたい。虐待を受けた経験は，将来の反社会的行動の危険因子の1つではあるが，虐待を受けたすべての子どもが反社会的行動を引き起こしてしまうのではなく，生得的に反社会的行動を起こす傾向の強い遺伝子型をもった子どもが虐待によって影響を被るのである。たとえその遺伝子型をもっていても，虐待にさらされなければ，問題は生じない。

＊1　**スタンフォード・ビ
ネー検査**：世界で最初の
知能検査は，フランスの
A.ビネー（Binet,A.）が，
T.シモン（Simon,T.）の
協力を得て，1905年に
作成したものである。こ
れをもとに，アメリカの
スタンフォード大学で，
L.M.ターマン（Terman,L.
M.）らが作成したのが，
スタンフォード・ビネー
検査である。1916年版
で初めて知能指数（IQ）
を取り入れた。

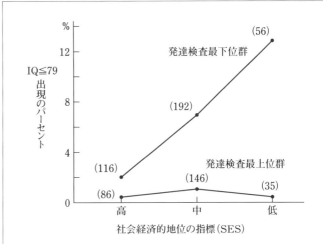

注:（　）内の数字は人数
出典) 並木博「3.発達の一般的原理」大日向達子他著『発達心理学』
　　　朝倉書店, p.28, 1992

図2－8　L. ウィラーマンらの研究結果

このように，環境の豊かさやネガティブな環境条件は発達にとって重要な要因ではあるが，遺伝的な要因を無視することはできないし，また遺伝的な要因も環境によって出現のしかたが異なるのであり，遺伝要因と環境要因との関係は複雑なものなのである。

5 環境の考え方 ― 生態学的環境システム理論

これまでみてきたように，遺伝と環境は相互作用するというのが，現在の一致した見解である。このことを基本としたうえで，次のようなことを原則として教育環境を捉えていくとよいであろう。

まず，環境にはさまざまなレベルの環境があり，しかも環境間に相互作用があるという点である。この考え方を理論化したのは U. ブロンフェンブレンナー（Bromfenbrenner,U.,1979）である。この理論の概念を**図2－9**に示す。環境というと，一般には保育の場や家庭環境など，人が直接に影響を受ける場のみをさすように思いがちだが，これは「**マイクロシステム**」と呼ぶ，環境の一部にすぎない。ほかには，まず複数のマイクロシステムの相互作用である「**メゾシステム**」がある。例えば，保育施設と家庭におけるルール

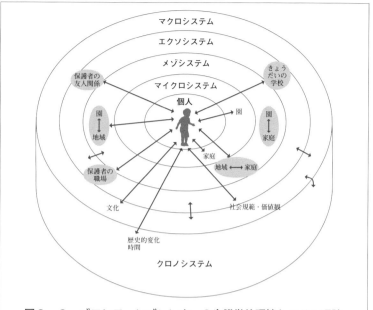

図2－9　ブロンフェンブレンナーの生態学的環境システム理論
（ブロンフェンブレンナー，1979 をもとに作成）

の違いが子どもに不安や園生活への不適応をもたらす場合もある。また，保育施設と家庭が異なる絵本の環境を作り出し，その結果として子どもが豊かな読書を経験するという影響もみられる。次に，個人の外部環境である「**エクソシステム**」がある。マイクロシステム内で子どもに関わる保育者が，例えば職場での人間関係などの別のマイクロシステムで影響を受け，それが子どもへの関わり方に反映するといったことをさす。さらに，これら各システムの基礎をなす思想や信念の体系である「**マクロシステム**」の影響もある。よい子とはどのような子かについての文化による違い[*1]などが指摘されている（例えば，東，1994）。さらに時間的な経過による影響の変化もあり，これを**クロノシステム**と言う。

この多様な環境の考え方は，保育者が，保育の場における自分と目の前の子どもとの関係ばかりにとらわれず，その子どもの家庭における立場や，その子どもの中での家庭と保育施設との関連性，その親の置かれた状況，また保育者自身の人間関係など，多様な環境の影響を考慮していく必要を示してくれている。

次に，環境を考えていく際には，個人を単位として考える必要がある。きょうだいが，同じ家庭で育ち，親は同じように愛情を注いで育てたつもりであっても，1人ひとりの子どもにとっての家庭環境は同一とは限らない。

さらに，教育環境としての保育者を考えるときに，保育者の抱く期待の影響が

＊1 日米の「よい子」の違い：東洋著『日本人のしつけと教育』によれば，アメリカでは自己主張ができ，授業中に質問をして自己の疑問を解消しようとするような積極性や自主性が高く評価されている。それに対して，日本では親や教師などの大人の言うことを素直に聞いて従うことが，学力と強く関連する。

指摘できる。これは「潜在的カリキュラム」としての教師効果の研究から，「ピグマリオン効果[*1]」と呼ばれているもので，保育者・教師が子どもの能力や学業にある期待を抱くと，無意識のうちに子どもに対して自分の期待に合うように対応し，子どももその期待を感じとり，期待に沿うように行動するという現象である。ここからは，保育者はすべての子どもの長所を見てとり，子どもがそれぞれに伸びることを期待するということが大切だということを示唆として引き出せよう。

*1 ピグマリオン効果：ピグマリオンとは，ギリシャ神話に登場するキプロスの王の名である。女性の像に恋をして，現身の女性に変えてほしいと熱烈に乞い願うことによりその願い通りになったという故事に基づいて，ピグマリオン効果と名づけられた。

---

column さらに学んでみよう

ガードナーの多重知能理論

　人の知的能力，いわゆる知能の研究において，ピアジェの理論は人がだんだん賢くなる過程を発達という側面に重点をおいて理論化した知能理論ともいえるが，一般的には，知能検査を開発してその結果を分析することによって「知能とは何か」という問いに迫ろうとする精神測定的理論が主流であり，そうした研究の流れのなかで，知能を構成する因子を特定しようとしてきた。

　しかし，**ガードナー**（Gardner,H.,1983）は，知能理論の枠を拡げ，哲学や脳科学などの多くの研究領域の成果をもとに，人の知能を多元的に捉える**多重知能理論**を提唱した。人の知能には8つの異なる知能があり，それらの中には知能検査では測定できない知能も含まれ，また人によって得意な知能や不得意な知能の側面があることを示した。そして，得意分野を生かすことで才能を十分に発揮することができるとした。

　この8つの知能とは，言語的知能（言語を習得し使いこなす能力），論理数学的知能（論理的に分析・思考し問題解決する能力），音楽的知能（リズムや音のパターンを認識し，作曲・演奏する能力），身体運動的知能（身体と運動を効果的に動かし表現する能力），空間的知能（空間を正確に認識し操作する能力），対人的知能（他人とのコミュニケーションを上手く行う能力），内省的知能（自己の内的側面を把握し活用する能力），博物的知能（動植物や文化的人工物を識別する能力）である（1983年時点では7つだったが，1999年に博物的知能が追加された）。

　保育者にとって，ガードナーの多重知能理論の意義はどんなところにあるだろうか。子ども1人ひとりの特性を，知的な側面も個性の一部と認めること，そして知的側面をいわゆる頭の良さという単一の基準で見てしまうことなく，それぞれの知的能力の個性を見取り，他の個性の側面とともに1人ひとりを生かしていく支援が求められるということといえよう。

---

5. 発達における制約

　最近の発達研究で強調されている考え方に，発達は種々の制約のもとで行われるという考え方がある。この「**制約**（constraints）」という考え方は，研究者によって異なり，特に生得性を強調するかどうかで意見が分かれている。

　いろいろな定義の仕方があるが，ここでは，「制約」とは人間というシステム

にある，環境内に存在する特定の情報に注意を選択的に振り向けるバイアスであり，このバイアスによって学習が容易になされ，発達がもたらされていく（外山，2002）としておこう。

　制約の存在を，まず語の獲得における「**事物全体制約**」（マークマン, Markman, E.M., 1989）で見てみよう。子どもは未知の語を聞いたとき，その語は指し示された事物の部分や属性ではなく，事物全体を指示する語だと解釈するというものである。しかも，それを固有名詞ではなく普通名詞として解釈するため，次に同じようなものを見たときに，同じ語で呼ぶのである。こうした制約があるからこそ，子どもは急速に語彙を獲得していけるのである。

　また，発達するにつれて，人は情報処理の速度が増し，一度に情報を処理できる容量も増していく。処理速度が遅いことや処理容量[*1]が小さいことは，一般的には学習にとって不利だと考えられるが，実は乳幼児の処理速度や処理容量が限られていることが，逆に幼児の学習や発達を容易にしているという側面がある。学習において，与えられたすべてのフィードバックを取り入れようとすると，学習はとてつもなく複雑なものになってしまう。しかし，幼児はそれだけの処理ができないので適当に選択して処理していく。だからこそ，短期間に多くのことを学んでいけるというのである。こうしたハードウェアの未熟さも発達における制約としての機能をもつのである（外山，2002）。

　また，制約には，内的なものだけではなく，社会的規範や価値観といった「**文化的制約**」と呼べる外的な制約も考えられている。非認知能力の発達が重視されるということも制約の1つと考えられ，これからの時代の子どもの発達と支援のあり方を大きく規定していくことになると考えられる。

　この「制約」という考え方は，一見発達にとってマイナスの側面が，実際にどのような効果をもたらしているのだろうかと，見方を少し変えてみることの必要性を私たちに気づかせてくれる。今後の研究は，人の発達においてどんな制約があるかについて，また，その制約が発達にどのように寄与しているのかについてさらに明らかにしてくれるであろう。

> *1　**処理容量**：成人が一度に処理できる情報の量は7±2項目といわれている。幼児では3〜4項目程度である。5歳児におつかいを頼むとしたら，何品目までならまちがえずに買って来られるだろうか。それが3品目程度ということである。

＜引用・参考文献＞

東 洋『日本人のしつけと教育－発達の日米比較にもとづいて』東京大学出版会，1994

Bronfenbrenner,U.,*The ecology of human development*, Cambridge: Harvard University Press, 1979

Carey,S.,*Conceptual change in childhood*, MIT Press. 1985（小島康次・小林好和訳『子どもは小さな科学者か』ミネルヴァ書房, 1994）

Chi,M.T.H.,Hutchinson,J.E. & Robin,A.F.,How inferences about novel domain-related concepts can be constrained by structured knowledge.*Merril-Palmer Quarterly*, *35*,

1989, pp.27‐62

Erikson,E.,H.,*Childhood and society*, NerYork:W.W.Norton, 1950（仁科弥生訳『幼児期と社会Ⅰ，Ⅱ』みすず書房，1977）

Erikson,E.,H.,Identity and the life cycle：selected papers, *Psychological Issues*〔Monograph〕,Vol.1,No.1. New York: International Universities Press, 1959（小此木啓吾訳『自我同一性』誠信書房，1973）

R.I. エヴァンズ（岡堂哲雄・中園正身訳）『エリクソンは語る－アイデンティティの心理学－』新曜社，1981

藤永保他編『新版　心理学事典』平凡社，1981

ハワード　ガードナー（松村　暢隆訳）『MI：個性を生かす多重知能の理論』，新曜社，2001

Gilligan,C., *In a different voice*., Cambridge: Harvard University Press,1982

Griffin,P. & Cole,M. Current activity for the future: The Z0-ped. In B.Rogoff & J.Wertsch（Eds.）*Children's learning in the zone of proximal development.* Jossey-Bass, 1984

波多野誼余夫編『認知心理学5 学習と発達』東京大学出版会，1996

Havighurst,R.J.,*Human development and education*, New York:Longman, 1953（荘司雅子監訳『人間の発達と教育』玉川大学出版部，1995）

Inagaki,K. & Hatano,G., Young children's understanding of the mind-body distinction. *Child Development*, 64, pp.1534‐1549, 1993

Kohlberg,L., "The Psychology of moral development." *Essays on Moral Development*,vol.2. New York: Harper and Row, 1984

Markman,E.M.,*Categorization and naming in children*, MIT Press, 1989

文部科学省『小学校学習指導要領（平成29年告示）解説総則編』2017

村井潤一編『発達の理論をきずく』（別冊発達4号）ミネルヴァ書房，1986

無藤隆「非認知能力とメタ認知」『指導と評価 2021年9月号』日本図書文化,2021

中村和夫『ヴィゴーツキーの発達論:文化－歴史的理論の形成と展開』東京大学出版会，1998

並木博編著『教育心理学へのいざない』八千代出版，1994

日本道徳性心理学研究会『道徳性心理学；道徳教育のための心理学』北大路書房,1992

大日向達子他『発達心理学』朝倉書店，1992

Piaget,J.,Development and learning.*Journal of Research in Scientific Teaching*, 2, pp.176‐185, 1964（芳賀純編訳『発達の条件と学習』誠信書房，1979）

Piaget,J.,& Inhelder,B.,*La psychologie de l, enfant*, P.U.F., 1966（波多野完治・須賀哲夫・周郷博訳『新しい児童心理学』白水社，1971）

Premack, D., & Woodruff, G., "Does the chimpanzee have a theory of mind?", *Behavioral and Brain Sciences*, 1, pp.512-526. 1978

三宮真智子『メタ認知で＜学ぶ力＞を高める』北大路書房，2018

菅原ますみ『個性はどう育つか』大修館書店，2003

杉原一昭他『よくわかる発達と学習』福村出版，1996

都築誉史編『認知科学パースペクティブ－心理学からの10の視点－』信山社，2002

Willerman,L., Broman,S.H. & Fielder,M.F., Infant development, preschool IQ ,and socialclass. *Child Development*, 41, pp.69‐77, 1970

第3章

初期発達の意味

〈学習のポイント〉 ①発達の決定因として遺伝と環境の問題をどのように捉えるかを理解しよう。
②人間の発達に臨界期を想定すべきかどうかを考えよう。
③発達初期にリスク要因を示す子どもに対する支援を理解しよう。

　発達初期の経験は，個体のその後の発達に大きな影響を与える。人間は生物学的にもって生まれた要因と，環境に関わることで獲得していく環境的・文化的要因による影響を受け，その個体の特性を形成していくものと考えられる。本章では，比較発達的視点，乳児期研究，野生児などと呼ばれる初期環境の異常，生得的な個人差である気質研究などを概観し，それぞれ異なる研究アプローチから人間の発達の規定因と初期発達の意味を考える。

1．発達の生物学的基礎

１ 就巣性と離巣性

　人間はどのような特性をもって生まれてくるのだろうか。生物学的特性を知ることが，人間発達を探る手がかりとなる。生物はそれぞれの種が子どもを生んで育てるという共通性をもっている。しかし，その過程をみると，種によってそのやり方に違いがあることがわかる。A．ポルトマンは，哺乳類を育児と初期発達の違いによって２つのグループに分け，一方を**就巣性**，他方を**離巣性**とした（Portmann, 1961）。ネズミやイタチなどの就巣性の種は一度に生まれる子どもの数が多いが，妊娠期間が短く，子どもは感覚器官も運動器官も未熟で無防備，無能力な状態で生まれてくる。そのため，一定期間は親が巣で子どもを育てることになる。離巣性の種の出産数は１～２個体と少なく妊娠期間が長いので，子どもはある程度成熟して生まれてくる。誕生後，短時間で立ち上がって歩き，親にしがみつくこともできるし自分で母親の母乳を求めることもする。ここには，チンパンジーやウマなど比較的高等で大型な種が含まれる。

　それではヒトがそのどちらのカテゴリに入るかと言えば，進化の過程からみても，高等で複雑な組織体系をもつことから離巣性の種に含まれると考えられる。しかし，新生児は非常に未熟で，特に身体の移動に関わる運動機能をみるとむしろ就巣性の特性をもっていると言える。このように新生児が矛盾した２つの特性

を合わせもつことから，A．ポルトマンは人間を**二次的就巣性**と呼んだ。この特性をもつに至った理由として彼は，大脳の肥大化と二足歩行というヒトという種自体の身体的構造の進化過程について推測している。二足歩行によって手が自由になることで道具を製作・使用するようになり，知能を発達させることで脳が拡大した。その反面で，直立して歩くことによって骨盤が変化し，それに応じて産道も縮小していった。結果的にヒトは，出産時に大きくなった胎児の頭を通すには産道があまりにも狭くなり，出産時の危険を避けるため胎児が十分に成熟する前に子どもを産むという方略をとるようになった。これは**生理的早産**と呼ばれ，子どもは生後1年という，本来ならば子宮内に留まる状態のまま生まれてきてしまうため，自分で食物を口に運んだり移動が可能になったりするまでは親がすべての世話をすることになるのである。

　子どもの側も，親の養育を誘発するような特徴をもっている。**ローレンツ**（Lorenz,K.Z.）[*1]は，動物の子どもがからだに対して大きな頭，顔の中央よりやや下に位置する大きな眼，高い額，丸みのある頬，丸みのある体形，太くて短い四肢という容貌をもつとした。彼はこのような特徴を**幼児図式**と呼び，成体はこのような特徴をもつ子ども対して，可愛いという感情や養育行動が引き出されるようにプログラムされている。これによって，未熟な子どもは親の養育を受けて生きることができるのである。

＊1 本章 p.46 参照。

　ただし，人間の生物学的基礎を，この生理的早産による説明に必要以上に大きな比重をかけて論じることには異論もある（橋彌，2007）。人間の発達初期については，運動能力や行動の特性により，その育児形態がある程度方向づけられると考えることは妥当であるが，さらに生物学的特異性，乳児期以降の発達過程との関連や，霊長類や哺乳類の他種との比較発達的研究など，多方面における知見に照らして考察されることが望ましい。

❷ 人間の生得的な特性

　母親の胎内から早く出てこなければならなくなった人間の子どもは，食物摂取や運動能力にみられるように，未熟で養育者の手助けなしにはほとんど何もできないことが特徴かというと，必ずしもそうではない。**W.S. コンドン**と**L.W. サンダー**は，新生児が他者からの話しかけに反応して体を動かすことに注目し，これを**同期行動**（エントレインメント：entrainment）と呼んだ。彼らは，生後12時間から48時間の子どもに，大人の会話（英語と中国語），母音の連続音，ものを叩く音を聞かせ，子どもは母国語の英語だけでなく中国語にも反応を示すが，会話以外の聴覚刺激にはほとんど反応しないことを見いだした（Condon & Sander, 1974）。また，**A.N. メルツォフ**と**M.K. ムア**は，生後12日から21日の

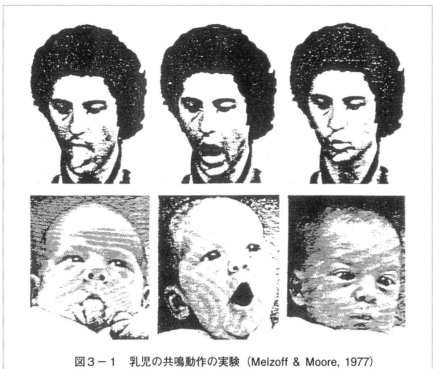

図3－1　乳児の共鳴動作の実験（Melzoff & Moore, 1977）

　乳児が，図3－1のような大人の表情（舌を出す，口を開く，口をすぼめる）に対する共鳴動作を示したことから，顔の部位を弁別できることを明らかにした（Melzoff & Moore, 1977）。

　情動コミュニケーションという観点では，多くの赤ちゃんがいる場合に，1人が泣くと他の子どももつられて泣き出すことが挙げられる。これは情動伝染（emotional contagion）と呼ばれ（Hatfield, Cacioppo,& Rapson, 1993），生後数日から観察されるが，この頃の子どもは自他の区別がついていないことで起こりやすい現象と考えられる。また，コミュニケーションをしていた母親が急に黙って無表情になるというスティル・フェイス（still face）実験で，生後3カ月齢を過ぎた乳児は，最初手足を動かしたり声を出したりして働きかけるが，次第に緊張し目を反らして泣き始める（Jean & Stack, 2009）。また，生後9カ月頃になると他者との共同注意（joint attention）を成立させ，養育者の視線を追従して対象物を探したり，相手が何を注視しているかを確認したりする行動が観察される。これは他者の意図の理解やその後の言語獲得などとも深く関連する[*1]。

＊1　本章 p.50 参照。

　これらの研究は，生まれたばかりの子どもが，すでに人間の発話や表情を識別し選好することや，自分では直接確認することができない体の部位を使って，他者と自分の身体運動とを鏡のように対応づけられることを示した。この生得的特

性の発達のメカニズムの実証的解明は十分にはなされてはいないが，赤ちゃんが示すこうした行為は，後の時期における他者の行為の認識や共感，さらにコミュニケーションの基盤となるものであると考えられている。人間は未熟な感覚や運動能力の代わりに，社会的相互交渉への志向性とその基礎となる能力をもって生まれてくる。こうした特性が，周囲の他者とのコミュニケーションを維持し，他者の行動を統制することで欲求の充足と危険の回避を可能にしているのである。

2. 初期経験

1 刷り込み

　ガンやカモなどの離巣性の鳥類は，孵化後すぐに親の後をついて歩く追従行動を示す。自然界では，親鳥のそばにいることがヒナにとっては身の安全につながるからである。ところが，このような追従行動は相手が親鳥でなくても，孵化したヒナが最初に目にした動く対象になら，たとえそれが他種の動物やボールなどの無生物であっても成立してしまうことがわかっている。動物行動学者の**K.Z. ローレンツ**（Lorenz.K.Z.）[*1]は，マガモのヒナの行動観察から，ヒナが孵化後の一定時間内に親鳥との関係を形成させ，しかも一度これが成立すると親子の結合は永続的で，基本的には再学習がきかない非可逆的なものであることを明らかにした。彼はこれを**刷り込み**（imprinting）と名づけた。この行動の成立過程には報酬となるようなものがないことから，これは生得的に規定されていると考えられるが，それと同時に動く対象への接触という経験の関与についても考慮されなくてはならない。

＊1 ローレンツ（Konrad Zacharias Lorenz, 1903-1989）：オーストリア出身の動物行動学者。刷り込み現象，攻撃性などの研究により近代動物行動学を創設した。1973年にノーベル生理医学賞を受賞した。

　刷り込みの条件は，マガモやハイイロガンなど，鳥の種類によって差がみられることがわかっている。例えばマガモならば，対象が低い姿勢と親鳥のような鳴き声をもっていなければ成立しない。E.H.ヘスらは，**図3−2**のような親鳥のカモの模型を動かす装置を人工孵化したヒナにみせ，追従行動が成立するかどうかを観察することで刷り込み成立の条件を詳細に調べた。その結果，孵化後 13 〜 16 時間に刷り込みの可能性がもっとも大きくなり，以降は徐々に低下して，24 時間

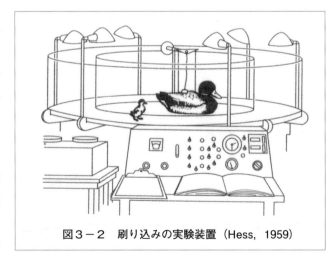

図3−2　刷り込みの実験装置（Hess, 1959）

を過ぎるともう成立しないというように，その
成立時期は限られることを明らかにした（Hess,
1959）（図3-3）。すなわち，刷り込みには**臨
界期**（critical period）が存在するということで
ある。さらに，発達初期にヒナが刷り込まれた
対象は，将来のなわばり行動や配偶選択などの
仲間関係のもち方にも大きく影響するなど，こ
の限られた時期の**初期経験**は，個体の生存や種
の維持に関わる，その後の発達を方向づける重
要な経験であることが報告されている（Lorenz,
1998）。

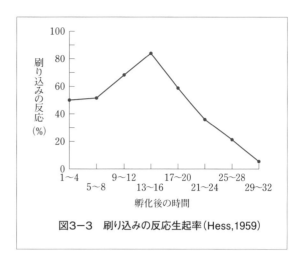

図3-3　刷り込みの反応生起率(Hess,1959)

2 敏感期

　鳥類の刷り込みで観察されたような**臨界期**の現象は，ヒトの発達にも同様にあ
ると考えるべきなのだろうか。適応性が高く個人差も大きいと言われる人間にも，
ある一定の時期を逃すと，その後の経験の中では取り返すことができないような，
発達を生涯にわたり方向づけ決定する学習成立の時期が存在するのかということ
である。これは，人間の発達観や教育観とも大きく関わる問題であり，発達のさ
まざまな領域についてこのことを検討する多くの研究がおこなわれてきた。

　白内障の新生児は，7歳以前にそれを処置する手術をすれば，視力はその後か
なり正常なまでに回復する。しかし，7歳を超えても処置をせずに放置しそれか
ら手術をおこなっても，重度の視覚障害が残る（Kumon, Fedrov & Novikova,
1983）ことから，人間の視覚機能には臨界期があると結論づけられた。また，**H.F.
ハーロウ**らはアカゲザルを隔離して飼育することにより，**発達初期**における**社会
的環境**の役割を明らかにしようとした（Harlow & Mears, 1979）。生後3～6
カ月の時期に，親や仲間との関わりから離して育てられたアカゲザルは，群れに
戻っても他の仲間との遊びや性行動などで不適応を示し，後に子どもを生んでも
自分の子どもに無関心で，育児行動を起こさなかった。この研究は，遺伝的には
ヒトに近いアカゲザルの社会的発達に，最適な時期が存在することを示唆するも
のである。

　人間の発達を考える場合にも，親子間の信頼感の形成や母国語の言語獲得など
について，臨界期の存在を主張する立場をとる研究者もいる。しかし，発達を全
般的に捉えようとするときに，それぞれの領域の明確な臨界期を実証する資料が
十分に得られているわけではない。発達初期に一度学習が成立しても，その後の
経験や環境の変化によって適応的な方向に学習・修正することができることを，

人間の特徴とする考え方も多くある。また，発達の時期や領域によって，子ども
の学習成立のしやすさに差がみられることも事実である。そこで，大きな可塑性
をもつ人間の発達を説明するためには，発達を一義的に規定して臨界期と呼ぶの
ではなく，**敏感期**（sensitive period）という用語を用いることがより適切と考
えられる。人間の発達において，初期経験の違いを固定的，絶対的なものと考え，
子どもの発達遅滞の原因を親子関係などの1つの要因のみに帰属したり，早期教
育を必要以上に強調して論じたりすることには慎重になるべきである。

③ 移動経験と認知発達

　乳児は移動を始めた直後の時期に，**9カ月革命**と呼ばれる心理的変化が起こる。
ハイハイが開始されることにより，知覚，認知，情動，社会性など多様な心理的側
面で大きな発達が起きると言われている。

　ギブソン（Gibson, E.J.）と**ウォーク**（Walk, R.D.）は，6カ月から14カ月の乳
幼児が深さを感知できるかどうかを検討するために，**視覚的断崖**（visual cliff）と
いう装置を使った実験を行った（Gibson & Walk,1960）。高床の台の半分はガラス
面のすぐ下に格子柄の床があり，もう半分はガラスの1mほど下に床が見える。そ
こに子どもを置いて台の端から母親に呼んでもらい，子どもがハイハイで断崖のガ
ラス上を渡って母親の方に進むかどうかを観察した。その結果，ハイハイを始めた
子どものほとんどが断崖の手前で進むのをやめたことが観察された。このことから，
彼らは子どもの深さの知覚は，ハイハイにより出現すると結論づけた。

　多くの母親は，子どもがハイハイができるようになるまでは高いところを怖がら
ず，注意していないとベッドから落ちたりしたのが，ハイハイの後はそのような高
くて危ないところは避けたり，離れたところから母親が指さしをしてもその対象物
を理解するようになったと述べている。

　同様のことは，夏生まれの子どもが冬生まれの子どもよりも発達が遅いことや，
お腹を上に寝かせた子どもの発達がやや遅れることにもみられる。冬生まれで動き
回りやすい時期にハイハイを開始する子どもは，移動経験をより多く積むことにな
る。また，うつ伏せ寝の子どもは仰向き寝の子どもよりも，手足をつっぱったり踏
ん張ったりする機会が多く，ハイハイの開始が早くなる。移動できるようになると，
子どもは自分の周囲の世界を自発的に見て廻ることができる。こうしていろいろな
ものに触れる機会を多くもつことで，子どもは発達の次の段階に移行するのである
（Campos, Anderson, Barbu-Ross, Hubbard, Hertenstein, & Witherington, 2000）。

J.J.キャンポスらの実験室でおこなわれた研究では，**図3－4**のような左右の窓の間に9カ月齢の乳児を置いて，ブザー音の5秒後に窓の1つから実験者が顔を出す訓練をおこなった。子どもは3群のグループに分かれており，ハイハイ経験のない群，ハイハイを始めて少なくとも3週間になる群，ハイハイはしないが歩行器使用による40時間の移動経験をもつ群であった。部屋は2つの窓のほかに壁に星のマークや窓脇のライトなど固定された目印がある。実験者がどちらの窓から顔を出すかを子どもたちが

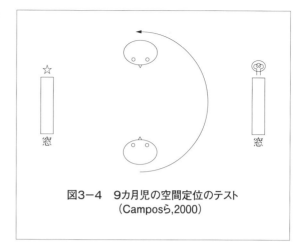

図3－4　9カ月児の空間定位のテスト
（Camposら,2000）

理解したところで，かれらの体を180度回転させて先ほどとは逆の向きに置いてテスト試行をおこなった。その結果，ハイハイ群，歩行器群，未ハイハイ群の順で，実験者が顔を出す窓を正しく予測した。かれらの反応のしかたをみると，乳児はハイハイをするまではベビーベッドなどに寝かされていることが多く，ほとんど動くことがないため自分の体を基準にして空間定位をしている。それで，体を180度回転させると，これまで実験者が顔を出すと考えていた方向は，実際の窓とは逆の方向になってしまう。ところが移動するようになると，自分の体が常に同じ位置にあるとは限らないので，今度は固定した目印を基準にして目標を定位するため，体を180度逆にして置かれても影響がないというように，未ハイハイ群とは異なる空間定位の方略をとるというのである。

このように，**発達初期の移動経験**は子どもの**認知的変化**をもたらすことが明らかになっている。また，先の研究の歩行器群では，自己中心的な定位をする子どもと目印依存的な定位をする子どもの割合が同程度であり，ハイハイをしなくても歩行器での移動経験で空間定位の方略に変化が生じた。このほかにも，**ハイハイ**は子どもの**知覚，運動，情動や社会的相互交渉**などの多様な側面に影響することがわかっており，発達初期の子どもにとって能動的な環境の**探索経験**が重要な機能を果たしていることが示されている。また，この結果は，神経生理学的な運動障害などでハイハイをすることができない子どもにも，歩行器のような補助手段を使用して移動経験をもたせることにより，その後の心理的発達の遅延の問題を解決する可能性も示唆している。

4 他者の意図の理解

（1）トマセロの共同注意論

9カ月齢を過ぎた頃から乳児にみられる心理的変化の1つに，**三項関係の成立**

がある。それまでは，自分と母親との微笑み合う二項関係のほか，自分と対象物の二項的な関係に母親が介入しようとしても興味を示さなかった子どもが，対象物をはさんで他者と社会的相互交渉を成立させられるようになる。具体的には，大人の視線を追従して対象物を探したり，対象物をいじっているときに大人の表情を確認したりする行動が観察されるようになるということである。これは子どもが他者との**共同注意**（joint attention）を成立させられるようになったことを表しており，他者の意図の理解やその後の言語獲得とも深い関連をもつ。M. トマセロは，この他者の意図を理解するという能力が，人間に複雑で高度な認知的スキルの獲得を可能にする要因であるとしている（Tomasello, 1999）。

　この共同注意の成立は，**指差し**の発達過程にみることができる。子どもは8カ月頃から大人の指差しの先にある自分の視野内の対象物を見て，指差しの理解が成立することが確認されている。11カ月頃からは，背後にある指された対象物を振り返って見ることも観察される。また，10カ月頃から興味のある対象に対して「あっ，あっ」と言いながら自発の指さしが見られ，じきに要求の指差し「あれ取って」が，13カ月には叙述の指差し「見てあれ○○だよ」という指差しが産出される。子どもは指差しを向けた対象物と大人とに交互に視線を向け，大人が対象物を見ているかどうかを確認するような行動が示される。これは他者との注意を共有しようとする子どもの意図を表すものと考えられる。さらに，18カ月頃になると絵本を見ていて大人の「○○はどれ」の問に対して，応答の指差し「これだよ」が観察される。

（2）トレヴァーセンの間主観性

　乳児は生後2カ月には，他者に対して微笑む，声を出す，腕を動かすなど，感情を表現して大人の働きかけや応答を引き出すような他者志向的な行動が観察される。トレヴァーセン（Trevarthen, C., 1979）は，子どもと目の前の他者の二項関係におけるこのようなコミュニケーションや情動の共鳴的なやりとりを**間主観性**と呼んだ（**第一次間主観性** primary intersubjectivity）。彼は，子どもが生得的に他者と関わる能動性をもち，原初的な形で他者と意図や情動を調整しながらコミュニケーションを成立させているとした。

　さらに，移行期を経て9カ月を過ぎると，子どもは他者と意図を共有するようになる。視線や指差しを介して対象物をコミュニケーションに取り込み，**子ども－もの－他者**の三項関係を成立させる。これを**第二次間主観性**（secondary intersubjectivity）と呼び，その後の言語によるコミュニケーションの基礎となる。子どもは大人と注意を共有しフィードバックをとおして，対象物をどう評価し関わるかを判断し適応的な行動を学習していく。

3. 特殊な初期環境からみた人間発達

■1 野生児研究

　何らかの原因や偶然によって人間の生活環境から隔離され，通常とは大きく異なる環境にさらされて育った子どもの事例がいくつかある。このような資料は，人間の生得性や発達の独自性，初期経験の意味を考え将来の発達を予測するうえで多くの情報を提供している。また，先に述べた臨界期の考え方についても，一定の時間内に獲得できなかった能力の，再学習の可能性と限界について，何らかの示唆を与えるものである。

　アヴェロンの**野生児**と呼ばれる事例は，1799年に南フランスのアヴェロンの森で11〜12歳と推定される少年が発見され，ヴィクトールと名づけられたこの少年を養育した医師J.M.G. イタールが，その教育指導の詳細な記録を残している（イタール，1978）。発見当時，少年は裸で，木の実や根，生のじゃがいもを好んで食べ，汚物の上で寝たり耳のそばでピストルの音がしても驚かないなど，嗅覚，触覚，聴覚などの感覚器官が通常の人間と比べて著しく鈍いという特徴がみられた。ヴィクトールは専門家に精神遅滞と診断され，回復は不可能と判断された。しかし，J.M.G. イタールは彼の特性を精神遅滞によるものではなく，むしろこれはそれまで過ごしてきた環境で生きるために獲得した能力であると考え，その行動様式を変化させて人間社会に適応するための教育的アプローチを試みた。結局，最後まで彼は言葉を話すことはなく，長時間人目にさらされるとフラストレーションを起こして暴れることもあり，教育過程はすべて成功したとは言えない。しかし，教育指導はヴィクトールの感覚機能，社会性，認知などの側面に大きな変化をもたらしたことから，その訓練プログラムや技法はその後の障害児教育や，M. モンテッソーリをはじめとする幼児教育の考え方に大きな影響を及ぼした。

　もう1つは，1972（昭和47）年にわが国で発見された2人の姉弟の事例である。彼らは屋外の小屋に入れられ，ほとんど養育も受けずに放置されていたところを発見された。当初は，彼らは5歳，6歳という年齢であったにもかかわらず，言葉はほとんどなく，歩くこともできない状態で，身長・体重などの身体的な発達は1歳半程度であるといったように全般にわたって発達遅滞を示していた。こうした遅れは，栄養の不足と養育の欠如に原因があると診断され，すぐに乳児院に保護された。彼らの養育のために専門のチームが組まれ，その後の発達・回復過程が記録されている（藤永・斎賀・春日・内田，1987）。まず，栄養状態を整え，運動技能を促進することで，**図3−5**の身長の変化に代表されるような身体的発達が著しく回復していった。さらに，担当の保育士に対する**愛着形成**をきっかけ

51

として，子どもたちはその保育士だけでなく他の子どもたちとも積極的にコミュニケーションをとるようになり，身体，精神の各側面で大きな変化を遂げていった。彼らは2年遅れて就学し，その後は高等学校も卒業して社会人として自立した生活を送れるまでになった。

この事例は，発達初期に親からの愛情のある関わりが得られない**マターナル・デプリベーション**（maternal deprivation，**母性剥奪**）（**ボウルビィ**，Bowlby,1951/1967）であるばかりか，周囲の物理的刺激や他者からの働きかけが欠如した社会的に隔離された状態で過ごすという，異常な初期環境によって形成された発達と考えられる。さらに，社会的環境に触れた後は，多方面で急激に発達が促進され，短期間でそれまでの遅れを取り戻すほどの勢いで変化がみられた。ある時期までは停止したままであった発達が，適切な生活条件を与えられたことで加速したといった様相を呈した。このことは，狭い意味での臨界期の概念を人間に適用することに，あらためて疑問を提示するとともに，先の野生児の事例ともあわせて，人間の発達の柔軟性と可塑性をあらわすものであると言える。

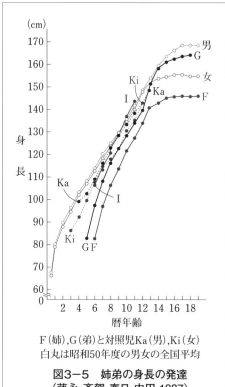

F（姉），G（弟）と対照児Ka（男），Ki（女）
白丸は昭和50年度の男女の全国平均

図3－5　姉弟の身長の発達
（藤永・斉賀・春日・内田,1987）

2 発達の基盤

以上のような特殊な初期環境で育った2事例において，回復への契機となったものはいずれも養育者に対する信頼感である。姉弟の事例では，対象児が5歳，6歳という年齢になって初めて担当保育士への愛着行動を出現させたことは注目すべき点である。この特定の他者に対する情緒的な信頼感である**愛着**（attachment）[1]を形成することが，その他のさまざまな側面の発達を促進させる要因と考えられる。発見当初は他者に対して攻撃的であったヴィクトールも，養育者であるJ.M.G. イタールとの関係の中で要求や情緒性を示すようになり，それがコミュニケーション技能の獲得につながったのである。

通常の環境に育った子どもの中にも，安定した愛着を形成することができないことで，後に発達上の問題を引き起こすような例もある。生後すぐに養護施設などで長期間養育される子どもの中で，知的発達，情緒発達の遅れや社会性の未熟さなどの発達遅滞を示す割合が，家庭環境で育った子どものそうした割合よりも高かったという当時の現象に注目し，**スピッツ**（Spitz,R.A.,1957/1968）はそれ

＊1　第5章 p.90, p.93
〜95 参照。

をホスピタリズムと名づけた。これは，施設の物理的環境によるものでなく，特定の**他者**との間に個人的で**情緒的**な信頼関係を形成できなかったということが原因と考えられる。先の事例でも，無気力になって育児を放棄してしまった母親に代わって，担当保育士が子どもの愛着対象となっており，このような**社会的関係**は，子どもに**コミュニケーション手段**を獲得させ社会的適応を動機づける機会を提供する，重要な機能をはたすことが示唆されている。

　発達の臨界期という観点で考えるならば，**発達指数**（DQ）の極めて低い事例の場合に，ある年齢を過ぎてしまうとその後の発達過程で十分な回復は期待できないのが通常である（藤永ら，1987）。ところが，先の事例で5歳，6歳を過ぎた時点で，DQ20から25というかなり遅れた状態にあった子どもたちが，その後運動発達にも社会的発達にも目覚しい変化をみせたのである。このことは，おそらくは他の種にはない，人間の初期発達の柔軟性を認めざるを得ない事実である。さらに，子どもにとって，正常な社会的環境の中で当たり前に育つことの重要性を示している。人間は発達過程の中で，神経生理学的な成熟が整ったから歩くというだけでなく，ハイハイをしたり立ち上がったりすることを喜ぶ他者が傍らにいることが必要なのである。また，周囲の他者と意思を交換し情報を共有するために，発話が重要な役割をはたす環境にいることが言語獲得を促進すると考えられる。

4．発達初期の個体差

■ 発達の初期値としての個人差

　人間はそれぞれ個性をもって生まれてくる。個体のもつ行動的特性である**気質**（temperament）が大きく注目されるようになったのは，**A. トマス**と**S. チェス**のニューヨーク縦断研究（NYLS）以来である。彼らは，子どもが誕生時から生物学的側面を反映した個人差をもち，それが親の養育態度や行動に大きな影響を及ぼすことに注目した。そして，子どもの発達過程での臨床的な問題の発生を環境だけでなく，個体側の要因にも焦点をあてて説明しようとした。すなわち，発達は環境要因によって大きな影響を受けると同時に，子どもの**気質的特徴**が養育者をはじめとする環境要因をコントロールしていく。新生児を一方向的に環境の影響を受けるだけの存在と捉えるのではなく，個性をもった能動的な行動主体として周囲の他者に働きかけ，その社会的環境を形成するというように，**個体と環境の相互の影響関係**を考えたのである（Thomas & Chess, 1980）。

　かれらは136名の子どもの縦断的な面接調査をおこない，そこから活動水準，

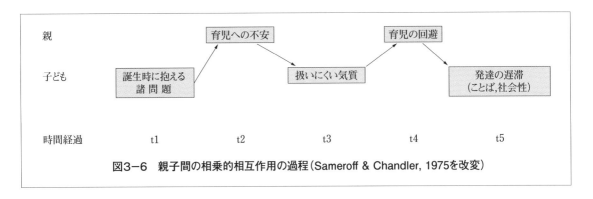

図3-6　親子間の相乗的相互作用の過程（Sameroff & Chandler, 1975を改変）

周期性，接近・回避，順応性，反応の強度，反応閾値，気分の質，気の散りやすさ，注意の範囲と持続性の9尺度を抽出した。この9尺度の定量的分析から，子どもたちを**扱いやすい子ども**（easy child）（40％），**扱いの難しい子ども**（difficult child）（10％），**反応に時間のかかる子ども**（slow-to-warm-up child）（15％），**特徴のない子ども**（35％）の4タイプに分類した。ここで注目されるのは「扱いの難しい子ども」である。彼らは，生活のリズムが不規則で，新しい刺激に対して引っ込み思案で，環境の変化に慣れにくく，気分の質はネガティブであり，反応の表現が強いという特徴をもつ。NYLSでは，このタイプの子どもの70％が青年期までに問題行動を発現させており，環境への適応が難しいことを表している。

　A.トマスとS.チェスは，個体の気質的特徴がある程度安定した傾向をもち，後の発達をある程度予測できることから，人間発達の一般法則を見いだそうとした。しかし，実際には「扱いの難しい子ども」の30％は特に問題がなく，逆に「扱いやすい子ども」のうちの18％は後に問題行動を発現させたという結果が得られた。すなわち，気質は将来の問題をある程度は予測できるものの，そこに単純な因果関係を想定することはできなかったのである。後の問題行動は，むしろ**個体**とその**生育環境**との**相互作用**のあり方に依存した結果として発現するものである。図3-6に示すように，環境刺激の変化への適応に時間がかかったり，外界刺激に過敏に反応したりする子ども（t3）と日常的に接していると，養育者は不安を感じたりネガティブな養育態度を示したりするようになってしまう（t4）。結果的に，子どもは適切な働きかけを受ける機会を失って，学習経験を得られずますます気難しい特性を強調させ，養育者とのそうした関係を持続することで，後の発達遅滞を引き起こすことになる（t5）。このような発達初期から始まる子どもの特性と養育者の対応との相互作用的関係の悪循環が，その後の社会的発達を方向づけることになる。

② リスク要因をもつ子どもの発達と支援

　子どものある時点における発達の様相は，以上のような個体と環境のシステムの中で構成・再構成されるものと考えられる。したがって，初期発達の意味やそれが後の発達へ及ぼす影響を理解するためには，このシステム全体を理解していく必要がある。臨床的な問題の発生を回避するためにも，個体と環境の関係を変化させることが適切な手段となりうる。すなわち，早期にリスクとなりうる要因を発見し，環境との循環的関係に専門家が適切な介入をしていくことが問題解決に導くものと考えられる。発達支援の実際の中でも，個性をもった子どものありのままを理解し，子どもが示す行動の意味を敏感に読み取り適切な対応ができるよう，保護者の認識や育児に対する態度を統制・変容させるための試みが始められている。

　子どもの発達を個体と環境との相互作用的視点からみることで，養育者の育児に対する不安の解消と子どもの発達の軌道修正も可能になる。そのためには，発達の初期値が早期に診断され，その個性に応じた適切な育児の初期環境が保障されることが求められる。人間の初期発達の意味を捉える視点は，このような発達臨床的なアプローチの中にもみられる。人間はその発達の初期から，種としてもった特性と生得的な個性をもって周囲の環境と密接に関わり，社会的関係の中でその特性のさまざまな側面を固定化させ，また常に変容もさせていくと考えられるのである。

＜引用・参考文献＞

Bowlby, J.（黒田実郎訳）『乳幼児の精神衛生』岩崎学術出版社 , 1967（Bowlby, J. *Maternal Care and Maternal Health*. Geneva: WHO, 1951

Campos, J.J., Anderson, D.I., Barbu-Ross, M.A., Hubbard, E.M., Hertenstein, M.J.,& Witherington, D. "Travel broadens the mind." *Infancy* vol.1, pp.149 – 219, 2000

Condon, W.S. & Sander, L.W. "Neonate movement in synchronized with adult speech: Interactional participation and language acquisition." *Science* vol.183, pp.99 – 101, 1974

藤永保・斎賀久敬・春日喬・内田伸子『人間発達と初期環境』有斐閣 , 1987

Gibson, E.J. & Walk, R.D. "The 'visual cliff'." *Scientific American*, vol.202, pp.64 – 71,1960

Harlow, H.F. & Mears, C. *The human model: Primate perspective*. Winston & Sons, 1979

橋彌和秀「発達の進化－乳児の「有用性」の先にあるもの」南徹弘編『発達心理学』朝倉書店，pp.79 – 94, 2007

Hatfield, E., Cacioppo, J.T.,& Rapson, R.L. "Emotional contagion." *Current direction in psychological science*. vol.2, pp96 – 99,1993

Hess, E.H. "Imprinting." *Science* vol.130, pp.133 – 141, 1959

Itard, J.M.G.（中野善達・松田清訳）『アヴェロンの野生児：ヴィクトールの発達と教育』福村出版，1978

Kumon, I.G., Fedrov, C.N. & Novikova, L.A. "Investigation of the sensitive period in the development of the human visual system." *Journal of Higher Nervous Activity* vol.33, pp.434－441, 1983

Lorenz, K（日高敏隆訳）『ソロモンの指輪－動物行動学入門』ハヤカワ文庫，1998

Melzoff, A.N.& Moore, M.K. "Imitation of facial and manual gestures by human neonates." *Science,* vol.198, pp.75－78, 1977

三宅和夫・陳省仁「乳幼児発達研究の新しい動向（1）－個体と環境のとらえ方」『児童心理』vol.425, pp.158－177, 1981

Portmann, A.（高木正孝訳）『人間はどこまで動物か－新しい人間像のために』岩波新書，1961

Sameroff, A.J.& Chandler, M.J. "Reproductive risk and the continuum of caretaking causality." In F.D.Horovitz, M.Hetherington, S.Scarr－Salapatek & G.Siegel（Eds.）*Review of child development research,* Vol.4. Chicago: The University of Chicago Press, 1975

Spitz, R.A.『ノー・アンド・イエス：母・子通じ合いの発生』同文書院, 1968（Spitz, R.A. *No and yes: On the being of human communication.* New York: International Universities Press, 1957）

Thomas, A. & Chess, S. *The dynamics of psychological development.* New York: Brunner/Mazel, 1980（林雅次監訳『子供の気質と心理的発達』星和書店，1981）

Tomasello, M. *The cultural origins of human cognition.* Harvard University Press, 1999（大堀壽夫・中澤恒子・西村義樹・本多啓訳『心とことばの起源を探る－文化と認知』勁草書房，2006）

Trevarthen, C. "Communication and cooperation in early infancy: A description of primary intersubjectivity." In M. Bullowa（ed.）, *Before speech: The beginnings of human cooperation.* Cambridge: Cambridge University Press. pp.321－3447.1979

保育と発達の過程と段階

〈学習のポイント〉　①発達と，保育や乳児教育との関係を理解しよう。
　　　　　　　　　②幼児教育や保育の質が子どもの発達に与える影響について学ぼう。
　　　　　　　　　③発達を保証するための支援を考えよう。
　　　　　　　　　④幼児教育と非認知能力の関係性を理解し，その重要性を考えよう。

　発達心理学において，身体運動的発達，言語発達，認知的発達，社会的発達などさまざまな側面の発達に関する知見が見出されている。本章では，子どもの発達と保育所や幼稚園，認定こども園で行われる保育や幼児教育とのつながりについて述べる。まず，保育から捉えられる子どもの発達の特性と発達段階について述べ，最後に乳幼児保育や幼児教育が生涯発達に与える影響について述べる。

1．子どもの発達における保育の役割と重要性

◼️1 子どもの発達を捉える視点

　子どもが成長するのに伴い，身体的側面や，運動的，認知的，言語的，社会的側面などさまざまな面が発育・発達する。子どもの発達の様相は，これらのさまざまな側面が関連しあっている。発達心理学では，子どもの1人ひとりについて，読む・書くなどの言語や推論，判断等，測定可能な目に見える側面や領域である認知的側面を中心に発達を捉えることが多かった。これら**認知能力**（認知的スキル）は，リテラシー（識字能力）や，数学・算数，科学的思考などである。

　しかし近年，**非認知能力**（「**社会情動的スキル**」と呼ばれることもある）に関する多くの研究がなされるようになってきた。この非認知能力は，**好奇心**や**自尊感情**，**情動制御**，**共感性**等に関する能力である。認知能力と非認知能力の両方を含む**実行機能**[*1]に関する研究がなされている。この実行機能は，園や学校，社会等への適応と関連しており，のちの就学以降の適応を予測する要因であると考えられている。

　保育や幼児教育では，これまで子どもができる・できないという結果よりも，子どもの取り組む「姿勢」が重視されてきた。そのため，保育においては，自我の芽生えや，自発性，主体性など，子どものそのときに表れる状態を捉えたうえで，その発達を促すためにはどのような保育を行えばよいかを，保育者が考えて実行することが求められる。

＊1 **実行機能**：複雑な課題の遂行に際して，思考や行動を制御する認知システム，あるいは認知的制御機能のこと。第1章 p.18参照。

子どもの発達を捉える視点は，次の３つである。

第１は，時間的な視点で捉えることである。幼児教育や保育の領域の対象となるのは，保育所，認定こども園では０歳から，幼稚園においてはおおむね３歳から就学前の子どもである。この年齢の子どもは１年の間に大きく成長し，年齢や月齢による違いが大きい。そのため，同じクラスでも年度当初の４月頃と年度末が近づく２月や３月では，子どもの姿が異なる。

第２は，ある特定の面から子どもの発達を捉えるというよりも，子どもの発達を総体として丸ごと捉える視点である。これは子どもの実態は，１つの側面だけが発達することはなく，さまざまな側面が絡み合っていることが多いためである。

第３は，保育は保育所や幼稚園，認定こども園など集団の場で行われているので，子どもの発達は１人ひとり個別に捉えるだけでは十分とはいえず，集団やクラスの中で捉える視点である。子どもは，集団の中で仲間とやり取りをしながら発達するため，集団の規模や質，関わり方が発達に影響を与えている。発達の特性や発達過程を理解し，それに沿って適切な援助をすることが保育の中では必要である。保育者にとっては，集団の中で子どもの発達を捉えることは不可欠である。

② 発達を捉えるための方法 —観察—

子どもの発達を理解するために，保育や幼児教育では，子どもが行動している様子を観察することが多く行われている。

「**観察**」とは，「物事の真の姿を間違いなく理解しようとよく見ること」と定義されている（『広辞苑第７版』2018）。

観察は，対象者の行動や発話に加えて，しぐさや表情等を観察することができるため，自分自身では考えや思いを十分に表現することができない乳幼児や障害児，さらに動物も対象とすることができる。しかし一方で，観察場面に出現した行動や発言，表情等を対象とすることから，そのときに出現しなかった行動は対象とできない。さらにその場で起こったことを観察するため，観察場面を統制することは困難である。予想できないことが起こることもあり，さらに観察の視点は観察者が決めるため，子どもの行動や事柄の解釈が主観的になりやすく，観察者の技量に依存するというデメリットがある。

観察には，現象や場面をありのまま，対象の自然な行動を観察する「**自然観察法**」や，観察したい行動が出現する場面を設定して観察する「**実験的観察法**」がある。また，あらかじめラポール*¹を形成し，生活場面に入って関与する「**参与観察法（参加観察）**」などの方法がある。保育，幼児教育においては，実際の保育場面を観察することが多いので，「参与観察法（参加観察）」が用いられることが多い。

*¹ ラポール：互いに心が通じ合い，相互に信頼できる関係。（仏語 rapport）。

　保育者が子どもに適切な対応をするためにより深く理解することを目的として，保育における観察が行われることが多い。行動ややりとりのプロセスの文脈を含めて記録したり，その後の展開を含めて図やストーリーを記録することによって，さらに子どもへの理解を深めることができる。日常の姿を知っている保育者は，それまでの経緯など観察時に起こった子どもの行動の背景を理解していることがあるので，生起した事実の解釈だけでなく，深く理解することができる。さらに保育の振り返りのための手がかりになる。しかしその一方で，保育者がもっている観察場面以外の子どものイメージや願いが含まれることがあるため，留意する必要がある。

❸ 発達を理解する目的

　保育の目的は，「**子どもの発達を促す**」ことである。発達を促すためには，保育の中で「子どもの姿」を把握し（子ども理解），その姿を基にして，その子どもが発達する方向性を見定め，「**ねらい**」を立てる。ねらいというのは，育つ方向性を示すものであり，子どもに対してこのようになってほしいという保育者の願いが具体化されたものである。この「ねらい」を実現するための手立てや方法が「**保育内容**」である。保育内容は，保育環境の中で子どもが経験することである。子どもが主体的に活動しながら「ねらい」に沿って発達するように，保育者は配慮・援助をしている。

　ある物事が「できる」「できない」という事柄だけでなく，子どもが「やりたい」と思い，自発的・積極的にさまざまなことに**取り組む態度**や**意欲**をもつことが保育の目標である。そのためには，1人ひとりの心身の現状を把握し，安心感や安定感をもつような援助をすることが求められる。

❹ 発達を促すための保育者の役割
（1）保育者の役割

　保育を通して育つものは，子どもの言語能力や認知能力，運動能力，あるいは社会的能力だけではない。物事に対して積極的に関わろうとする子どもの意欲や関心，態度も育つと考えられる。これらは「非認知能力」（社会情動的スキル）と分類されているものの1つである。これは，幼児期から児童期に発達するものであり，保育者などの大人の影響は大きい。

　子どもの**意欲**や**ポジティブな感情**を引き起こし，そのことに取り組む楽しさや充実感を経験することができるようにすることが保育者の役割である。子どもにとってより良い環境は，自ら関わりをもちたくなり行動したくなるような環境である。そのためには，幼児に主体的な活動を促し，安定した情緒のもとで1人ひ

とりが自己発揮できるように，保育者が物理的環境，人的環境を整備する必要がある。

　家庭では，子どもと保護者の関係が主なものであり，きょうだいなど家族という小集団内で個別的で密な関係を形成しながら過ごす。一方，幼稚園や保育所，認定こども園では，子どもは同じような年齢集団の中で毎日過ごしている。そのため，保育場面で見られる子どもの姿は，家庭とは同じでなく，保育者は保護者とは異なり集団内での個々の子どもの発達を捉えている。子どもたちは遊んだり，会話したりするなど直接関わりながら，学びあい，育ちあいをしている。保育者や仲間とふれ合う体験を通しての学びは，発達のためには必要なことである。

（2）保育者のポジティブな態度と発達

　人間関係の発達においては，乳児期から母親など特定の対象と愛着を形成し，情動的な結びつきをもつことが前提になる。発達する基盤には，大人との親密な関わりがある。

　保育者が子どもの行動や状態に敏感で応答的である場合には，安定した愛着を示しやすい。乳児期は，保育者が担当する人数が少なく，一定しているほうが，保育者への愛着に好ましい影響を与えると考えられている（常田，1997）。特に，18カ月から24カ月に保育者の交代があると，交代前の保育者に安定した愛着を示していた子どもが交代後の保育者に対しては同様の愛着を示しにくいという研究がある（Hows & Hamilton，1992）。この時期の子どもにとっては，保育者の交代は愛着対象との分離であると捉えられる。一方，24カ月以降の子どもは，保育者が交代しても交代前と同様の愛着を交代後の保育者と形成することができるようだ。これらの結果から，年齢によって保育者との関係が異なる可能性が示唆される。

　しかしながら乳児に限らず，幼児期の子どもにおいても，保育者と信頼関係を形成することは重大な意味をもつ。保育者との関係が安定している子どもは子ども同士の関係をうまく形成することができる。これは，保育者に受容されて安定している子どもは，園生活全般に安定をもたらすからである。安定すると，安心して自ら仲間や周囲の環境に積極的に働きかけを行うことができる。その結果，環境から多様な刺激を受けることができ，子どもが発達するための豊かな経験をすることができる。

　このように保育者との良好な関係は，単に子どもと保育者の二者間の関係を作ることにとどまらず，その子どもが周囲の人やものと関わる方法に大きな影響を与えるようだ。

（3）発達による保育の違い

子どもの発達の状況に応じて，保育や保育者の果たす役割は異なる。

幼いために子どもたちがお互いに直接関わることはなくても，相手が存在し，その行動を見たり接したりすることを通して刺激を受け，影響を受けている。遊びの場面や学びの場面だけでなく，食事や排泄など生活面の発達についても，他の子どもの影響は少なくない。はしの使い方や，食べ方，トイレットトレーニングや着替えの場面において，同年齢で同じくらいの能力をもっている他の子どもの行動を見ることは子どもの動機づけになり，刺激を受けることは発達が促されるきっかけとなる。

仲間と会話したり，ともに行動するなど直接的なやり取りができるようになると，さらに多くの影響を受けるようになる。子ども同士の主張がぶつかってけんかになったり，同じ行動をまねたり同調したり，意思を表現しながらも折衷したり，多様な種類の経験を通して能力が発達する。

保育者は，子どもの能力が十分に発達していない段階では，子どもの気持ちを代弁したり，代行したり，手助けをするなど**直接的な援助**をして，子どもの思いが実現できるように援助する。そして，子どもの発達に伴って保育者の直接的な援助は減少し，声をかける，あるいは見守るなどの**間接的な援助**をすることが多くなる。子どもがもっている能力を発揮し，自ら達成することにより充実感や満足感をもつことができるように働きかけを行う。子どもの興味や関心も年齢によって異なるので，興味をもっていることについてはさらに伸ばすことができるように，その時点では関心をもっていないことについても，ある一定の経験を保証できるような環境を用意し，子どもの発達状況に応じて適切な経験を保証することが求められる。

2. 乳幼児の発達の特性

① 乳幼児の発達の特性

乳児期は，心身の発育と共に，運動機能が著しく発達する。乳児の時期から子どもは能動的，積極的に**環境（外界）**に働きかけ，活発に活動して，没頭したり，夢中になったりしながら，環境との関わりの中でさまざまなことを経験して発達する。大人からの支援や援助による依存的な存在であった状態から，徐々に自分の力で取り組むことが可能になっていく。

ここでの環境とは，保育者や他の大人たち，まわりにいる子どもなどの人的環境と，保育室や園庭，あるいは地域の公園など園外の環境も含まれる。子どもは

環境と関わって刺激を受けて好奇心をもち，行動する。

乳幼児の発達には，以下のような特性がある。

写真4－1

（1）人への信頼感の獲得

親しい大人からの温かな関わりや，生命を守られ，愛されることを通して，情緒が安定する。保育には養護と教育が含まれているが，養護は，「生命の保持」と「情緒の安定」である。子どもの主体的な活動や行動に対して示された，肯定的な反応を受けることにより，子どもはその相手（特定の大人）に対する愛着を形成する。保育所や認定こども園等での生活においては担当保育者との信頼関係を作る。乳児期に愛着が形成され，人への信頼感をもつようになり，その後のすべての発達の基礎となる。この信頼感を基盤として，周囲の環境に興味や関心をもって自分から関わろうと行為することが，自我の芽生えとなる。

（2）情動の発達と表現

生活や遊びにおける大人や友だちとの関わり中で，さまざまなことに興味・関心をもち，喜怒哀楽や好奇心を示す。生後6カ月頃までには基本的情動である「喜び」「驚き」「悲しみ」「怒り」「嫌悪」「恐れ」「悔しい」を感じる。さらに一緒に取り組んだり共感したりする経験を通して，自分自身の状態に意識を向けて「照れ」「羨望」「共感」を示す。自分の感じている情動や気持ちを相手に伝えたいという思いが強くなり，**表現する意欲**につながる。

さらに，年齢が上がるにつれて，「誇り」「恥」「罪悪感」などの情動を示すようになり，自分の情動をストレートには表現せず，隠そうと試みる行動も出現し，情動と表現は複雑に関連する。

（3）大人への依存と自立

子どもは，環境（外界）に働きかけて環境が変化するという経験を積み重ねることにより，自己有能感や自己効力感を獲得する。しかしそこには大人の見守りがあり，その見守りを子ども自身も感じている。

大人への依存を基にしつつ，自立に向かっていく幼児期の子どもは，「自分でやりたい」という思いをもつ一方で，大人に甘えたり依存したいという気持ちも同時にもっている。これら2つの気持ちの間で，揺らぎが生じる時期である。周囲の大人から認められたり，受け入れられたりすることを通して，自信をもつ。

これは，生活場面においても同様である。基本的生活習慣は，生活場面における大人からの働きかけや促し，援助がその獲得に大きく影響する。毎日繰り返し取り組む1つひとつの行為は，大人にやってもらう援助から「自分で」やる行為へと方向づけられ，その行為を身に着けて依存から自立へと向かう。さらに，対

象との接し方や関わり方も学び，認識し，理解を深めて，場面や状況に応じたルールやモラルに気づくようになる。

（4）仲間との関わり

　大人との関わりは，仲間との関わりに影響を与え，大人との関係を基にして，子ども同士での相互の関わり合いをもつようになる。乳児においても，他の子どもの存在に気づき，意識して行動する。相手に接近したり，相手の行動を模倣したりする。

　仲間は，子どもにとって大人とは異なる魅力的な存在であり，他者へのあこがれを持ってその行動を模倣したり，自分の行動のレパートリーに取り入れたりする。一緒にいることや関わることを好むようになり，接近して互いに直接的な関わりややり取りをする。

（5）自己主張と自己抑制，葛藤の経験

　幼児は，成長発達するにつれて自分のことを理解してくれる特定の大人と関わるだけでなく，仲間など他者と関わろうとする。保育者と子どものやりとりが中心である段階から，子ども同士のやりとりが主となる段階へと発展する。

　さまざまな仲間と関わる遊びの中では，楽しい経験だけでなく，葛藤やうまくいかない経験をする。仲間同士で主張し合う経験によって他者に意図があることやそれが自分の意図や情動とは異なることがあることを知る。自分の感情や他の人の気持ちを理解して徐々にコントロールできるようになる。自分の意見を主張するだけでなく，お互いの良さを認め合い，譲ったり，相手を肯定的に評価することができるようになる。

　例えば，社会性は，1人ひとりが個別に発達するだけなく，集団としても発達し，1対1の関係だけでなく集団を認識するようになる。集団の一員としての意識が芽生え，自分と他者（友だち）だけでなく，「みんな」としての意識をもつようになり，「年長さん」や「○○組」など所属意識や帰属意識をもつ。「みんな」の中の「私」や，「あなた」という意識をもち，お互いに認めあう関係を作り，共同的学びへと進展していく。仲間の意図をくみ取り理解し，主張を通したり，譲ったり，相手と交渉することが求められるようになる。折り合いをつける経験の積み重ねを通して，ルールや決まりなどの必要性について実感をもつようになり，**社会的スキル**を獲得する。

　遊びの中でけんかを経験すること，それでも一緒に遊びたいと思うことなどが自己主張や自己抑制につながる。

（6）発達の個人差

　生理的，身体的発達だけではなく，諸条件，生育環境は子どもによって異なっている。1人ひとりは異なる資質，特徴をもっており，環境の受け止め方や関わ

り方が違う。そのため，1人ひとりの違いに目を向けることが必要である。

　さらに家庭環境が子どもによって異なるので，就労状況や家庭での食生活も違い，生活リズムは同じではない。そのため，保育時間も子どもによって異なるため，園での経験が同じとは限らない。これらのことから，子どもの発達過程の違いや，生活環境，経験等の相違も個人差を作る要因として考慮する必要がある。

② 幼児期の資質・能力の３つの柱

　2017（平成29）年と2018（平成30）年に改訂された学習指導要領では，学校教育において育成を目指し，「知識・技能」「思考力，判断力，表現力等」「学びに向かう力，人間性等」の３つの柱としている。幼児教育施設である幼稚園，保育所，認定こども園等においては，幼児の発達特性を踏まえて，生涯にわたる生きる力の基礎を培うために，この資質・能力の３つの柱を**「知識及び技能の基礎」「思考力，判断力，表現力等の基礎」「学びに向かう力，人間性等」**とし，この３つの資質・能力を「一体的に育てる」としている。

　幼稚園教育要領や保育所保育指針，幼保連携型認定こども園教育・保育要領によると，幼児期における資質・能力は，次のとおりである。「知識及び技能の基礎」は，「豊かな体験を通じて，（子ども自身が）感じたり，気付いたり，分かったり，できるようになったりする」こと，「思考力，判断力，表現力等の基礎」は，「気付いたことや，できるようになったことなどを使い，考えたり，試したり，工夫したり，表現したりする」こと，「学びに向かう力，人間性等」は，「心情，意欲，態度が育つ中で，よりよい生活を営もうとする」ことである。

　幼児は，心と体全体を働かせて遊びに主体的に取り組み，展開する。その過程の中で，考えたり，何ができるか知ったり，対象にさまざまなやり方で関わりながら理解を深め，このような経験を通して発達する。

③ 「幼児期の終わりまでに育ってほしい姿」

　さまざまな経験を通して心身が発達する幼児期の終わる頃になると，**「幼児期の終わりまでに育ってほしい姿」**が見られるようになる。この「幼児期の終わりまでに育ってほしい姿」は，**「健康な心と体」「自立心」「協同性」「道徳性・規範意識の芽生え」「社会生活との関わり」「思考力の芽生え」「自然との関わり・生命尊重」「数量や図形, 標識や文字などへの関心・感覚」「言葉による伝え合い」「豊かな感性と表現」**の10項目である。

　これらの姿は，保育者や仲間と豊かな環境の中で多様な遊びを行い，さまざまな経験を積み重ねることにより，育まれていく。しかし，子どもの経験や興味・関心が反映されるものであることから，個人差がある。さらに，1人の子どもの

中でもその子どもの興味・関心や経験によって，また項目によってみられる姿が異なる。

「幼児期の終わりまでに育ってほしい姿」の現れ方は子どもによって多様であるが，この「幼児期の終わりまでに育ってほしい姿」を意識することが，幼児期の発達の特性を踏まえた小学校入学後の生活に向けた基盤を作ることにつながる。

3. 発達過程の概要

1 発達の過程

乳幼児期は心身の発育・発達が著しく，子どもが辿る発達の道筋やその順序性には共通のものがある。しかしながら，発達の過程は直線的に進むわけではない。

発達は直線的ではないが，一定の方向性を示す。例えば，身体機能は頭部から下肢へ，体躯の中心部から末梢部へと発達していく。また，言語発達は，喃語<ruby>喃語<rt>なんご</rt></ruby>としての単語から一語文，二語文へ，さらに，助詞も使用できるようになり，文章としての形が整っていく。

子どもが自ら発達していく力を認め，その姿に寄り添い子どもの気持ちを共感的に理解しながら，子どもの可能性を引き出していくことが大人の役目である。3歳未満児では，年齢差，月齢差が大きく，個人による差異が大きい。3歳以上児では，保育環境から刺激を受けてさまざまな側面が複合的に関連して発達する。

2 乳幼児期の発達の概要

子どもの発達の状況を把握して，保育は行われている。保育所保育指針および幼保連携型認定こども園教育・保育要領では，「乳児（1歳未満）」，「1歳以上3歳未満児」「3歳以上児」に分けて保育の内容が説明されている。おおむねの年齢に見られる子どもの発達を述べる。

（1）乳児（1歳未満）

1歳までの乳児期は，心も体も著しく発達する時期である。体の発育が著しく，姿勢の変化が大きい。

次第に首がすわり，安定して周りを見回す，追視する，対象を見つめることができるようになり，自分を取り巻く世界を**認知**し始める。**生理的微笑**から**社会的微笑**[*1]になり，環境を認知する。また泣くことにより，意志や感情を**表現**する。子どもが機嫌のよいときに発する声に対して，大人が応答的に接することにより，より感情や欲求を表現するようになる。保育者が子どもに積極的に声をかけたり，スキンシップをするなどあやすことにより，やがて大人との情緒的な絆から愛着

＊1 生理的微笑，社会的微笑：第5章 p.88 参照。

関係へと発展する。

　特定の大人との情緒的な絆ができる時期であるので，家庭における保護者と同様に，園においては保育者と情動的な結びつきができるように，できるだけ世話をする保育者を固定し，暖かく応答的に接することが望ましい。

　乳児期後半になると，運動発達が著しくなり，「座る」から「歩く」姿勢へと移行する。座ることができるようになると，手を自由に動かすことができ，周囲の環境に対して自ら働きかけることができる。「立つ」姿勢ができるようになると，さらに視線が高くなり，周囲の見え方も異なる。さらに一人歩きができるようになると，それまでよりも活動範囲が広くなる。

　活動範囲の拡大により，周囲に対する興味や好奇心が旺盛になり，身近な環境に働きかける意欲が高まる。環境に対して自ら関わることができるようになると，活発に探索活動を行うようになる。

　言葉が芽生え始め，喃語を発することができるようになると，感情や欲求を表現するようになる。その際に指さしが伴うようになることも多い。子どもが養育者や保育者などの特定の大人に対して情緒的な絆を深めて愛着関係へと発展する。養育者や保育者などと信頼関係をもつようになると，見知らぬ人や新しい場面など行動決定に迷うような状況では大人の表情を手がかりにして承認を求めたうえで行動する（**社会的参照**^{*1}）。また，愛着関係が形成されるとそうでない人に対して人見知りをするようになる。

＊1 社会的参照：第5章，p.95 参照。

　歯が生え始め，離乳を開始し，母乳やミルクから柔らかい食べ物を食べるようになる。大人の食べているものに興味を示し，手を伸ばすなど，食べ物に対して意欲的な姿勢を示す。

（2）　1歳以上3歳未満児

　1歳頃になって**歩行**ができるようになると，行動範囲が拡大し，さまざまなところに自由に移動し探索するようになる。興味をもったところに行き，周囲と直接関わることを通してより好奇心が強くなる。

　手指の器用さが増し，手の機能が発達してさまざまなものを操作することができる。細かいものがつまめるようになり，小さいものやティッシュなどをつまんだり，ひっぱったり，クレヨンを用いてなぐり書きができるようになる。

　ものを介して他の人（主に大人が中心となるが）と関わることができるようになる。また，ものの見立てができ，「つもり」の行動ができる。例えば，コップをもってカンパイしたり，スプーンをもって食べるふりをす

写真4－2

る（**象徴機能**[*1]）。

* 1　象徴機能：第2章,
p.22 参照。

　言語的な側面では，二語文や，多語文が使えるようになり，要求や気持ちを言葉で表すことができるようになる。自分から呼びかけたり，言葉や身振り，**指さ**しなどで意志を示したり，気持ちを他の人に伝えたりする。

　周囲の人への興味や関心が強くなり，他の子どもの存在や行動が気になる時期である。おもしろいことがあるとそばに近寄り，少しずつ子ども同士の関わりが見られるようになる。同じことをしたり，追いかけっこをすることもある。戸外を散歩することを楽しむようになる。

　2歳頃になると言葉も増え，赤ちゃんらしさは次第になくなり，少しずつ幼児らしさが増していく。

　「歩く」「走る」「跳ぶ」など，基本的な運動機能をもつようになる。道具を用いることができるようになり，ボールを蹴るなど全身を使った運動遊びができるようになる。体を動かすことを楽しいと思うようになり，音楽に合わせて歌ったり，踊ったりするようになる。

　手先が器用になり，簡単な衣服の着脱が自分でできるようになる。靴下や服を自分で脱いだり，靴を履いたり帽子をかぶったりする。**排泄**が次第に自立して，トイレに行くようになり，大人に見守られながら排泄できる。手を洗うなどの生活習慣も少しずつ身につく。

　自分の欲求や，やりたい気持ち，意志，意図がはっきり出てくる。自分のことを自分でしようという意欲を明確に表現する。言葉を使うことの喜びを感じ，子ども同士で言葉を使ってのやりとりができる。見立てることができ，つもり遊びができ，ままごとなどの簡単なごっこ遊びができる。

　自己主張が始まり，自分でやりたい気持ちなどが大きくなるが，能力が一致しない。思い通りにいかないときでも，「イヤ」「ジブンデ」などの言葉を使って自己主張をする。また，おもちゃの取り合いなどが起こる。この年齢では，相手の気持ちを考慮できず，自己主張をするようになる。子ども同士の意志がぶつかるが，言葉使用が十分でなく気持ちを表現することができないため，すぐに手が出て，けんかが起きる。

　この年齢の子どもに対しては，遊んでいる場面では保育者が十分に気持ちを受け止めたり，けんかの場合にはお互いに意志や欲求，気持ちを伝えることによって，次第に他の子どもの意志や感情を理解することができるようになる。

（3）3歳以上児

　この頃になると，運動機能がさらに発達して自分の体を自由に動かすことができるようになる。また，次第に日常場面で自分の気持ちや状態を言葉や行動，しぐさ，表情等で表すことができるようになっていき，保育者や仲間とのやり取り

が増えていく。

①年少（3歳頃）

3歳頃になると，一人前の人としてふるまうことができ，次第に友だちと一緒にいることを好み，小集団（グループ）を形成するようになる。1人ひとりが単に主張するだけでなく，徐々に仲間を意識する行動が見られる。

この年齢は運動機能が高まり，全身，手や足を使って行う基礎的な動作ができるようになる。歩く，走る，跳ぶ，蹴るだけでなく，転がる，ぶら下がる，またぐ，押す，引っぱる，投げる，転がすなどのさまざまな動作を行い，大人の助けを必要とせずに少しずつ自分の体をコントロールできるようになる。また，動作をした体の感覚から身体感覚を高めていく。さらに，滑り台をすべる，三輪車に乗るなど，ものを操作するための自分の身体コントロールができるようになる。また，指先の細かいコントロールができ，なぐり書きをするようになる。

食事や着替え，清潔，排泄などの基本的な生活習慣がおおよそ身につく。完全ではないが，箸や歯ブラシを使うことができるようになり，日常の生活は1人でできることが増えて，自立心が芽生える。自分でできるようになると，周囲から言われて行うのではなく，自律的に自分のペースで行おうとする気持ちが出てくる。

大人に対して，自分の欲求や気持ちを伝えるだけでなく，子ども同士も次第に言葉でのやりとりができるようになるくらいに語彙を獲得し，言語面が発達する。簡単な原因と結果など因果関係については話すことができるようになる。互いに自分の意見を主張するけんかも多いが，次第に順番や交代など簡単な決まりを守ることもできるようになる。保育者が仲裁し，言い分を聞くことを通して納得することができる。例えば，おもちゃを独り占めしないで一緒に使う経験を通して，単に主張を通すことよりも次第に仲間と遊ぶことの楽しさを感じるようになる。周囲の子どもとの関わりが深まるにつれ，「友だち」として認識するようになり，自分や周りの人のことを理解するようになる。また，クラスの名前を覚え，自分のクラスを意識するようになる。

また，日常に必要な会話だけでなく，絵本の読み聞かせやごっこ遊びを経験することにより，目の前にない事柄についても簡単なストーリーを理解しイメージできるようになる。日常の出来事やお話で聞いた事柄をテーマにして想像して遊ぶことができる。保育者の助けが必要ではあるが，少しずつ他の子どもともイメージを共有することができるようになる。

写真4－3

②年中（4歳頃）

　4歳頃になると，さらに自己が確立し，仲間や集団を意識するようになる。

　運動発達の面では，手足の長さが伸びて体つきもしっかりして，全身のバランスをとる能力が安定するようになる。片足跳びやスキップをするなど体の動きが巧みになる。全身を使いながら道具を操るなど遊びも複雑になり，運動量も増加する。また，手指の器用さも増してきてひもを通したり，結んだりすることができたり，紙をもってハサミで切ることができるようになる。箸で食べることや着替えなど日常の生活習慣に関することは，大人の助けを借りることなくほぼ1人で行うことができるようになる。脱いだ服をたたんだりしまったりするなどの後始末もできる。

　体力がついてきて，戸外で過ごす時間も増加する。園庭や公園などの身近な自然環境への関心をもつようになる。花や虫に興味を示して触ったり，木の実を拾ったり，直接的に関わるようになる。また，スコップを使って砂山を作ったり，泥の感触を楽しんだり，さまざまなものを見たり聞いたり触れたりしながら，ものの特徴を学んでいく。

　直接に生活の中で経験したことだけでなく，絵本など想像の世界で見聞きしたことについても**想像**できるようになり，おばけや鬼をこわがったり，人間以外の動物や無生物にも気持ちがあると信じるようになる（**アニミズム**[*1]）。イメージが広がるとともに，言語化して次第に友だちと共有することができ，楽しむようになる。**ごっこ遊び**を展開し，想像の世界の中で遊ぶことが楽しくなる。

　考えたことや思ったことを言葉として発する。こうありたいという自分と現実の自分の違いを認識して，思い通りにならず葛藤したり，いらいらすることがある。保育者などから共感されたり励ましを受けたりすると途中で投げ出さずに最後までやり遂げることができ，その経験が効力感や，自己肯定感へとつながっていく。

　性別意識や**自意識**が芽生え，少しずつ決まりやルールを理解し，ルールのある遊びを行うことができるようになる。また，自己主張をするだけでなく，仲間と一緒に行動することの楽しさを理解することを通して，他者を受容できるようになり，**自己抑制**が可能となっていく。

＊1　アニミズム：詳細は第6章 p.111 参照。

③年長（5～6歳）

　5歳頃になると，基本的生活習慣が確立し，日常生活の中で必要な行動のほとんどを大人の指示なしに自ら行うことができるようになる（**自立**）。日常生活の流れを理解しており，次の行動を見通すことができるため，自分から進んで主体的に取り組むことができる。また，自分のことだけでなく，手伝いをしたり，小さい子どもの面倒を見て役に立つことを喜ぶ。

運動能力はますます高まり，動きのほとんどができるようになる。縄跳びやボール投げなど**道具を使った全身運動**ができるようになる。できないことに対しても，挑戦して努力する姿が見られるようになる。**文字に対する興味**をもつようになる。音とひらがなの文字が対応していることに徐々に気づき，完全な形ではないが簡単なひらがなや数字についてはまねて書くことができるようになる。

写真4－4

また，鬼ごっこなど，**集団遊び**のルールが理解できるようになり，ルールを守ることを楽しいと思う。逃げる役割や追いかける役割など役割を理解して認識した行動をとるようになる。

次第に，自分1人だけでなく仲間とともに1つのことを行うなど，目的のある集団行動を意識するようになり，**共同的学び**ができるようになる。自分の意見をそれぞれ主張することができ，自分たちだけで解決することも多くなるが，保育者のアドバイスが必要なときもある。

ルールやモラルを理解して守るだけでなく，その状況や場面に適したルールや規則を適用したり，作ったルールをメンバーみんなで定着する。「ぼくたち」「私たち」といった仲間意識を強くもつようになり，クラスやグループへの**帰属意識**や集団の中の一員としての自覚をもつようになる。それまでの，自己主張中心の考え方から，クラスや集団の中の自分というバランスをとることができる子どもも出てくる。

自分の感じたことや欲求だけでなく，考える力が芽生えてきて，言葉として表現できるようになる。納得できないことに対して言葉で反論したり，調整したりするようになる。

6歳頃は，自立だけでなく友だちとの関わりを楽しみ，**協同行為**へと発達する。

全身運動が巧みになり，活発に動くことができる。ジャングルジムの上のほうまで登ったり，はしごをおりたり，ブランコを1人でこぐことができる。集中力や持続力，柔軟性や調整力などが発達して，跳び箱を跳んだり，竹馬に乗るなどさまざまなことに挑戦するようになる。また，走りながら他の子どもにバトンを渡すリレーなどもできるようになる。

指先もさらに器用になり，編み物など細かい作業もできるようになり，のこぎりやトンカチなども使えるようになる。描画の表現も豊かになり，自分の思ったことを自由に描くことができる。

さらに，仲間意識が高まり，仲間の意志や仲間内のルールや約束が何よりも大事なことになる。仲間と一緒に過ごすことを好み，ときには自分の気持ちよりも

優先して仲間と協調したり，友だちの主張を聞いて共感したり，意見を言い合うこともある。意見を調整して合意を得るとか，新しいアイディアを出すこともある。仲間関係が深まるだけでなく，集団意識がもてるようになる。例えば，グループやクラスの意識ができるようになり，グループに分かれてゲームをしたり，運動会でクラス対抗の種目ができる。グループに対しての帰属意識できる。自分が所属している集団を自覚し，愛着を持つ。

　さまざまな仲間との葛藤を経験したり，うまくいったり納得できないことになったりする経験を通して，達成感や自信をもつようになる。

　直接的な経験だけでなく，絵本やメディアなどにも興味をもつ。長い複雑なストーリーを理解できるようになる。身近な世界に対して関心をもつだけでなく，世界の認識が広がる。国旗・他の文化，言葉に対する関心。また，文字や記号について興味関心をもつ。

　思考力と自立心が高まり，また自分の内面への思考が高まる。自己だけでなく，他者に関してより意識した行動ができるようになり，仲間と遊べるように集団としてのまとまりを重視して，**社会性**を発揮する。

4．幼児教育の影響

　これまで述べてきたように，乳幼児に対する保育や幼児教育は子どもの発達に即して行われているが，乳幼児保育・幼児教育が生涯の発達の基礎を培うことの実証的な研究が近年行われている。保育の質や内容について研究が進み，初期に行われる保育や幼児教育は生涯を通して影響が小さくないことが，明らかになってきた。

１ 幼児教育の投資効果に関する研究

　労働経済学の分野では，**ヘックマン**（2006）によって幼児教育の投資効果に関する研究が行われている。質の高い就学前教育の有無が教育的，経済的な差を生み出す。所得階層別の学力差は６歳の就学時点でついている。大竹（2009）は，「就学後の教育の効率性を決めるのは，就学前の教育にある」と述べている。

　「**ペリー就学前計画**」（ヘッドスタート計画）は，経済的に恵まれない３歳から４歳のアフリカ系アメリカ人の子どもを対象に実施された。午前中は学校で教育を行い，午後は先生が家庭訪問して指導するというプログラムが２年間続けられた。このプログラムは遊び中心の保育ではなく，リテラシー中心であり，学校教育へのスムースな移行を目的としている。

この就学前教育プログラムを受けた子どもたちは，受けなかった子どもに比べて，学習成績が顕著に高くなった。10歳までに知能テストの得点は，その幼児教育を受けた群と，対象となる幼児教育を受けていない群とでは差がなくなったが，学力テストによる学業成績については，幼児教育を受けていた群が受けていない群よりも高い点を維持していた。これは幼児教育を受けた群の学習意欲が高かったことによる。また，40歳までの追跡調査では，幼児教育を受けていた群は，高校卒業率，給与，持ち家率が対照とな

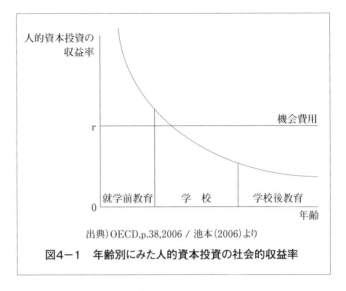

出典）OECD，p.38，2006／池本（2006）より

図4-1　年齢別にみた人的資本投資の社会的収益率

る群に比べて高かった。一方，IQなどの認知能力と，学習意欲や労働意欲，努力や忍耐などの非認知能力（社会情動的スキル）の双方が社会的に成功するために必要であるが，ペリー就学前計画は子どもたちの非認知能力を高めるのに成功した。

ヘックマンによると，幼児期の教育に介入することは，小学校入学以降の学業成績や，モラルやルールを意識した生活を送るという生活面に影響を及ぼすことがわかっている。「3，4歳の時期に適切な教育を受けずに敏感期を過ぎてしまった子どもに対しては教育投資の効果が小さくなり，学習意欲を高めることは難しく，効果は限定的なものになると考えている」とあるように，質の高い幼児教育は**レディネス**[*1]などの認知的な課題ではなく，幼児期の活動全体の質を上げることが可能になる。そして情動の発達を促すことが社会的な成功に導く。

＊1 レディネス：第2章，
p.35 参照。

日本においても，**家庭の経済格差**は**子どもの学力格差**につながるため，貧困層に対する支援が重要である。OECDの研究からも，就学前教育は経済・社会的リターンが大きいことがわかってきた（**図4-1**）。

２ 保育の質

NICHD（アメリカ国立小児保健・人間発達研究所）では，子どもの初期の保育と子どもの発達との関連を解明する研究を行っている。保育と発達に関しては，保育の質，保育の量，施設型保育を受けた場合の影響について述べている（2005）。

（1）保育の質

4歳半までに高い質の保育を受けている子どものほうが低い質の保育を受けている子どもよりも言語発達，知的発達の面で若干優れた発達を示した。また，3

歳までの結果では，質の高い保育を受けた子どもたちの協調性がより高かった。

　保育の質は，①大人と子どもの人数比較，②グループの大きさ，③保育者のトレーニングと教育レベル，の3つの要素に分けられる。

　①大人と子どもの人数比較

　1人の保育者がケアする子どもの数が少ないほど保育の質はよく，そこでの子どもの発達もよい。

　②グループの大きさ

　1つのグループ，あるいは，クラスの子どもの人数は，少ないほうが保育の質はよいと考えられる。

　③保育者のトレーニングと教育レベル

　保育者の教育歴が高いほど，保育の質はよく，子どもの発達もよいと考えられる。

　これらの保育の質については，いくつかをみたしていればよいわけでなく，すべての特徴それぞれが，知的能力と社会性の発達にとって重要である。この基準の数が多いほど，子どもの発達はよりよかったという結果が出ている。

　また，保育場面の観察からは「**ポジティブな養育**」を受けることが子どもの発達にとって一貫した関わりがあることがわかった。保育者の子どもの行動に対する感受性の豊かさ，子どもの興味とやる気を励ますような接し方，保育者と子どもの頻繁な関わりなどが「ポジティブな養育」であると定義される。

　ポジティブな養育とは，「ポジティブな態度を示す」「ポジティブな身体接触をする」「子どもの発声や発話に応答する」「子どもに質問する」「ほめる，学びの手助けをする，お話を語ったり，歌を歌ったりするなど子どもへ話しかける」「発達を促す」「社会的な行動の奨励」「読む力を伸ばす」「否定的な関わりを回避する」などである。これらの行動が多ければ保育の質は高くなる。

　さらに，大人がケアする子どもの人数が少ないほうがよりポジティブな養育を行いやすく，教育歴が長く専門教育の程度が高い保育者のほうがポジティブな養育がより多く出現し，子どものよりよい発達につながることが考えられる。

（2）保育時間の長さ

　保育時間に関しては，保育の合計時間が長い子どものほうが短い子どもよりも問題行動が少し多かった。

　3歳までの子どもについては保育時間が長いほど，子どもとの関わりで表れる母親の感受性がより低いレベルであることが一貫して示された。子どもとの関わりに敏感に応答できなかった母親の子どもが週10時間以上の保育を受けると母親の対する愛着が不安定になる可能性が高まる。

　母親と子どもの関係性によっては，長時間の保育が子どもの発達に影響を与えるようだ。園で長時間過ごす子どもは家庭で過ごす時間が短くなり，親と過ごす

機会が少なくなることから，保育時間の長さが子どもの発達に影響を直接的に与えるというよりも，親子の関係に影響を及ぼすようである。

（3）施設型保育の影響

　幼稚園や保育所，認定こども園などの施設型保育を受けた子どものほうが，そうでない子どもよりも，言語発達，知的発達ともにより優れていた。また社会的行動も良好であった。2歳時点で保育者に対してより協調的であり，また，2歳，3歳時点で問題行動もより少なく，3歳では母子の関わりでよい発達が見られた。

　しかし，保育所や幼稚園，認定こども園に通う4歳半の子どもは不服従や攻撃的な問題行動の頻度が若干高かった。

　質の高い保育場面での経験は，保育者という大人が存在する場の中で安心して仲間とのやり取りを行うことができ，子どもがもっている能力を最大限に発達することができる。

3 保育環境の質

　就学前施設に関する保育の環境の質について，欧米を中心として保育環境の質を評価するスケールが開発されてきた。

　「『保育プロセスの質』評価スケール」（SSTEW：Sustained Shared Thinking and Emotional Well-being, Carol Archer & Iram　Siraj, 2015），「保育環境評価スケール」（ECERS：Early Childhood Environment Rating Scale, Telma Harms et al., 1998;2015），「『保育プロセスの質』自己評価尺度」（SICS：Well-being and involvement in care process-oriented Self-evaluation Instrument for Care Settings,FerreLaevers,2003），CLASS（Classroom Assessment Scoring System, Pianta et al,2008）のように，そのいくつかは日本語版が公刊され，活用されている。これらの評価スケールは，単に物の有無や空間の広さ，保育者の人数の多少のような量的なものを評価するものではない。施設や教材，玩具が子どもにどのように提供されているのか，どのような関わりが可能なのか等，活動内容，関わりの質等，保育のプロセスを評価することを目的としている。良質な保育環境が子どものさまざまな側面の発達につながるだけでなく，さまざまな保育活動のための環境を準備することにより，バランスの取れた保育が展開されることが期待される。

　その一方で，運動や身体を動かす遊びを行う環境に焦点をあてた「体を動かす遊びのための環境の質」評価スケール【MOVERS】や，子どもが自発的に物事を考える力に焦点を当てて文字と言葉，数量形，科学と環境，多様性の4つをテーマとしている「新・保育環境評価スケール③〈考える力〉」などのスケールも開発されている。

4 幼児教育・保育の課題

　社会環境の変化に伴って，保護者の就労実態や家庭や家族のあり方が変わってきた。子育て世帯における共働き世帯が大半を占める一方で，多様化された幼児教育・保育の課題はさまざまである。

（1）幼児教育の無償化

　幼児教育・保育における日本の特徴の1つは，公的支出が少なく，私的支出が大半を占めていることである。小学校の大半が公立であるのに対して，就学前の施設は私立が多く，多くの幼児が私立に在籍している。近年は3歳未満児においても在籍率が増加しているが，2019（令和元）年では，3歳児は95.0％，4歳以上児はほぼ100％が就学前施設に在籍しているのに対して，1歳児の55％，2歳児の49％が家庭で養育されている（**図4－2**）。

　OECD（2006）は，「乳幼児期の教育とケア（ECEC）」を重視し，幼児教育の公共性にも言及している。幼児教育・保育と小学校教育が強力で対等な連携を取ることや，すべての人にアクセスが開かれるためには，初等教育と同様に無償化することが有効であると考えられる。

　このような背景から，わが国においても，2019（令和元）年10月から幼稚園，保育所，認定こども園等を利用する3歳から5歳までのすべての子どもたちの利用料，0歳から2歳までの一部の子どもの利用料が無償化された。**幼児教育の無**

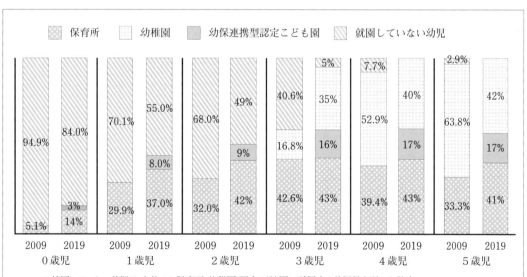

　※就園していない幼児は，全体から保育所，幼稚園，認定こども園に所属する幼児数を引いた数字

　資料）内閣府「平成27年版子供・若者白書」（2015），厚生労働省「保育を取り巻く状況について」資料（2021）（一部改変）

図4－2　就学前教育・保育の構成割合の変化

償化は，保育の必要性の認定を受けた場合には，幼稚園の預かり保育や，認可外保育施設，一時預かり事業，病児保育事業およびファミリー・サポート・センター事業も対象となるものである。認可施設だけでなくさまざまな種類の施設が対象となることにより，これまでは施設を利用したくてもできなかった家庭の乳幼児も利用できる機会となり，待機児童の解消につながっている。

　この幼児教育の無償化によって，**幼児教育の機会均等**が図られる。ヘックマンは，質の高い幼児教育・保育を享受することは，幼児期にとどまらず，生涯にわたる不平等を低減することにつながると主張している。すべての幼児教育・保育を必要とする子どもを対象に無償化するという事前分配政策は公平で経済効率がよいものであり，将来における産業，雇用の創出など高い社会的成長効果への寄与が期待できる。

（2）子どもの貧困と保育や養育の状況

　経済的，社会的に恵まれない子どもたちの「**子どもの貧困**」は，わが国においても大きな問題となってきた（浅井ら，2008；阿部，2008など）。

　子どもの貧困は，子どもにとって学力低下や健康，生活習慣の乱れなどが起こるリスクが大きく，問題に対して対応が求められている。さらに，これらの問題は学校に入学した後になってから起こる問題ではないことがわかってきた。乳幼児期の家庭環境の乏しさが発達に影響を与えるのである。

　低所得の家庭は，ふたり親世帯よりもひとり親世帯である割合が高い。ひとり親世帯の保護者は，ふたり親世帯の保護者よりも長時間労働を行う割合が高かった。週50時間以上の長時間労働をしているのは，ふたり親世帯で父親は38.0％，母親は7.4％であるに対して，父子世帯の父親は41.3％，母子世帯の母親は14.3％であった（**図4-3**）。また，深夜勤務に従事している割合や勤務時間が不規則である割合も高くなっている。ひとり親世帯においては，保護者が子どもと過ごす時間も短く，平日2時間以上子どもと一緒に過ごしている割合は，ふたり親世帯が89.9％であるのに対して，母子世帯81.9％，父子世帯65.5％と低い。さらに父子世帯では，1時間未満が19.0％であり，子どもと過ごす時間が短い父親の割合が高かった（**図4-4**）。

　このような家庭状況下で養育されている子どもは，保護者の長時間の就労や不規則な就労時間のため，幼児教育・保育施設で過ごす時間が長くなる。家庭において過ごす時間が短く不規則であることは，子どもの生活リズムが確立しにくい，バランスのよい食事をとることが難しいといった問題につながりやすい。さらに長時間の就労や経済的な困窮は，保護者の物理的・精神的なストレスにもつながることが想定されるので，保護者から十分なケアを受けたり，愛情を得たりすることができないケースが少なくない。

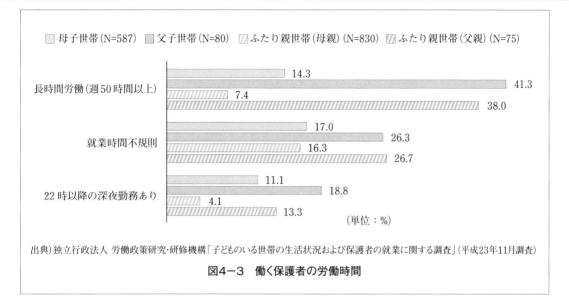

出典) 独立行政法人 労働政策研究・研修機構「子どものいる世帯の生活状況および保護者の就業に関する調査」（平成23年11月調査）

図4-3　働く保護者の労働時間

＊1　全国社会福祉協議会全国保育士会「改訂 保育士・保育教諭として、子どもの貧困問題を考える」(2022)

全国社会福祉協議会全国保育士会では，子どもの貧困の可能性に保育のなかの気づきのチェックリストを作っている＊1。衣服や子どもの状況，保護者からの発言の項目とともに，生活の状況として「保護者が長時間働いており，子どもの生活リズムが崩れている」という項目がある。生活するために必要な収入を得るために，仕事の掛け持ちをせざるを得ない結果，長時間労働になる。そのことにより，保護者が子どもの生活に気を向けることが困難な状況に陥る可能性を指摘している。

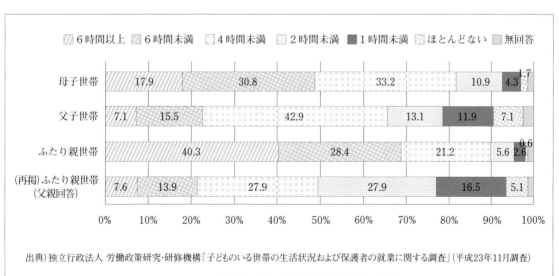

出典) 独立行政法人 労働政策研究・研修機構「子どものいる世帯の生活状況および保護者の就業に関する調査」（平成23年11月調査）

図4-4　子どもと一緒に過ごす時間（世帯類型別）

さらに，内閣府の調査で「子どもが小さいころ，絵本の読み聞かせをしていた」を保護者に尋ねた結果が**図４－５**である。世帯収入の水準別に「どちらかといえば，あてはまらない」と「あてはまらない」を合わせた割合についてみると，世帯収入が「中央値以上」の世帯では 17.8% であるのに対して，「中央値の２分の１以上中央値未満」の世帯では 23.1%，低所得世帯（「中央値の２分の１未満」）では 30.0% だった[*1]。収入が高い家庭の保護者ほど絵本を読み聞かせており，低所得になるほど読み聞かせをしていなかった。絵本読みは，ひとり親世帯，ふたり親世帯における調査では大きな違いは見られなかったことから，世帯収入が，家庭の養育の質と関わっている可能性がある。

ひとり親世帯や低所得による子どもの貧困など，さまざまな不利な状況の家庭で養育されている子どもの問題は，背景が複雑であり保育者にはわかりにくいことも多く，対応が難しい。しかしながら，高い質の保育を提供することが，子ども自身の発達を促す手立ての１つとなる。

＊１ **中央値と貧困層**：内閣府では，年間収入を同居家族の人数の平方根で調節し，そこから算出した等価世帯収入の中央の値を中央値とし，等価世帯収入がその２分の１未満を「相対的貧困層」としている。図4-5の資料では世帯収入が「中央値の２分の１未満」を「貧困の課題を抱えている世帯」，「中央値の２分の１以上中央値未満」を「貧困の課題を抱えるリスクの高い世帯」としている。

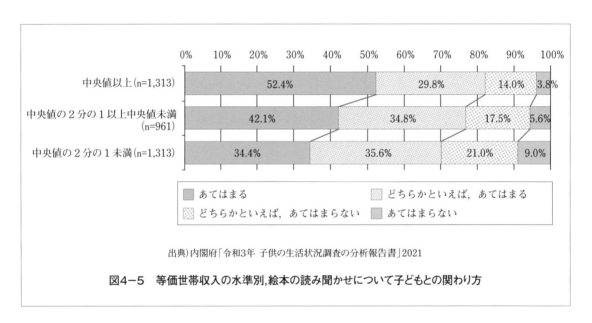

出典）内閣府「令和3年 子供の生活状況調査の分析報告書」2021

図4－5　等価世帯収入の水準別,絵本の読み聞かせについて子どもとの関わり方

保育は，子どもの発達の実態に応じておこなわれる。しかし，子ども自身の要因だけでなく，保護者や家庭状況など子どもを取り巻く養育環境も含めて子どもに必要な保育を考えることが望ましい。保育の質の１つである保育者のポジティブな関わりがさらに重要であるといえよう。

今後は，乳幼児期の発達の健全な成り立ちを目指した保育の質を見出すことが必要であるとともに，そのための支援を具体的に実行することが求められる。

<引用・参考文献>

安部彩『子どもの貧困－日本の不公平を考える』岩波書店，2008

キャロル・アーチャー，イラム・シラージ（秋田喜代美，淀川裕美，辻谷真知子，宮本雄太訳）『「体を動かす遊びのための環境の質」評価スケール－保育における乳幼児の運動発達を支えるために』明石書店，2018

浅井春男，松本伊智朗，湯澤直美編『子どもの貧困－子ども時代のしあわせ平等のために』明石書店，2008

Howes, C. & Hamilton, *C. E. Children's relationship with child care teachers : stability* and *concordance with parental attachment.* Child Development, 63, pp.867－878, 1992

池本美香「乳幼児期の子どもにかかわる制度を再構築する－制度改革の方向と企業の役割－」『Business & Economic Review』，pp.43－101，日本総研，2007 年 12 月号

James J. Heckman, Skill Formation and the Economics of Investing in Disadvantaged Children, Science vol.312, pp.1900－1902, 2006

厚生労働省『保育所保育指針』2017

厚生労働省『保育所保育指針解説』2018

文部科学省『幼稚園教育要領』2017

文部科学省『幼稚園教育要領解説』2018

文部科学省「平成 18 年版文部科学省白書　第 2 部第 2 章初等中等教育一層の充実のために」2006

内閣府・文部科学省・厚生労働省『幼保連携型認定こども園教育・保育要領』2017

内閣府・文部科学省・厚生労働省『幼保連携型認定こども園教育・保育要領解説』2018

The NICHD Child Care Research Network, 『Child Care and Child Development』, Gilford Press, 2005

日本子ども学会編『保育の質と子どもの発達　アメリカ国立小児保健・人間発達研究所の長期追跡研究から』赤ちゃんとママ社，2009

OECD, 経済協力開発機構編, (星三和子, 首藤美香子, 大和洋子, 一見真理子訳)『OECD保育白書—人生の始まりこそ力強く：乳幼児期の教育とケア（ECEC）の国際比較』明石書店，2011

OECD, Starting Strong II: Early Childhood Education and Care, 2006

大竹文雄「就学前教育の投資効果からみた幼児教育の意義－就学前教育が貧困の連鎖を断つ鍵となる－」『BRED』No.16，pp.30－32，ベネッセ教育研究開発センター，2008

イラム・シラージ，デニス・キングストン，エドワード・メルウィッシュ（秋田喜代美，淀川裕美訳）『「保育プロセスの質」評価スケール—乳幼児期の「ともに考え，深めつづけること」と「情緒的な安定・安心」を捉えるために』明石書店，2016

キャシー・シルバー，イラム・シラージ，ブレンダ・タガート（平林祥，埋橋玲子訳）『新・保育環境評価スケール③〈考える力〉』法律文化社，2018

常田秀子「第 4 章　乳幼児保育と発達」pp.70－88，井上健治・久保ゆかり編『子どもの社会的発達』東京大学出版会，1997

テルマ・ハームス，デビィ・クレア，リチャード・M.クリフォード，ノリーン・イェゼジアン（埋橋玲子訳）『新・保育環境評価スケール①〈3 歳以上〉』法律文化社，2018

テルマ・ハームス，デビィ・クレア，リチャード・M.クリフォード，ノリーン・イェゼジアン（埋橋玲子訳）『新・保育環境評価スケール②〈0・1・2 歳〉』法律文化社，2018

第**5**章
第5章

胎児期・乳児期

〈学習のポイント〉 ①誕生前・胎児の著しい発達を理解しよう。
②乳児期の姿勢運動発達と認知発達の広がりの関係を理解しよう。
③乳児期のコミュニケーションの特徴を理解しよう。
④これらをふまえ，乳児を取り巻く大人・保育者の役割について理解しよう。

　少子化の時代にあって，保育の場への期待，保育者に求められる役割はますます大きくなってきている。2022（令和4）年に発表された2021（令和3）年の合計特殊出生率は1.30で，連続して前年を下回り，人口を維持するうえでは深刻な状態が続いている[*1]。

　本章では，人間として誕生してくる前の時期である胎児期から，誕生後もっとも著しい成長をみせる乳児期の「ひと」としての発達をさまざまな角度から解説していく。未熟といわれる状態の中に，「ひと」としてのさまざまな発達の芽を見出していくこと，それらにていねいに働きかけを行うことが，保育者としての大切な役割の1つである。子どもの大いなる発達の可能性を理解する大人が増えることで，子どもを取り巻く環境をよりよくしていくことを期待して論を進めていきたい。

＊1　厚生労働省「人口動態統計」

1. 胎児期

　出生前の時期を**胎児期**（胎生期）と呼ぶが，狭義には以下の3つの時期，**細胞期，胎芽期，胎児期**に分けて考える。

1 細胞期
　精子と卵子が結合し，受精がおこるまでの期間。遺伝子や染色体の時期である。卵子の受精可能な期間は1日，精子は3日といわれる（**図5-1**）。

2 胎芽期
　受精から妊娠3カ月までの時期。受精卵は細胞分裂を繰り返し，約1週間で胞胚となる。この胞胚が子宮内膜に着床し，これを受胎という。妊娠とは受胎から分娩までの時期を指すことが多い。この**胎芽期**に中枢神経系のほか，心臓，手，足，目，耳など体の主な器官が形成され始める。母親自身は月経予定日を過ぎても月経がみられず，産婦人科での診察を受け，妊娠を確認することになる。妊娠が確

認された後，市町村など自治体に妊娠届を提出すると母子健康手帳が交付される。母子健康手帳は妊娠中の母親の健康状態，胎児の健康状態を記載するほか，出産時の様子，出産後入院中の母子の健康状態も合わせて記録していく。さらに退院後も各種健康診断の結果や予防接種の記録などを記載する。小学校に入学する頃までの大切な成長記録である。

3 胎児期

　妊娠3カ月から出生までの時期を**胎児期**と呼ぶ。胎児の年齢は，最終月経開始日から数える月経齢を用いるのが通常である。最終月経開始日を0週とし，例えば妊娠3カ月は8週から11週の終わりまでを指す。そして1カ月を28日と計算し，分娩予定日は満40週と0日としている。

　妊娠2カ月では体重約1g，身長約2.5cmほどの胎児だが，3カ月では体重約30g，身長8cmに成長する。妊娠4カ月末には胎盤が完成し，胎児の老廃物と栄養物の交換は胎盤を通して行われようになる。

　妊娠4カ月頃までを妊娠初期（前期），5カ月から7カ月を中期，8カ月から10カ月を妊娠後期と呼ぶ。胎児の器官が形成されていく過程を**図5-2**に示す。

　妊娠5カ月の頃には母親が「**胎動**」を感じるようになる。胎児が手足を活発に動かしているのを自覚し，母となることを実感する母親も多い。最近では胎児の様子を超音波断層装置によって，映像で観察することが可能になっている。産婦人科での定期診察の際には，母親自身もリアルタイムに胎児の動きが眼で確認できる。医師も映像で子宮全体の様子を確認できるだけでなく，胎児の健康状態の変化も早期に発見できる。したがって機械の進歩によって，妊娠中のトラブルを早期に発見し対応することが可能になった。

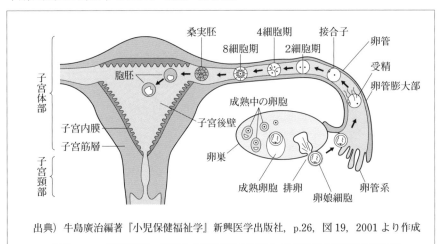

出典）牛島廣治編著『小児保健福祉学』新興医学出版社，p.26，図19，2001より作成

図5-1　卵巣周期，受精ならびに第1週における発生の総括的模型図

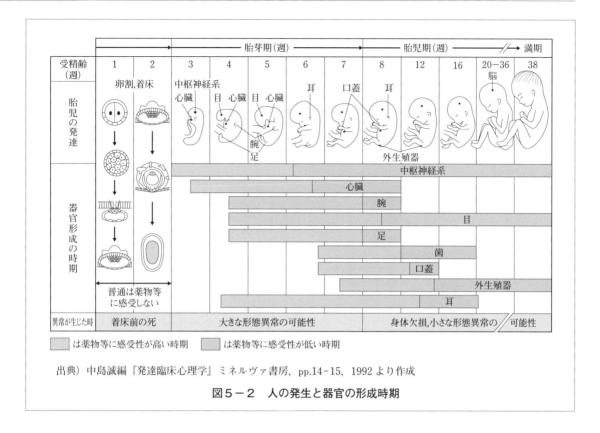

出典) 中島誠編『発達臨床心理学』ミネルヴァ書房，pp.14-15, 1992 より作成

図5－2　人の発生と器官の形成時期

2. 周産期

　在胎28週，いわゆる妊娠後期から生後1週までを**周産期**という。28週で胎児は約1kgに成長している。また母体内で新生児期にみられる**原始反射**もみられる。しかしこのあと誕生までの約3カ月を母体内で過ごす中で，体をつくる仕上げの段階に入り成熟していく。乳児らしい体つきへの肉づきはこの時期に起こる。母親は早産に気をつけながら体調管理に気をつけて過ごす時期でもある。妊娠中毒症，貧血や肥満は母親だけでなく，胎児の成長体重増加にも影響を与える。過度の心配は禁物だが，体調管理に注意して健康に過ごすことは大切である。また胎児の体重も増加する時期で，お腹の大きさも急激に大きくなり，母親の体の動きへの負担も高くなる時期である。

■1 早産，満期産，過期産

　在胎37週未満で出生した子どもを**早産児**，37週から42週未満での出生を**満期産（正期産）児**，42週以上を**過期産児**という。早産で生まれた子どもは体の機

能，生理機能が未熟であることが多い。体重が **2.5kg 以下**で誕生した子どもを**低出生体重児**と呼び，必要と認められれば保育器の中で感染予防，保温，呼吸管理，栄養管理などが行われ，十分な状態まで成長を支える。厚生労働省人口動態統計[*1]によれば，2021（令和 3）年の 2.5kg 未満の出生は 8.0 %（複産，いわゆる多胎での出生を含まず）で，1975（昭和 50）年の 4.6 ％に比べ大きく増加している。

＊1　厚生労働省「人口動態統計」

----

2 誕生

　最終月経からおよそ 280 日経つ頃になると，母体内の環境が変化し始め，いよいよ出生の準備が整えられる。胎盤は妊娠中を通じて胎児にとっての大切な栄養摂取と老廃物排出という生命の絆であったが，胎盤の機能も少しずつ低下し始める。また子宮内で胎児を覆っていた羊水も混濁し始めていく。胎児の位置も子宮の下におりてきて母体を圧迫し始める。陣痛で出産は始まる。

　ホルモンの作用で子宮筋に強い収縮がおき，分娩が進んでいく。胎児を押し出そうとする娩出力（母親のいきみの力）と胎児による産道や骨盤の形に合わせた頭の回転，さらに産道というさまざまな要素がうまく協力し合って誕生してくる。誕生の瞬間に産声をあげ，胎盤呼吸から肺呼吸に切り替わる。外界での生活のいよいよ始まりである。

3. 新生児期

　出生後 4 週までを新生児期という。

1 からだの大きさ

　厚生労働省の上記の報告では，2021（令和 3）年の単産（同一の出産で 1 人の子どもが誕生）複産（同一の出産で 2 人以上の子どもが誕生）別の平均体重について，単産の平均体重は 1975（昭和 50）年には 3.2kg だったが，2021 年は 3.02 に減少，複産も 1975 年の 2.43kg から 2021 年に 2.23 kg となり，いずれも減少している。体重の約 75 ％は水分である。生後 3 ～ 4 日は生理的体重減少といって体重が 200g ～ 800g ほど減少するが，1 週間から 10 日ほどでもとの体重に戻る。摂取量よりも排出される便，尿などが多いからである。ただし 1 日の体重増加量は，新生児期から生後 3 カ月頃までが一番高い。体重増加率は生後 4 カ月で出生時の 2 倍，1 年で 3 倍ほどである。身長もはじめの 6 カ月間の増加率が最も高い。生後 1 年で約 1.5 倍，4 年で約 2 倍となる。

　体温は大人より高めであると同時に体温調節ができず変動しやすい。したがっ

て室温や衣類等での体温調節が必要になる。

② 睡眠

睡眠時間は1日15〜20時間と多くの時間を費やす。ただし1回の睡眠時間は短く，睡眠と覚醒を繰り返している。したがって夜と昼の区別がついていない状態である。

母親自身が精神的にも肉体的にも疲れている状態に，さらに睡眠不足を強いられることになるわけで，周囲の精神的な支えと協力が不可欠な時期である。

③ 新生児反射（原始反射）

新生児特有の外の刺激に対する反応を**新生児反射（原始反射）**という。刺激に対する無意識の動きで，脳神経の発達が未熟な状態であることを示す。新生児反射は新生児期から乳児期前半を中心に観察される動きだが，反射の種類によって消失の時期が異なる。その消失は脳の発達の状態を知るうえで重要である。

①**モロー反射**：急激な姿勢変化をすると手足を左右対称に伸ばした後，抱きつくような格好をする。生後3〜4カ月頃に消失する。

②**把握反射**：手のひらを指で刺激すると，指を強く握り返してくる反射。生後3〜4カ月頃に消失する。

③**吸引反射**：唇のまわりに触れると吸い付こうと唇を突き出す反射。1歳頃に消失する。

④**緊張性頸反射**：仰向けに寝かせると顔をどちらか一方，左右に向け，向いた側の手足が伸び，反対側の手足が屈曲する状態になる。生後6カ月まで見られる。

⑤**バビンスキー反射**：足の裏を尖ったもので，かかとからつま先に向かって刺激すると，足の親指を足の甲に向け，その他の指は外側に開く反射。2歳頃までに消失する。

④ 出生届と地域の母子保健

子どもが誕生すると，家族は14日以内に医師の出生証明を市町村に提出し，出生の届出を行う。これにより誕生した子どもが自治体に住民登録される。この登録によって市町村から保健センターに子どもの誕生の連絡がなされ，保健師が母子の健康を把握していく。必要度の高い場合など，医師が保健センターに直接母子のフォローの依頼をすることもある。

新生児支援のための新生児行動評価法（NBAS）

　新生児行動評価法（NBAS）とは，ブラゼルトン（Brazelton, T.B）によって開発，形式化された新生児と外界との相互作用の過程における新生児の**神経行動発達評価法**である。新生児小児科分野，発達心理学分野の臨床，研究に世界で広く使用され，28項目の行動評価と18項目の誘発反応から構成されている。

　前田（2020）によれば，子どもが周囲との相互作用によって行動が変わることをNBAS（Neonatal Behavioral Assessment Scale）のデモンストレーションを通じて養育者，保護者が感じ，養育者，保護者に子ども（新生児）への関わり方を示すことが可能となる。神経学的予測に加え，子育てや家族の支援についての評価法として有用である。評価法には評価者認定のための受講等必要になるが，子どもへの関わり方を評価し，必要なケースに対して早期に介入し，支援につなげるきっかけをつくる評価法である。

　大城（2016）が指摘するように，ブラゼルトンは新生児の行動観察研究から，新生児が生得的な相互交流能力を活用して他者と交流を図り，新生児が主体的かつ能動的に養育者の感情や養育行動を引き出す過程を「**互恵性**」とも表現できるとしている。だからこそ，生得的，能動的行動に焦点をあて，新生児の行動能力を発達評価する方法NBASを形式化できたといえる。

4. 乳児期前半（生後6カ月頃まで）の発達

　誕生後の1年間を**乳児期**と呼ぶ。

1 粗大運動の発達

　乳児は誕生後，半年間のうちに**粗大運動**において大きな成長を遂げる。

　さまざまな動きが可能になっていくだけでなく，自分の欲求や関心のために自分の体を自在に動かし，異なる動きを組み合わせたりしながら対象物を手に取るようになる（図5−3）。偶然動いたからものに触れることがあるのではなく，ほしいものがあるから，体を動かすのである。つまり自分の体を目的にあわせて動かすようになっていく。

＊1 図5−3の（1）を参照。

　【**仰向け**[＊1]】生後1カ月頃までは顔をまっすぐ上に向けていることができず，手足も左右非対称の状態（**写真5−1**）だが，生後3カ月頃になると真っ直ぐ上を見て，左右が対称に

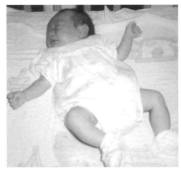

写真5−1　生後1カ月児
仰向けの状態

写真5−2　腹這いで遊べる4カ月児

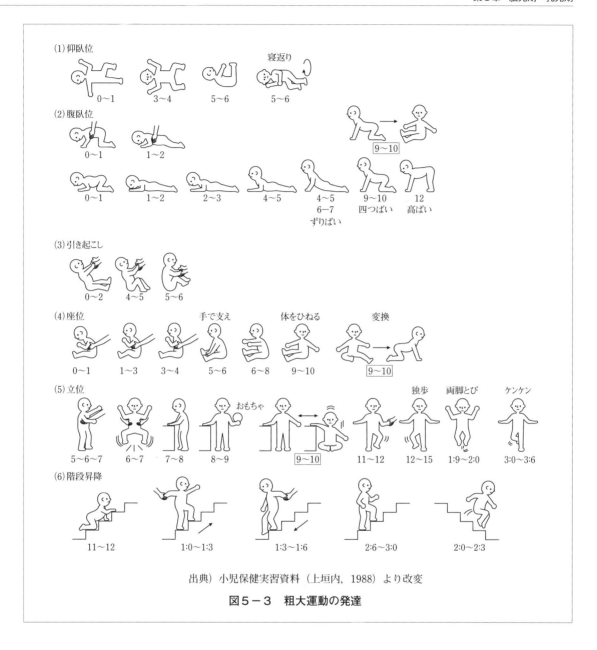

(1) 仰臥位
　　　　　　　　　　　　　　寝返り
　0～1　　3～4　　5～6　　5～6

(2) 腹臥位
　　　　　　　　　　　　　　　　　　　　9～10
　0～1　　1～2

　0～1　　1～2　　2～3　　4～5　　4～5　　9～10　　12
　　　　　　　　　　　　　　　　　　6～7　　四つばい　高ばい
　　　　　　　　　　　　　　　　　ずりばい

(3) 引き起こし
　0～2　　4～5　　5～6

(4) 座位
　　　　　　　　　　　　手で支え　　　体をひねる　　変換
　0～1　　1～3　　3～4　　5～6　　6～8　　9～10　　9～10

(5) 立位
　　　　　　　　　　　　　　　　おもちゃ　　　　　　　　独歩　　両脚とび　ケンケン
　5～6～7　6～7　7～8　8～9　　　　9～10　　11～12　12～15　1:9～2:0　3:0～3:6

(6) 階段昇降
　11～12　　1:0～1:3　　1:3～1:6　　2:6～3:0　　2:0～2:3

出典）小児保健実習資料（上垣内，1988）より改変

図5－3　粗大運動の発達

なる状態へと発達する。また5カ月を過ぎる頃には仰向けから腹這いへと寝返りをうてるようになる。

　【腹這い[*2]**】** はじめは体を折り曲げるようにして腹這いの姿勢をとっていた状態から，2～3カ月になると首をあげ，前を見ていられるようになる。4～5カ月にはさらに安定し，腹這いの姿勢でおもちゃを前において遊ぶことができるようになるほど姿勢が安定してくる（**写真5－2**）。

＊2 図5－3の（2）を参照。

【引き起こし[*1]】生後2カ月頃までの乳児は両手をしっかりつかんで引き起こしても首がすわらず，体が柔らかい状態だが，4〜5カ月になると相手の動きに合わせて体を起こしてくる。

[*1] 図5-3の（3）を参照。

2 微細運動の発達

はじめの1カ月ほどは親指をしっかり握りこんでいることが多い。3カ月頃になってくると手がわずかに開いていることが増えてくる。機嫌のよいときにベッドの上で自分の手を眺めたり動かしたり[*2]，ついに口の中に入れてみたり，手の動きが少しずつスムースになっていく（**写真5-3**）。手にガラガラを持たせてみると持ち，ガラガラを引っ張ってみると力強く握り返してくる。また次第に欲しいおもちゃに手を伸ばすようになっていく。6カ月頃になるとおもちゃに手を伸ばしてつかんだり，持ち替えたりするようになっていく。小さなものを熊手のような手の広げ方をしてつかんだりする（**写真5-4，5-5**）。

[*2] ハンド・リガード（hand regard）という。目と手の協応を表すしぐさといわれる。写真5-3参照。

3 知覚世界から認知の発達

新生児はすでに視覚，聴覚，味覚，触覚，臭覚の五感をもっている。そのうち視覚に関しては**ファンツ**（Fantz,R.L.,1961）の「**視覚的選好注視法**[*3]」によって，新生児や乳児が周囲の世界からさまざまな刺激を選択して注意を向けているなど，すぐれた能力をもつことを示してきた。その後，視覚的選考法と馴化法を組み合わせた研究（**馴化脱馴化法**[*4]）がさらに進められてきた。無色より色彩のあるもの，単純な図形より複雑な図形，平面より立体など目新しさを好むといわれる。ただし周囲の刺激対象がより複雑であればよい，目新しければよいのではなく，高橋（1993）が指摘するように「見ることによる経験が見ることをさらに精緻化していく」のであり，「乳児が喜んで興味を示すようなものを乳児の様子を見ながら変化をつけて示していく」大人の存在がとても大切になる。

生後1カ月を過ぎる頃，乳児は周囲にある物やひとをじっとしっかり見つめるようになる（**写真5-6**）。また3カ月を過ぎ，首が座るようになると動く物や人を180度目で追うようになる。周りの様子を観察するかのようである。さらに5カ月を過ぎてくると上下左右360度目で追うようになってくる。周囲の大人の世界にますます関心が強まっていく。

また，3カ月を過ぎる頃には人の顔に対して微笑をする様子がみられるようになる。**スピッツ**（Spitz,R.A.）は，実証研究により**3カ月微笑と8カ月不安**について報告している。周囲の刺激のうち，人の顔に対して微笑をみせるので，それ以前の**生理的微笑（新生児微笑）**と異なり，**社会的微笑，社会性の芽生え**ともいわれる。

[*3] **視覚的選好注視**（preferential looking）法：乳児の目の角膜に映る絵の像を手がかりに，どちらの絵をよく注視していたか観察する方法。

[*4] **馴化脱馴化法**：継続してある刺激を見慣れてしまうと反応が低下するのを馴化といい，馴化した状態に新たな刺激を加えると反応が復活するのを脱馴化という。両方を合わせた仕組みを利用し行う。馴化した状態で，新たな刺激を加え，その反応をみることで，新たな刺激を識別しているかどうかを判断する。

写真5−3
自分の手を目の前で眺めたり動かす3カ月児

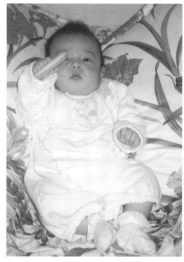

写真5−4
握らせると片手でやっとつかむ3カ月児

写真5−5
右から左へもち替えられる6カ月児

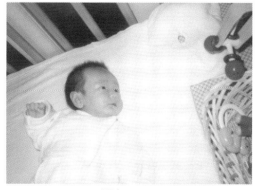

写真5−6
物をじっと見つめる1カ月児

4 母子関係・対人関係・コミュニケーションの発達

　はじめは眠ってばかりいた乳児も，1カ月頃になるとあやしてくれる大人の顔を見つめるようになる。次第に起きている時間が増えていくとともに機嫌のよいときは大人の声かけに声を出して応えるようになる。はじめは「ア」，「ン」など短い発声だが，次第に量も音の数も長さもバリエーションが出てくる。さらに4カ月頃になると声を出して笑うようになってくる。また自分の仲間でもある乳児に関心をもち，じっと見つめたり，手を伸ばして触れたりするようになる。5カ月頃には「いないいないばあ」に対して声を出して喜んだり，周囲の大人に微笑んで声を出す量が増えてくる。声の出し方も変化し「アーアー」「アーウー」とつながったり繰り返しの音がリズミカルに出されるようになる。話し手と聞き手が交互に話す，順番をとりながら話す話者の交替，**ターンテイキング**（turn taking）のようで，会話の原型をみることができる。

　大好きな大人に声を発したり，笑いかけたりする姿は，大人の働きかけを期待するという人として生きていくための大切な力を獲得したということでもあり，同時に J. ボウルビィ（Bowlby,J.,1958, 1969）の指摘する，特定の人への情緒的な結びつき「**愛着（アタッチメント）**[*1]」を抱くことができていることも示している。このように特定の人，養育者との愛着が内在化して，他者との関係の取り方として機能するモデルのことを**内的ワーキングモデル**というが，発達早期に養育者とのやりとりの中で形成された信頼感が将来の他者との信頼関係のモデルとなる。どんなときにも自分の行動に対して応じてくれるという母子の相互関係から愛着は形成される。特定の人への情緒的な結びつきをもつことができるからこそ，その後の対人関係を広げていくことができる。

＊1 第3章 p.52 参照。

5 離乳食の開始

　周囲の様子に興味や関心を示して手を伸ばすことを楽しむ時期，乳児は大人の食べる物にも関心を示す。料理がのっている皿に手を伸ばしほしがってみたり，家族が食べている食べ物をつかんだり。個人差はあるが，6カ月頃には歯が生え始め，唾液の分泌も活発になる。また体重も7kgを超える頃になると母乳やミルクだけでは満足できず，**離乳食**を開始することになる。

6 睡眠

　夜と昼の区別なく睡眠と覚醒を繰り返していた新生児期を過ぎると，少しずつではあるが昼間起きている時間が増えていく（図5-4）。

　睡眠には脳が眠っている状態であるノンレム睡眠と，体が眠っている状態であるレム睡眠があり[*2]，大人はレム睡眠が全体の5分の1ほどに過ぎない。一方，

＊2 **レム睡眠とノンレム睡眠**：レム睡眠（REM《Rapid Eye Movement》sleep）は，積極睡眠ともいわれ，体の動きが激しく，呼吸も不規則で眼球の急速な動きがみられる。夢をみるのもレム睡眠といわれる。ノンレム睡眠（N-REM《non-Rapid Eye Movement》sleep）は，安静睡眠ともいわれ，呼吸も規則的で体の動きが少ない。

乳児はレム睡眠が多く，大人の睡眠のように2つの睡眠の単位がまとまっておらず，未熟な状態である。睡眠のリズムは個人差が大きく，また寝つきや寝起きの様子も子どもによって大きく異なる。さらに周囲が騒がしくても，よほどのことがない限り起きない子もいれば，音に敏感ですぐ起きてしまう子もいる。いずれにせよ，満腹の状態で寝ているのであれば，夜間眠り，昼間起きているという睡眠のパターンは少しずつ確立していく。

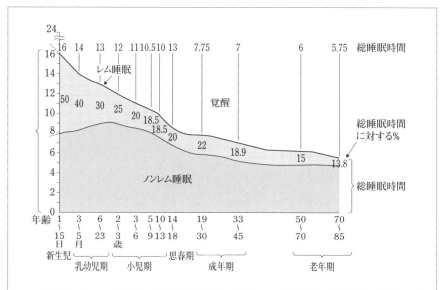

出典）Roffwarg ら 1966, 西村昴三編著『わかりやすい小児保健』同文書院, 1998, p.37

図5−4　総睡眠時間，レム睡眠，ノンレム睡眠の年齢による推移

5．乳児期後半の発達

■ 粗大運動の発達

　生後6カ月を過ぎる頃になると，子どもはさまざまな体の動きを使って自在に移動するようになる。寝返りを繰り返しながら遠くのおもちゃを取ってみたり（**写真5−7**），腹這いの状態でおなかを中心にして回転し方向転換したり（**写真5−8，5−9**），また，ずり這いやハイハイをしたり，お座りも安定して上手になり両手を使って遊ぶこともできるようになる。お座りからハイハイに姿勢をかえたり，ハイハイからお座りにかえたり，自分の関心の場所や対象の高さによって自在に姿勢をかえる。10カ月頃にはつかまり立ちから伝い歩きを経て1人で立ち，初めてのお誕生日を迎える頃には歩くということがみられる（**写**

写真5－7　寝返りしておもちゃをつかむ

写真5－8　おなかを中心にして方向転換（その1）

写真5－9　おなかを中心にして方向転換（その2）

写真5－10　つかまり立ちしたよ

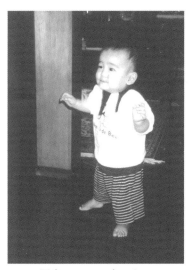

写真5－11　歩いた！

真5−10，5−11）。これら粗大運動の発達も個人差が大きい。

② 微細運動の発達

物に対する手の動きも活発に，確実になっていく時期である。乳児期前半では見たものをつかむのにはつかみにくい位置にあったり，つかみにくい大きさや形だったりするとうまくつかめず，あきらめてすぐ違う物に関心が移っていくことが多いが，後半になると物の形，位置，大きさ，素材に合わせて自分の手の動きを変えていくようになっていく。

例えば，卵ボーロのように小さな球でつかみにくいものも，はじめは熊手状に5本の指を開いてすくいあげたりするが，次第に親指と人差し指の腹，さらには指先を使ってつまむように上達していく。大きさに合わせて両手を使ったり，遠くのものは近づいてとったり，引き寄せてとったり。自分の体の動きとともに手や指を積極的に使いながら，物に合わせて手指を動かすことが可能になっていく。

③ 認知の発達

物への関心も認識も深くなってくる時期。物を落としたり叩いたりして楽しんでいる状態から，落とした後の物の状態変化を確かめたり，大人の使う物の動きも実によく目で追いながらどうなるのかを見ている（**写真5−12〜5−14**）。少しずつ物の動きを予測し，見通しが少しずつ出てくる。さらに8カ月を過ぎる頃には，見えなくなった物もなくなったのではないことがわかり，探すということもするようになり，いわゆる**ピアジェ**の**物の永続性（対象の永続性）**を獲得し始める（**感覚運動期，感覚運動的段階**）[1]。また大人の動作をよく見ていて模倣したりする。模倣するということは動作のうえでも周囲の世界を認識しているということである。また10カ月を過ぎる頃になると，気に入った物を大好きな人とやりとりしながら楽しむ姿も見られる。

[1] 第2章 p.22 参照。

④ 対人関係・コミュニケーションの発達

個人差はあるが，人見知りをして母親への後追いも見られる時期である。**スピッツ**（R. Spitz）は見知らぬ人に不安を示す生後8カ月頃の乳児がみせる様子を**8カ月不安**とした。人見知りと同義である。人見知りも後追いも，**愛着行動**という母親を中心とする自分を取り巻く家族をしっかり認識し，**信頼関係**を作ってきたことをあらわす状態でもある。大人のしっかりした受け止めが大切で，またその受け止めがあれば人見知りも後追いも次第に乗り越えていくことができる。

ところで，**エインズワース**（Ainsworth,M.）は乳児の母親に対する愛着の質を測定する実験方法として，**ストレンジ・シチュエーション法**（strange situation

写真5－12　大人の使う物の動きを眼で追う（その1）

写真5－13　大人の使う物の動きを眼で追う（その2）

写真5－14　大人の使う物の動きを眼で追う（その3）

procedure）を開発している。実験は全8場面構成[*1]で，最後に母親と再会した時の幼児の反応結果から子どもの**愛着**の質を**4タイプ**に分類した（**表5－1**）。

　ここでは，母親との間で信頼関係を結んだ子どもは，母親が安心できる場，心地よさが保証された**安全基地**として機能していることを感じるようになる。子どもは，この安全基地を使用することで，外の世界を探索できるようになり，社会性を獲得していく。

　また，子どもは身近な自分の家族等を中心に大好きな大人に対して，積極的に発声を繰り返していく。「マンマンマン」「アブアブ」など繰り返しの発声である。発声のバリエーションは使う中でより豊かに，また声もより大きくなっていく。また，生活内で母親がよく使う簡単な言葉を理解するようになっていく。「ダメ」や「ちょーだい」「バイバイ」など繰り返される中で子どもは理解を深めていく。「ダメ」という言葉に一瞬，体の動きが止まったり，「ちょうだい」という言葉で物を手渡そうとしたり，「バイバイ」で手を振ってみたりと動作も伴いながら理解していく。また大好きな母親や父親の動きを真似てみたりする。父親の新聞を

＊1　実験は，以下の8場面で行われる。①母親と乳児が部屋に入る，②母親は着席し乳児は1人で遊ぶ，③他者が部屋に入り母親と会話する，④母親が退出し乳児と他者のみ残る，⑤母親が部屋に戻り他者が退出，⑥母親が退出し乳児のみ部屋に残る，⑦他者が部屋に戻り乳児が泣いていれば慰める，⑧母親が部屋に戻り乳児と再会する。

表5－1　エインズワースによる4つの愛着タイプ

Aタイプ	回避型：	子どもは母子分離の混乱なし，母親との再会も無関心。母親が安全基地として機能していない。子どもの働きかけにも母親が拒否的
Bタイプ	安定型：	子どもは母子分離に混乱を示すが，再会時には混乱はおさまる。母親が安全基地として機能。
Cタイプ	葛藤型：	子どもは母子分離時に混乱を示し，再会時も強く混乱し，身体接触を求めつつ怒りと攻撃を示す。母親が安全基地になっていない。子どもの働きかけに母親が敏感でない。
Dタイプ	無秩序型：	子どもが不可解な行動パターンを示す。母親による虐待，抑うつの傾向等，子どもの心的状態に影響を与えうる未解決の問題状況をかかえる

めくる動きをまねたり，母親のバッグを抱えてみたり，周囲の大人の世界を実によく見ていて驚かされる。このように身近な人の表情や仕草を参考にし，乳児が自分の行動を決定していくことを**社会的参照**（Social Referencing）という。つまり社会的参照とは，他者が視線を向ける先に子どもが視線をむける視線追従をいう。他者に指差しで伝える，対象と他者を交互にみるなど，2歳頃までには同じ対象に注意をむけていることをわかるようになる。共有を学び，双方みたうえで，自分で選ぶようになる。**共同注意**の1種として社会的参照がある。

　そして1歳前後には，個人差は大きいが「マンマ」「ワンワン」など自分の好きな（出会うことの多い）物を片言の発音で言葉で発するようになる。

　また自分が「～したい」「～ほしい」という要求を指差しや全身を使って表現し大好きな大人に伝えようとするようになる。身近な大人が子どもの気持ちを汲み取って働きかけをし，声をかけていくことが必要になる。

5 離乳食

　離乳食の進み方は個人差が大きく，また食べる量も個人差がある。子どものかむ様子，飲み込む様子をよく観察しながら進めることが大事である。また，食べることへの意欲も大切にし，上手に口に入らなくても手にもてる物は手づかみで食べさせてあげることも大切である。

6 睡眠

　個人差が大きい睡眠だが，乳児期後半は昼間起きて遊ぶ時間が格段に増えていく。そしてお誕生日を迎える1歳の頃には昼寝を午前中，午後と1回とる程度で昼間の遊ぶ時間を安定して確保できるようになる。また動きが活発になるに従って眠りも少しずつ深くなっていく。ぐっすり眠ることで，すっきり起き，遊びも充実してくる。散歩など外気に触れる時間も増やしながら，昼間の時間を充実させることが，夜の睡眠を充実させることにつながるので，生活リズムを少しずつ

意識して整えることが大切になる時期である。

　以上，胎児期，乳児期の発達について概説してきた。いずれも個人差が大きく存在することをふまえながら，子どもの発達を捉える視点を学んでいくことが保育者として求められる。

　近年，ノーベル経済学賞受賞の**ヘックマン**（Heckman, J.）が指摘し，社会的に関心の高い「**非認知能力**」については，幼児期からの非認知能力の発達に求められる**乳児期の対応**に注目が集まっている[*1]。「非認知能力」とは，好奇心，想像力，自己規律，忍耐力，社交性，やさしさ，思いやり，自制心など IQ で測れない見えない力，将来，経済効果をもたらす力であり，「非認知能力」は認知能力をも高めるといわれる。この非認知能力を育てる上では，保護者と子どものコミュニケーションが重要であるとともに，その後の子どもの育ちにつなげる乳児期からの切れ目ない**安定した対応**が求められるところである。

　また，厚生労働省は**成育基本法**および「**健やか親子21（第2次）**[*2]」を通じ，子どもの健やかな成育をめざし子どもと家族が切れ目のない施策の中で健康に生活できるよう国，地域，関係諸機関が連携し取り組むことをめざしている。成育基本法の正式名称は「成育過程にある者及びその保護者並びに妊産婦に対し必要な成育医療を切れ目なく提供するための施策の総合的な推進に関する法律」という。

　保育者として目の前の子どもにきちんと向き合っていくためには，目の前の子どもの姿とともに，前後の発達過程も踏まえた長期的視野の中で子どもを捉えることも同時に必要とされるといえよう。

＜引用・参考文献＞

外山紀子・安藤智子・本山方子編『生活の中の発達』新曜社，2019

公益財団法人児童育成協会監修『目で見る児童福祉』2021

牛島廣治編著『小児保健福祉学』新興医学出版社，2001

西村昂三編著『わかりやすい小児保健』同文書院，1998

前田知己「新生児期・乳児期早期の発達評価」『脳と発達52巻第3号』診断と治療社，2020，pp.5-10

大城昌平「赤ちゃんのもって生まれた力」『別冊発達32 妊娠・出産・子育てをめぐるこころのケア』ミネルヴァ書房，2016，pp.118-126

厚生労働省「令和3年度「出生に関する統計」の概況」『人口動態統計特殊報告』2021

*1　第2章p.28脚注*1，第4章p.71参照。

*2　健やか親子21（第2次）：「健やか親子21」は2001（平成13）年に開始された，母子の健康水準を向上させるためのさまざまな取組を推進する国民運動計画。2015（平成27）年度からはその課題を踏まえ第2次が開始され，2024（令和6）年度まで行われる。安心して子どもを産み，健やかに育てることの基礎となる少子化対策としての意義に加え，少子化社会において，国民が健康で明るく元気に生活できる社会の実現のための国民の健康づくり運動（健康日本21）の一翼を担うことをめざしている。

健やか親子21（第2次）ホームページ

第6章

幼　児　期

〈学習のポイント〉①非認知能力がなぜ重要なのか理解しよう。
②運動発達の流れを理解し，現代の子どもの発達上の課題を考えよう。
③認知とは何かを理解しよう。また幼児期の子どもの認知の特徴を学ぼう。
④話し言葉の発達の流れを学び，言葉の三大機能を理解しよう。
⑤仲間関係を広げていくうえで必要なことは何かを考えよう。
⑥子どもの自立，性について考えよう。

1．幼児期の子どもの特徴

　子どもは，幼児期全体をとおして，1人の人間としてますますたくましく育っていく。この時期までに人間の特徴である二足歩行を獲得し，言葉を話すようになる。また，手指の使い方も熟達していく。2歳頃まで，子どもは主として家族のもとで生活をしているが，これ以降には保育所や幼稚園に通うなど，子どもの生活空間は，もっとも身近な家族から近隣社会へと広がっていく。本章では，幼児期（1～6歳）の子どもの育ちの姿について，①運動機能の発達，②認知の発達，③言語機能の発達，④対人関係の広がり，⑤自立性の発達を中心に，その特徴を述べる。

2．非認知能力（社会情動的スキル）の発達

　近年，幼児期において「非認知能力（社会情動的スキル）」の育ちの重要性が指摘されている。これは，文字の読み書き・計算など認知できる，数値で測れる認知能力とは異なり，目に見えない・数値化しにくい能力で心や社会性や自己決定に関わる力のことと言え，「認知能力」を伸ばす上でも大切だと考えられる。2017（平成29）年3月に告示された保育所保育指針，幼稚園教育要領，幼保連携型認定こども園教育・保育要領（以下「新指針・要領」と略す）において，従来の5領域（健康，人間関係，環境，言葉，表現）に加えて，幼児期において「育みたい資質・能力」として「知識及び技能の基礎」「思考力，判断力，表現力等の基礎」「学びに向かう力，人間性等」の3つの柱と，「幼児期の終わりまでに育ってほしい姿（10の姿）」が新たに示された（図6－1，6－2）。

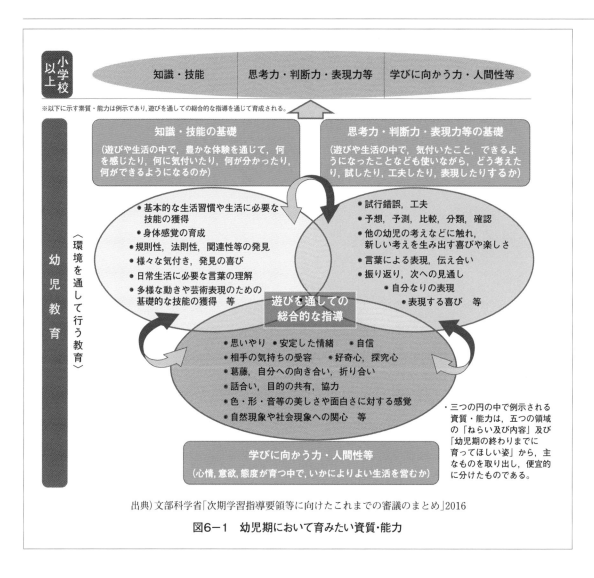

出典）文部科学省「次期学習指導要領等に向けたこれまでの審議のまとめ」2016

図6−1　幼児期において育みたい資質・能力

　新指針・要領に示された3つの「育みたい資質・能力」の「学びに向かう力，人間性等」は，特にこの「非認知能力（社会情動的スキル）」に関わるものとされている。また，「10の姿」は，幼児の自発的な活動である遊びや生活を通して，就学前の5歳児後半の段階で育まれていることが望ましい項目として示されている。そして，小学校以降の教科教育のように，保育者が特定の姿を取り出して指導し，その達成度合いを評価するものではなく，5領域と同様に「**遊びを通しての総合的な指導**」によって3つの柱と10の姿がそれぞれ相互に関連し合いながら，一体的に育まれることが大切とされている。したがって，以下の節では「運動機能の発達」「認知の発達」「言語の発達」「対人関係の発達」と分けて扱うが，1人の子どもの育ちを考え，関わる際に，どのように理解するかが重要である。

出典）文部科学省「次期学習指導要領等に向けたこれまでの審議のまとめ　補足資料（３）」2016

図6-2　幼児期の終わりまでに育ってほしい10の姿

3. 運動機能の発達

■ 運動機能の発達の特徴

　幼児期になると骨格や筋肉，諸感覚など身体が著しく発達し，身体の発達に伴って，運動の基本である走ること，跳ぶこと，投げることなどができるようになる。

　幼児期の運動は，①直立歩行の開始を基礎にした基本的な運動パターンが修得される時期（１〜２歳），②いくぶん運動の協調ができるようになり運動経験も増大するが，まだ全体としては不安定な時期（３〜４歳），③それまでに得られたさまざまな運動レパートリーについて，より上手に，より安全に，安定した運動のコントロールができるようになる時期（５〜６歳）といった発達をたどる（松浦義行, 1982）。また運動機能は，**全身運動機能**と**微細運動機能**の２つに大別でき，幼児期には，いずれの運動機能も急速な発達をとげる。具体的な運動ができるようになる過程をまとめると**表6-1**のようになる。幼児期には，その後の基本となる全身の運動機能が出現し，顕著な発達が見られるが，手先の動作などの微細

表6−1　乳幼児の運動機能(運動能力)の発達

年　齢	目と手の協応動作	全身的運動・移動運動
0歳	・把握反射(0:1)。 ・物をつかもうとする(0:3)。 ・見た物をつかむことができる(0:5)。 ・持った物を放すことができる(0:6)。 ・必要な片方だけを動かしてつかむことができる(0:6)。 ・手の指がはたらき始める(0:7)。 ・指先でつかむような持ち方ができる(0:8)。 ・積木の上に別の積木が置ける(0:10)。 ・親指と人指指,中指が相応してつかむような持ち方ができる(0:10)。 ・つかみ方,放し方が完成する(1:0)。	・腹ばいの姿勢であごを持ち上げる(0:1)。 ・腹ばいで頭を上げる(0:2)。 ・首がすわる(0:3)。 ・支えられれば座る(0:4)。 ・あおむけに寝て頭と肩を上げる(0:5)。 ・寝返りをする(0:6)。 ・エンコができる(0:7)。 ・ハイハイが始まる(0:8)。 ・つかまり立ちができる(0:9)。 ・椅子にうまく腰かけられる(0:10)。 ・支えられて歩く(0:11)。
1歳	・スプーンで食事をする(1:6)。 ・積木を3つ積み重ねる(1:6)。 ・わしづかみでなぐり書きができる(1:6)。 ・積木を6,7個積み上げられる。	・ひとりで立ち上がる(1:0)。 ・ひとりで歩く(1:3)。 ・ころびながらも走れる(1:6)。 ・なめらかに歩ける(1:8)。
2歳	・絵本のページを1枚ずつめくられる。 ・さかさまにしないで,スプーンを口に運べる。 ・コップを片手でつかめる。 ・円形をまねられる。 ・簡単な衣類を身につけられる。 ・箱をあけられる。 ・円・正方形・正三角形を形態盤に入れられる。	・広い歩幅だが,うまく走れる。 ・数段の階段をひとりで上り下りできる。 ・低いすべり台に上り,すべれる。 ・大きなボールを蹴ることができる。 ・大きなボールを投げられる。 ・広いハシゴを1段ずつ下りられる。 ・約30cmジャンプできる。
3歳	・積木を9個積み上げられる。 ・積木を3個用いて橋を作れる。 ・キャッチボールができる。 ・スプーンからほとんどこぼさない。 ・握り箸で箸を使える。 ・水差しからつげる。 ・ボタンをはずせる。 ・靴をはける。 ・図形を模写できる。 ・直線をひける。 ・のりづけができる。 ・ハサミを使える。	・つま先立ちで歩ける。 ・目的地まで走れる。 ・階段で最下段からとび下りられる。 ・片足で立てる。 ・両足でホップできる。 ・片足で車を押せる。 ・三輪車に乗れる。 ・ブランコに立って乗れる。 ・長い階段を,ひとりで1段ずつ下りられる。 ・45〜60cmジャンプできる。 ・でんぐり返しができる。
4歳	・ハサミで曲線を切れる。 ・ハサミとのりを使って,紙で簡単なものが作れる。 ・不明確な図形や文字を書ける。 ・小さなボールをキャッチして,前方へ投げられる。 ・ひとりで着衣ができる。 ・洗顔・歯みがき・鼻かみがだいたいできる。	・疾走できる。 ・ひとりで交互に足を運んで,狭いハシゴを下りられる。 ・三輪車を上手に乗りこなす。
5歳	・高度な積木遊びができる。 ・紙を三角形に折れる。 ・四角形を模写できる。 ・小さなボールをキャッチして,側方に投げられる。 ・上手に投げられる。 ・見えるボタンならはめられる。 ・簡単なひも結びができる。 ・図形・文字・数字を模写できる。	・足をそろえて立てる。 ・スキップができる。 ・片足で10回以上ホップができる。 ・交互に足を運んで,上手に広いハシゴを下りられる。 ・ジャングルジムの上の方まで,ひとりで上れる。 ・一直線に歩ける。 ・ブランコをひとりでこげる。

出典)加藤義明・中里至正・加藤紀子編著『基礎心理学シリーズⅦ　入門乳幼児心理学』八千代出版,pp.34〜35,1989

な運動はそれに比べてゆっくりと発達する。

　運動能力の基礎となる機能には，運動に必要な筋肉の力を出す筋力，瞬間的に最大の力を出す瞬発力，一定の運動を持続させる持久力，身体や関節の柔らかさを示す柔軟性，刺激に対し速く反応したり身体の位置を速やかに変換する敏捷性，身体のバランスを維持する平衡性，刺激に応じて動作をしたり2つ以上の身体部位の同時的運動を統合する調整力，巧緻性，リズム感などがある。これらが走る，跳ぶ，投げるといった基礎的運動能力，さらには各種スポーツ活動の基礎となるが，とくに幼児期には，運動能力の発達は調整力の発達に支えられている。発達的には，幼児期から児童期にかけて，柔軟性や，神経系の働きと深い関係のある敏捷性・平衡性・調整力の発達が著しい。筋力や瞬発力や持久力は児童期以降になって発達する。したがって幼児期の運動に「より速く」「より力強く」「より正確に」を求めるのは適切ではなく，「いかに安全に」，また「安定して」「どれだけ多くの」運動を行なうことができるか，ということを十分考慮する必要がある。

2 現代における保育の課題

　幼児の運動能力の時代推移については，1966（昭和41）年以降40年以上にわたる全国規模の調査が行われており，1980年代半ばから1990年代半ばにかけて幼児の運動能力は有意な低下がみられ，2002（平成14）年と2008（平成20）年には低下した水準のままで推移していること（森ら，2010），また幼児期にみられるこの傾向は，文部省（文部科学省）が報告している小学生の時代推移と同様であり（近藤・杉原，1999），子どもの運動能力低下は，すでに幼児期からの問題であることが指摘されている。

　森ら（2018）は，全国106か所の幼稚園・保育所・こども園の4・5・6歳児の男児3,931人，女児3,754人の合計7,685人とその保護者を対象に実施した運動能力検査結果から以下のことを報告している。運動能力の発達傾向としては，全体的に直線傾向を示しているものの，2008年と2016（平成28）年の記録を年齢段階別に比較すると，①男児では「テニスボール投げ」で6歳後半を除くすべての年齢段階で2008年の記録を有意に下回り，投げる能力の低下が認められる一方で，5歳前半から6歳前半の間で「往復走」の記録は2008年に比べて有意に上回っていたこと，②性差に関しては，「ソフトボール投げ」「テニスボール投げ」「立ち幅跳び」では男児の方がすべての年齢段階で，「25m走」でも4歳前半を除く年齢段階で男児の方が女児よりも記録が有意に優れ，走跳投についてはこれまでの調査と同様の性差が確認されたこと，③「捕球」に関しても，4歳前半と6歳後半を除いた年齢段階で男児のほうが有意に優れていたが，「体支持持続時間」ではすべての年齢段階で，「両足連続跳び越し」でも4歳後半を除いて性差はみられなかった（**表6−2，6−3**）。

表6－2　2016年と2008年の平均・標準偏差および比（男児）

種目	年齢	月齢平均	今回（2016年）			前回（2008年）			平均差（t-test）
			平均	ＳＤ	（人数）	平均	ＳＤ	（人数）	今回－前回
25m走 （秒）	4歳前半	51.62	7.81	1.22	(131)	8.11	1.03	(601)	-0.30*
	4歳後半	56.86	7.31	1.12	(687)	7.33	0.87	(986)	-0.02
	5歳前半	62.47	6.89	0.98	(889)	6.92	0.82	(1,126)	-0.03
	5歳後半	68.53	6.46	0.81	(863)	6.48	0.69	(1,125)	-0.02
	6歳前半	74.32	6.18	0.74	(808)	6.19	0.71	(1,160)	-0.01
	6歳後半	78.63	5.97	0.79	(173)	6.12	0.61	(235)	-0.15*
往復走 （秒）	4歳前半	51.48	9.85	1.20	(21)	10.29	1.52	(60)	-0.44
	4歳後半	56.44	9.07	1.25	(57)	9.38	0.95	(83)	-0.31
	5歳前半	62.63	8.77	1.26	(60)	9.29	2.07	(103)	-0.52*
	5歳後半	68.70	7.80	1.09	(77)	8.48	0.69	(133)	-0.68**
	6歳前半	74.78	7.37	1.05	(59)	8.07	0.63	(115)	-0.70**
	6歳後半	78.42	7.98	1.32	(12)	7.85	0.70	(36)	0.13
立ち幅跳び （cm）	4歳前半	51.62	76.7	17.8	(150)	76.3	19.5	(660)	0.4
	4歳後半	56.81	85.2	19.4	(743)	86.5	19.5	(1,077)	-1.3
	5歳前半	62.49	94.6	18.9	(951)	93.0	20.0	(1,223)	1.6
	5歳後半	68.54	103.3	19.4	(956)	103.1	18.6	(1,258)	0.2
	6歳前半	74.34	110.8	19.0	(880)	111.4	18.5	(1,277)	-0.6
	6歳後半	78.61	117.5	20.7	(192)	113.8	19.5	(272)	3.7
ソフトボール投げ （m）	4歳前半	51.24	3.5	1.2	(29)	3.3	1.5	(198)	0.2
	4歳後半	56.98	4.0	1.7	(229)	4.3	1.8	(370)	-0.3*
	5歳前半	62.48	4.6	2.0	(320)	5.2	2.1	(446)	-0.6**
	5歳後半	68.54	5.8	2.3	(361)	6.1	2.4	(489)	-0.3
	6歳前半	74.45	6.8	2.6	(383)	7.1	2.8	(494)	-0.3
	6歳後半	78.56	7.7	3.1	(84)	7.7	2.7	(105)	0.0
テニスボール投げ （m）	4歳前半	51.68	3.8	1.4	(124)	4.1	1.7	(460)	-0.3*
	4歳後半	56.76	4.8	2.0	(511)	5.2	2.2	(696)	-0.4**
	5歳前半	62.49	5.8	2.3	(632)	6.1	2.6	(779)	-0.3*
	5歳後半	68.55	6.8	2.6	(603)	7.2	2.9	(765)	-0.4**
	6歳前半	74.28	8.1	3.2	(519)	8.8	3.6	(775)	-0.7**
	6歳後半	78.61	9.1	3.0	(110)	9.1	3.8	(167)	0.0
両足連続跳び越し （秒）	4歳前半	51.62	8.20	3.16	(149)	8.14	3.05	(581)	0.06
	4歳後半	56.81	7.25	2.66	(725)	6.89	2.68	(929)	0.36**
	5歳前半	62.50	6.36	2.29	(935)	6.38	2.15	(1,044)	-0.02
	5歳後半	68.54	5.70	1.55	(947)	5.72	1.70	(1,058)	-0.02
	6歳前半	74.33	5.34	1.43	(878)	5.25	1.39	(1,081)	0.09
	6歳後半	78.61	5.06	0.93	(193)	5.03	1.10	(220)	0.03
体支持持続時間 （秒）	4歳前半	51.59	19.0	20.2	(152)	18.2	18.0	(657)	0.8
	4歳後半	56.82	23.4	23.1	(742)	24.1	20.8	(1,055)	-0.7
	5歳前半	62.49	31.3	27.5	(949)	33.8	28.5	(1,211)	-2.5*
	5歳後半	68.54	42.3	34.4	(936)	44.8	33.7	(1,231)	-2.5
	6歳前半	74.34	54.0	41.0	(844)	57.7	40.3	(1,250)	-3.7*
	6歳後半	78.63	60.7	45.3	(185)	64.1	42.7	(248)	-3.4
捕球 （回）	4歳前半	51.48	3.0	2.6	(143)	3.1	2.6	(661)	-0.1
	4歳後半	56.87	4.3	3.0	(719)	4.2	2.8	(1,045)	0.1
	5歳前半	62.49	5.5	3.0	(922)	5.5	3.0	(1,219)	0.0
	5歳後半	68.53	6.6	2.8	(918)	6.7	2.8	(1,223)	-0.1
	6歳前半	74.35	7.7	2.5	(854)	7.7	2.5	(1,252)	0.0
	6歳後半	78.60	8.1	2.5	(182)	8.0	2.4	(248)	0.1

* $p<0.05$ ** $p<0.01$

出典）森司朗ほか「幼児の運動能力の現状と運動発達促進のための運動指導及び家庭環境に関する研究」2018

表6−3 2016年と2008年の平均・標準偏差および比（女児）

種目	年齢	月齢平均	今回（2016年）			前回（2008年）			平均差（t-test）
			平均	SD	（人数）	平均	SD	（人数）	今回−前回
25m走 （秒）	4歳前半	51.61	8.00	0.97	(144)	8.44	1.21	(608)	-0.44**
	4歳後半	56.95	7.62	1.07	(676)	7.57	0.99	(927)	0.05
	5歳前半	62.48	7.09	0.88	(827)	7.15	0.83	(1,074)	-0.06
	5歳後半	68.50	6.67	0.70	(843)	6.66	0.68	(1,070)	0.01
	6歳前半	74.31	6.40	0.90	(745)	6.38	0.59	(1,078)	0.02
	6歳後半	78.65	6.17	0.60	(160)	6.30	0.57	(225)	-0.13*
往復走 （秒）	4歳前半	51.47	10.00	1.77	(19)	10.58	2.22	(80)	-0.58
	4歳後半	56.91	9.57	1.37	(53)	10.07	2.07	(93)	-0.50
	5歳前半	62.40	9.05	1.36	(67)	9.26	1.09	(102)	-0.21
	5歳後半	68.87	8.46	1.25	(68)	8.66	0.73	(94)	-0.20
	6歳前半	74.73	7.60	1.27	(62)	8.51	0.73	(104)	-0.91**
	6歳後半	78.21	8.11	1.32	(19)	8.36	0.64	(26)	-0.25
立ち幅跳び （cm）	4歳前半	51.61	72.4	17.3	(161)	71.7	17.8	(697)	0.7
	4歳後半	56.95	80.9	17.4	(730)	79.7	17.7	(1,035)	1.2
	5歳前半	62.46	88.5	16.8	(899)	86.0	18.3	(1,181)	2.5**
	5歳後半	68.53	95.9	17.4	(921)	96.0	17.1	(1,170)	-0.1
	6歳前半	74.33	104.3	18.4	(811)	102.8	16.1	(1,188)	1.5
	6歳後半	78.60	107.2	18.5	(181)	102.5	17.2	(250)	4.7**
ソフトボール投げ （m）	4歳前半	51.92	2.4	0.8	(26)	2.4	0.9	(206)	0.0
	4歳後半	56.90	3.0	1.0	(225)	3.1	1.1	(348)	-0.1
	5歳前半	62.56	3.7	1.2	(281)	3.6	1.3	(418)	0.1
	5歳後半	68.63	4.1	1.2	(330)	4.2	1.3	(455)	-0.1
	6歳前半	74.46	4.6	1.6	(340)	4.8	1.6	(464)	-0.2
	6歳後半	78.45	5.0	1.5	(77)	5.0	1.7	(82)	0.0
テニスボール投げ （m）	4歳前半	51.53	3.0	1.1	(138)	3.1	1.1	(479)	-0.1
	4歳後半	56.98	3.7	1.2	(504)	3.8	1.3	(675)	-0.1
	5歳前半	62.45	4.2	1.3	(617)	4.3	1.4	(758)	-0.1
	5歳後半	68.48	4.9	1.6	(602)	4.9	1.6	(707)	0.0
	6歳前半	74.26	5.8	1.9	(502)	5.7	1.8	(711)	0.1
	6歳後半	78.68	6.2	1.9	(109)	5.6	1.7	(165)	0.6**
両足連続跳び越し （秒）	4歳前半	51.60	8.27	3.94	(162)	8.17	2.80	(618)	0.10
	4歳後半	56.96	6.99	2.30	(721)	6.93	2.22	(880)	0.06
	5歳前半	62.47	6.30	1.83	(895)	6.40	1.89	(1,046)	-0.10
	5歳後半	68.53	5.74	1.44	(911)	5.63	1.27	(991)	0.11
	6歳前半	74.33	5.42	1.36	(801)	5.35	1.18	(1,028)	0.07
	6歳後半	78.59	5.05	0.83	(182)	5.21	0.90	(206)	-0.16
体支持持続時間 （秒）	4歳前半	51.60	16.6	17.5	(162)	16.6	16.7	(684)	-0.1
	4歳後半	56.95	23.7	22.4	(729)	26.8	22.8	(1,005)	-3.1**
	5歳前半	62.46	32.2	30.4	(898)	31.9	26.5	(1,150)	0.3
	5歳後半	68.52	41.7	32.4	(902)	45.2	34.2	(1,130)	-3.5*
	6歳前半	74.31	52.7	40.9	(775)	53.8	39.0	(1,136)	-1.1
	6歳後半	78.61	62.0	42.0	(177)	54.0	36.2	(232)	8.0*
捕球 （回）	4歳前半	51.51	2.4	2.2	(151)	2.8	2.5	(685)	-0.4
	4歳後半	57.02	3.8	2.8	(698)	3.9	2.8	(1,005)	-0.1
	5歳前半	62.52	5.0	2.9	(869)	4.8	2.9	(1,154)	0.2
	5歳後半	68.51	6.0	2.9	(889)	6.1	2.8	(1,134)	-0.1
	6歳前半	74.35	7.3	2.5	(789)	7.2	2.5	(1,145)	0.1
	6歳後半	78.60	7.8	2.3	(184)	7.6	2.5	(232)	0.2

* p<0.05 ** p<0.01

出典）森司朗ほか「幼児の運動能力の現状と運動発達促進のための運動指導及び家庭環境に関する研究」2018

子どもの運動能力の低下が明らかにされたのに対して，文部科学省は**幼児期運動指針**[*1]を策定し（文部科学省，2012），保育現場や家庭だけでなく教育委員会等自治体レベルでの取り組みが活発に行われるようになった。時代推移をみると，こうした活動の効果を反映して，全体としては徐々に増加傾向を示しているものの，幼児の運動能力そのものは1986（昭和61）年の結果と比較するとまだ低い位置にあり（**図6-3**），さらなる取り組みの必要性があると言える。

＊1 幼児期運動指針ガイドブック（文部科学省）

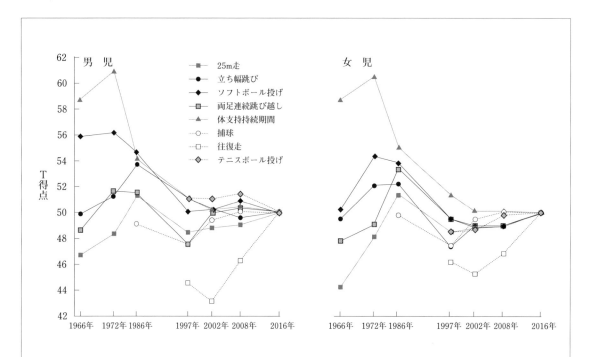

出典）森司朗ほか「幼児の運動能力の現状と運動発達促進のための運動指導及び家庭環境に関する研究」2018

図6-3　T得点で表した幼児の運動能力の時代推移

では，幼児期にはどのような運動をすることが必要なのだろうか。杉原らは，運動指導を多く行っている園ほど幼児の運動能力が低いことを報告した（杉原ら，2004, 杉原ら，2010）が，運動指導のあり方に関してさらなる確証を得るために，同一の幼児を対象に1年後の幼児の運動能力の伸び率について検討を行った（森ら，2018）。その結果，縦断的にみても運動指導をしていない園の幼児のほうが運動指導をしている園の幼児よりも伸び率が高いことが明らかになった（**図6-4**）。つまり，運動指導に取り組んでいる多くの幼稚園において，その指導の効果が認められない傾向があることを示している。したがって，運動指導について考える際，幼児期にふさわしい運動経験を保障するためには，単に活動の機会を

増やすだけでなく，どのような活動をどのように経験させるかが問題になると言える。

　幼児期運動指針では，「幼児は，様々な遊びを中心に，毎日合計60分以上，楽しく体を動かすことが大切です」とし，保育現場では，①多様な動きが経験できるようにさまざまな遊びを取り入れる，②楽しく体を動かす時間を確保する，③発達の特性に応じた遊びを提供する，ことがポイントとなることを提起している。保育現場で実践に工夫が求められる。

　野井ら（2020）は，保育・教育現場で実感されている子どもの"からだのおかしさ"の調査を1978（昭和53）年からほぼ5年ごとに行なっている。2020（平成2）年の調査結果をみると，保育所，幼稚園では「保育中，じっとしていない」（保育所：76.8％，幼稚園：70.7％）が，小学校，中

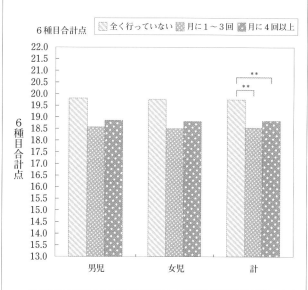

出典）森司朗ほか「幼児の運動能力の現状と運動発達促進のための運動指導及び家庭環境に関する研究」2018

図6−4　平成29年度の運動指導頻度による運動能力の比較（調整後の推定平均値）

学校，高等学校では「ネット・ゲーム依存傾向」（小学校：78.4％，中学校：78.5％，高等学校：77.1％）が，それぞれ第1位である（**表6−4**）。「保育中，じっとしていない」が1位になるのは調査開始以来はじめてのことであり，「ネット・ゲーム依存傾向」は，今回の調査で新たに追加された項目だという。また，"最近増えている"と"変わらない"を合算した回答率のワースト10（**表6−5**）では，すべての施設・学校段階に共通して「アレルギー」が入り（保育所8位：90.4％，幼稚園7位：88.0％，小学校3位：98.2％，中学校3位：96.9％，高等学校1位：97.8％），保育所以外ではADHDの傾向も入っている（幼稚園5位：89.3％，小学校4位：61.6％，中学校8位：55.0％，高等学校6位：55.3％）。

　さらに，これらの結果をもとに，子どもの"からだのおかしさ"の事象（22項目）について，その事象から予想される問題（実体）ならびに関連するからだの機能を検討し，前頭葉機能（13項目），自律神経機能（10項目），睡眠・覚醒機能（13項目）といった「神経系」の問題に集約されることを指摘し，その理由を2つの点から考察している。

表6−4 「最近増えている」という実感の回答率・ワースト10

保育所 (n=125)		幼稚園 (n=75)		小学校 (n=445)		中学校 (n=260)		高等学校 (n=188)	
1. 保育中, じっとしていない	76.8	1. 保育中, じっとしていない	70.7	1. ネット・ゲーム依存傾向	78.4	1. ネット・ゲーム依存傾向	78.5	1. ネット・ゲーム依存傾向	77.1
2. AD/HD 傾向	64.0	2. 背中ぐにゃ	60.0	2. 視力が低い	76.4	2. 不登校	74.6	2. アレルギー	69.1
3. 背中ぐにゃ	62.4	2. 発音が気になる	60.0	3. アレルギー	67.0	3. 視力が低い	72.7	3. 頭痛を訴える	68.6
4. 夜, 眠れない	60.0	2. アレルギー	60.0	4. AD/HD 傾向	61.6	4. 頭痛を訴える	68.1	4. うつ傾向	61.2
5. 絶えず何かをいじっている	59.2	5. オムツがとれない	58.7	5. 授業中, じっとしていない	57.5	5. アレルギー	66.9	5. 夜, 眠れない	59.0
6. 周りの刺激に過敏	56.8	6. ネット・ゲーム依存傾向	57.3	6. 背中ぐにゃ	56.6	6. OD 傾向	66.2	6. AD/HD 傾向	55.3
7. 皮膚がカサカサ	56.8	7. 自閉傾向	54.7	7. すぐ「疲れた」という	50.3	7. 夜, 眠れない	65.0	7. OD 傾向	54.3
8. 床にすぐ寝転がる	56.0	8. AD/HD 傾向	53.3	7. 自閉傾向	50.3	8. AD/HD 傾向	55.0	8. 視力が低い	51.6
9. 発音の仕方が気になる	55.2	9. 皮膚がカサカサ	48.0	9. 不登校	50.1	9. すぐ「疲れた」という	54.2	9. 平熱36度未満	51.1
10. すぐ「疲れた」という	54.4	10. 便が出なくて困っている	46.7	10. 周りの刺激に過敏	49.4	10. 朝, 起きられない	54.2	10. すぐ「疲れた」という	50.5

注 表中の数値は%を示す。
出典) 野井真吾ほか『子どもの"からだのおかしさ"に関する保育・教育現場の実感』「日本教育保健学会年報第29号」2022年3月

表6−5 「最近増えている」と「変わらない」という実感の回答率の合算・ワースト10

保育所 (n=125)		幼稚園 (n=75)		小学校 (n=445)		中学校 (n=260)		高等学校 (n=188)	
1. 保育中, じっとしていない	98.4	1. 発音が気になる	92.0	1. 視力が低い	99.5	1. 視力が低い	99.2	1. アレルギー	97.8
1. 皮膚がカサカサ	98.4	2. 保育中, じっとしていない	90.7	2. AD/HD 傾向	98.5	2. 頭痛を訴える	98.1	2. 腹痛を訴える	96.8
3. 発音が気になる	95.2	2. 皮膚がカサカサ	90.7	3. アレルギー	98.2	3. アレルギー	96.9	2. 頭痛を訴える	96.8
4. 噛まずに飲み込む	93.6	2. 自閉傾向	90.7	4. 背中ぐにゃ	94.6	4. AD/HD 傾向	95.0	4. 視力が低い	95.7
5. 朝からあくび	92.0	5. 背中ぐにゃ	89.3	5. ネット・ゲーム依存傾向	94.4	4. ネット・ゲーム依存傾向	95.0	5. 休み明けに体調不良	95.2
6. 周りの刺激に過敏	91.2	5. AD/HD 傾向	89.3	6. 皮膚がカサカサ	93.2	6. 腹痛を訴える	93.8	5. 平熱36度未満	95.2
6. 便が出なくて困っている	91.2	7. アレルギー	88.0	7. 自閉傾向	92.1	7. 不登校	93.1	5. AD/HD 傾向	95.2
8. 絶えず何かをいじっている	90.4	8. 体が硬い	86.6	8. 頭痛を訴える	91.7	8. 朝, 起きられない	92.7	8. ネット・ゲーム依存傾向	94.7
8. 背中ぐにゃ	90.4	9. 朝からあくび	85.4	9. 腹痛を訴える	91.5	8. 夜, 眠れない	92.7	8. OD 傾向	94.7
8. アレルギー	90.4	10. つまずいてよく転ぶ	85.3	10. 症状を説明できない	91.3	10. すぐ「疲れた」という	92.3	10. 朝, 起きられない	94.1
						10. 自閉傾向	92.3	10. 夜, 眠れない	94.1

注 表中の数値は%を示す。
出典) 野井真吾ほか『子どもの"からだのおかしさ"に関する保育・教育現場の実感』「日本教育保健学会年報第29号」2022年3月

　1つは，新型コロナウィルス感染症禍における生活の変化である。この間に行われた調査では，コロナ休校中の子どもたちのスクリーンタイムの増加や外出自粛の反映とも考えられる身体活動日数の減少が確認されていること，また，休校中は，就床時刻，起床時刻が遅い様子，精神症状の訴えが多い様子，さらには，

臨時休校を含む自粛生活の中で肥満・肥満傾向や視力不良が増加した様子も報告されているという。本来子どもは群れて育つものであり，遊びや運動など身体活動はとても大切である。それが制限される状況下では，「ネット・ゲーム依存傾向」「視力が低下」「朝，起きられない」「夜，眠れない」だけでなく，「保育・授業中，じっとしていない」子どもたちが増えても不思議ではないだろう。

　２つ目は，2017（平成29）年３月に告示された「新指針・要領」において，従来の５領域（健康，人間関係，環境，言葉，表現）に加えて，「幼児期の終わりまでに育ってほしい姿（10の姿）」として「幼児教育」で育つ力が具体的に提示されたことが保育現場に及ぼした影響である。低年齢の子どもはそもそもじっとしておらず，落ち着きがないと捉えると，保育所や幼稚園のワースト10で「保育中，じっとしていない」や「AD/HD傾向」が高い位置にあるのは意外な結果ともいえる。野井ら（2001）は，「体力つくり」に関する実践報告を分析し，学習指導要領において「体力つくりの体育」が強調されていた時代にはトレーニング型の実践が多く，「もっと楽しい体育」が強調されるようになるとスポーツ文化型の実践が台頭しはじめるとの結果を示し，各時代の実践がその時々の学習指導要領に影響されていることを指摘しているが，同様に，本来，教育課程を編成し直すための事後的な省察の視点として示された10の姿が，育まれるべき"10の能力"と化し，保育実践のねらい・目標と誤って捉えられているという。このような場合，「保育中，じっとしていない」や「AD/HD傾向」のように，10の姿から逸脱する子どもたちが目についてしまうのだろうと推測している。

　なお，野井ら（2022）は，1990（平成２）年調査以降，施設・学校段階を問わず"最近増えている"のワースト10に位置し続けてきた「すぐ『疲れた』という」の回答と関係して，社会・情動的能力の発達について気になる点を指摘している。今回「すぐ『疲れた』という」については，中学校を除く施設・学校段階では**表６−５**のランキングには見られないが，"減っている"わけではないこと，また自由記述欄では「だるい・疲れた・面倒くさいが口癖のようになっている子どもが増えた」「自分のために頑張れる子どもが少ない」「外に出たがらず運動したがらない」「すぐに面倒くさいと言い，諦めてしまう」のように，無意欲，無気力，無関心，やる気のなさ，活気のなさに関連した記述を多数確認できたという。つまり，現時点でワースト10に入るわけではないが，実態をみると「面倒くさがって，何もやりたがらない」（保育所：27.2％，幼稚園：18.7％，小学校：38.9％，中学校：44.2％，高等学校：45.7％）と幼児期においても気になる姿は少なくない。こうした姿を増やさないようにするためにも，子どもが仲間と楽しく，工夫しながら遊ぶ体験を増やすことが求められる。

4. 認知の発達

⬛1 幼児期の認知の特徴

　人間は，自分を取り巻く環境からさまざまな情報を取り入れ，それを処理し，適切な行動を行なっている。こうした心理的過程を総称して「**認知**」と呼ぶ。乳児期の感覚運動的な認知の仕方は，いわば，「いま」，「目の前にある」ものの世界であったが，幼児期になると，「いま」「目の前にないもの」をイメージとして思い浮かべ，「いま」「目の前にある」別のもので見立てる**象徴機能**が形成され，表象による認知の段階にはいる。

　このように，目の前の対象やそれに働きかける活動を，それと一定の関係をもつ代用物で内的に表現することや表現されたものを**表象**といい，身ぶりや動作による**行為的表象**，イメージによる**映像的表象**，言語や記号による**象徴的表象**に分けられる。

　例えば幼児期には，小石をあめ玉に見立てるように，あるものを他のものや自分の動作に代理させるのに，象徴（シンボル）を使用した「**象徴遊び**」が見られるが，この象徴遊びの変化を追ってみると，象徴の働きの発達が理解しやすい。

　象徴遊びの典型的なものは「**ごっこ遊び**」であるが，その始まりは，枕を連想させるようなフリルのついた布を，枕カバーのフリルとの見た目の類似性から枕に見立てて頭を寄せ，眠るふりをするような「**ふり遊び**」である。その後の象徴遊びの発達の過程をみると，母親のコートの衿やゴム製のロバのしっぽを枕に見立てて眠るふりをするようになったり，木の葉をお金に見立てて，仲間とお店やさんごっこをするようになったりする。木の葉はお金の代わり，すなわちお金を表すシンボルであり，表すもの（木の葉）と表されるもの（お金）との間には知覚的な類似が必要だが，さらに段階が進むと，シンボルは文化的・社会的に決められた言葉などの記号となり，日本語のリンゴは英語では apple であるように，言語の体系が異なれば表記も異なる。

　このように幼児の認知のあり方は，乳児期の感覚運動的段階と大きく異なるとともに，大人に見られる抽象的・概念的認知とも異なり，**子ども独自の捉え方**をしている。

⬛2 ピアジェの発達理論

　ピアジェの発達理論[*1]は，子どもの思考の発達を理論化したものとして知られている（**表6-6**）。彼は，各発達段階は階段を上っていくようにはっきりしており，各段階の子どもは質的に異なる考え方をすると考えている。1970年代以降，人間の能力は，日常生活の中の他者やさまざまなものとの相互交渉のネットワー

＊1　第2章 p.19 参照。

表6－6 ピアジェの思考の発達段階

期	年齢	段階	下位段階	年齢	内容
I期	0歳〜2歳	感覚運動的段階			感覚と運動とを組み合わせることにより，外界に対応していく時期。この時期の赤ちゃんは，吸う，なめる，触る，つかむ，叩く，見るなどによって外界を知る。
II期	2歳〜7歳	前操作的段階	象徴的思考段階	2歳〜4歳	表象が形成され，見ていたものが隠されてもそれがなくなるわけではないというものの永続性が理解される時期。この時期の子どもは目の前にないものを思い描くことができ，母親が見えなくてもやがて戻ってくるとわかって泣かずに待てる。ごっこ遊びをする。
			直観的思考段階	4歳〜6・7歳	見た目に左右された考え方をし，背後にある本質には考えが及ばない時期。この時期の子どもは，細いコップの水を太いコップに移すと水の量が減り，再び細いコップに移すと水の量は増えたと考える。水位が下がったり上がったりしたという，見た目に左右されてしまう。また，位置によって，他の人からの見え方と自分の見え方が異なることを理解していない。
III期	7歳〜11歳	具体的操作段階			具体的事物や活動に助けがあれば，見た目に左右されずに考えることができる時期。この時期の子どもは，コップの形に左右されずに，移し替えられた水は水位が変わっても水の量は変わらないこと（保存の概念）がわかる。
IV期	11歳〜	形式的操作段階			論理的な思考ができる時期。この時期の子どもは，頭の中で1つずつ考えて具体的操作を確かめるだけでなく，言葉だけで考えることもできる。

出典）岡本夏木「ピアジェ，J」『発達の理論をきずく』ミネルヴァ書房，1986などをもとに筆者が作成

クに埋め込まれたもので，活動の文脈，他人の援助の有無などで発揮される能力は異なるという「社会・文化的アプローチ」からさまざま追試が行なわれ，子どもの能力は以前に考えられてきたよりもはるかに高い（シーガル，M., 1991）などの批判も数多くなされている。しかし彼の理論は子どもの認知の特徴と発達の順序性をよく捉えている。ピアジェによれば，幼児期全体は**前操作的段階（前操作期）**と呼ばれ，次の2つの段階に分けられる。

（1）象徴的思考（前概念的思考）：2〜4歳

2歳を過ぎるとイメージを用いた**象徴的活動**が盛んになり，積木を電車に見立

て電車ごっこをしたり，自分がお母さんになり，木の葉を皿に，砂だんごをごちそうに見立ててままごとをして遊ぶなど，ごっこ遊びをする姿が多く見られる。また，意味するもの（積木）と意味されるもの（電車）が分化すると，言葉の獲得が急激に行なわれ，目の前にないもののイメージを言葉で捉えることもできるようになる。

　しかし，この時期の幼児が用いる言葉は大人の言葉とかなり違う特徴をもっている。子どもの言葉や意味を支えているものは，**子ども1人ひとりがいだくイメージ**であり，例えば「ワンワン」といっても自分が知っているイヌ（家で飼っているポチ）を思い浮かべていたり，逆に，ネコやトラなど，その子がイヌと同類とみなす動物に対して，すべて「ワンワン」という言葉を用いたりする。大人のように，あらゆるイヌに共通した特徴を捉えて，一般化して形成された概念として「ワンワン」という言葉を使っているわけではないので「**前概念**」という。

（2）直観的思考：4〜6・7歳

　この時期になると，言葉の発達に伴って概念が進み，ものを分類したり関連づけることがかなりできるようになる。しかし，イメージが表象の中心になっているので，推理や判断は**知覚的印象**すなわち**直観**に頼る傾向がある。そのため，同じ量，数，重さ，長さであっても，視覚的な違いにより，誤った判断をすることが多い。

　例えば，形も大きさも同じ2つの容器に同量の水を入れ，子どもに同じであることを確かめた後に，一方の容器の水を細長い容器に移し替えると，「こっちのほうが背が高いから多い」と答えたり「これはやせているから前よりも少ない」と答えたりする。このように，判断がとくに本人にとって知覚的に際だって見える特徴によって左右されてしまう。

（3）幼児期の認知におけるイメージの役割

　前操作的段階にはいると，イメージの発達に伴い象徴遊びが盛んに行なわれるとともに，子どもは何かを描こうとするようになる。2歳前後からなぐり描きが始まるが，次第に自分がいだいているイメージを描画で表現しようとし，ぐるぐると円をなぐり描きしたものを電車と言ったり，イヌと言ったりする。また4歳頃になると，頭足人と呼ばる顔から手足の出た人物表現から，次第に四角形・三角形などを描くようになり，その後人物画では胴体が描かれたり，手足にも動きが出てくる。

　この時期の描画は図式画と呼ばれ，子どもは，何かを描こうという意図をもってその対象を描くが，花や人などの表現の仕方がある一定の決まった型で繰り返し描かれる。しかも子どもは見えるように描くのではなく，自分が「知っていること」や感じたことを描く「**知的写実性**[*1]」の特徴がある（リュケ，Luguet, G.H,

1979）。また1枚の用紙に複数の場面を描くならべ描き，乗り物や建物の中まで描くレントゲン画の表現もよく見られる。

　このような表現になる理由としては，イメージの不完全さや運動技能の未熟さなどが考えられているが，いずれにせよ描画は，視覚と手指の微細運動との協応動作による表現活動であり，認知機能が大きく影響している。

　描画など，結果がはっきり形になって現れる活動では，子どもは自分のイメージ通りに描けずに苦手意識をもったり，まわりの友だちの絵と比べて，自分は絵が下手だと思い込んでしまうこともあり得る。このような場合，その子どもなりの表現をしっかりと認めるとともに，子どもの経験したイメージを言葉にして引き出すような援助が必要となろう。

　この時期の子どもは，ものの表面的な特徴にとらわれ，見た目に左右されやすいという特徴をもつが，その一方で，イメージの世界では，いくつかの事物を同時に思い浮かべたり，出来事の時間的順序や事物の空間的配置などを思いのままに並べ替えたり，想像することができる。したがって，子どものごっこ遊びや絵の中のお話に空間的・時間的広がりも出るなど，イメージを利用することによって，子どもの心的世界は飛躍的に拡大する。

３ 幼児期の子どもの世界（客観的な世界の捉え方）

　これまでみてきたように，幼児期の子どもが自分のまわりの世界を理解する際の特徴は，子どもがつねに「**自分**」と結びつけて，すなわち自分自身の経験や知覚や行為を基準として主観的に判断するところからきている。これは，子どもは自分以外の他者の視点や立場が存在することに十分気づいておらず，すべてを自分の視点からのみ考えてしまい，視点を変えたり他人の立場に立って考えることができにくい状態にあるためであり，このような子どもの特徴をピアジェは「**自己中心性**」と名づけた。ここでは，子どもたちの言葉を例にしながら，自己中心性が示す子どもの世界を考えよう。

（1）アニミズム（animism）

　葉っぱが強い風に吹かれるのを見て「はっぱのうんどうかいだ」と言ったり，「なみがね，おおきなくちあけてね，ぼくをたべようとしたんだよ」と言うなど，子どもは，動きのあるものや活動しているものはすべて生きていると捉えたり，石や机など無生物にも人間と同じように生命や意志，感情があると捉えたりする。これが**アニミズム**である。発達的には①すべてのものに，②動くすべてのものに，③自力で動くものだけに，④動物や植物だけに，生命や意識がある，という4つの段階がある。これは自分と自分以外のものや人との間が十分に分化していないためである。チューリップの花が風に揺れているのを見て「おはなが　わらって

いる」というように**相貌的知覚**[*1] が生じるのも同じ理由による。

（2）実念論（realism）

　自分が見たり聞いたり考えたりしたものは，すべて実際にあるという考え方をいう。夢で見たことをほんとうに起こったことだと思ったり，おばけの話を聞いて怖くて1人でトイレに行けなくなるなどがこれにあたる。仲真紀子（2000）は，子ども自身が語る自分の体験の内容や「サンタ」「おばけ」などの想像物を子どもがどう理解しているかを分析し，「現実と空想が入り交じっていたり」「経験の中に非現実的なものが入り込むことがある」のが，3，4歳の子どもの特徴である，と述べている。

（3）人工論（artificialism）

　「おつきちゃんまんまるだね　おかあちゃん　おつきちゃん　だれ　つくったの？」と言う言葉に示されるように，外界の自然現象や事物は，すべて人間または人間と同じ能力をもつ神が作ったものと考えることをいう。

　前述のように，子どもが「自己中心的に」考える傾向があることは，判断を誤りがちにするという面がある一方で，想像力を引き出し，絵本やおとぎ話などのファンタジーの世界を心から楽しむことを可能にしているともいえる。事実，絵本の世界はアニミズムそのものであることが多い。このように，自己中心性が子どもの世界を豊かにしている側面があることも重要である。

④ もう1つの子どもの世界（心の世界の捉え方）

　子どもは自己中心的傾向があるとはいえ，自分以外の他者の視点や立場がまったく理解できないわけではない。2歳頃から，子どもは，思う，考える，知っている，夢見るなど心の世界についての言葉を話し始めるし，他の子どもが泣いているとぬいぐるみを与えて慰めようとする姿も見られる。またごっこ遊びの中では，他の子が○○になったつもりになっていることを理解でき，3歳過ぎ頃からはお互いに相手のすることを予測しながら遊びを展開していく。このように子どもは，人には何かを思い描く心やつもりの世界があるということを知っている。しかし他の人が「知っていること（信念）」によりその人の行動を予測するのは4歳頃からである。

　こうしたことを理解できるのは，「**心の理論**[*1]」をもっているからである（J.W. アスティントン,1993）が，「他者の心」の理解には「共感」がベースになっているとの考えもある。

　佐伯胖（2001）は，外界を認識する際に「共感能力」が重要であるとし，**ボーク**（Borke,H）による**三つ山課題**の実験を紹介している。三つ山課題（**図6−5**）とは，子どもがある場所（A）にいて，他の場所（B，C）に立った場合に見える

＊1　相貌的知覚：ウェルナー（Werner,H）は，人間の知覚の基本的・原始的な傾向として，外界の事物を人と共通した表情・運動（相貌的特質）をもつもの（「コップがねんねしている」など）として知覚する特徴があると考えた。

＊1　心の理論：第2章 p.26 参照。

風景を，さまざまに描かれた絵の中から選ぶというもの
で，4，5歳児は自分の場所からの「見え」になる絵を選
んでしまう。子どもが他者の視点をとることの難しさを
はっきり示す問題である。ボークは，山の代わりに子ど
もにとって馴染みのある風景にし，「そこから見たらどう
見えるか」を，自分の「見え」として再構成させるとい
う方法をとった。その結果，探索しがいのある風景で，
異なる地点からの見えを「共感的に再現する」ようにす
ると，3，4歳児でも80％以上が正答であったという。

このことから佐伯は，外界のモノやコトの判断や推論
は，「他者の身になる」という共感が，他「人」だけでな
くモノにまで拡張することで達成されるとし，「自己中心
的」な子どもの認知の特徴に新たな肯定的な意味を見出
している。

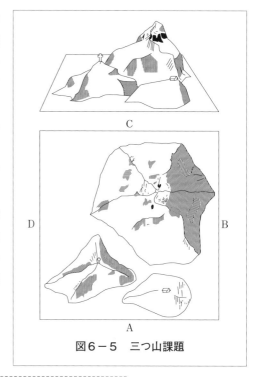

図6−5　三つ山課題

5.　言語機能の発達

言葉の機能には，伝達機能，思考機能，行動調節機能の3つがある。認知の発
達で見たように，象徴機能が形成されてから，言葉は次第に外界を認識する手段
として用いられるようになり，認知発達と密接に結びつきながらそれぞれの機能
を発達させていく。

◼1 伝達機能としての言葉（認知発達との関わり）
（1）一語発話（一語文）から二語文へ
初語（意味をもつ最初の言葉）は10カ月から1歳頃に発現し，その後しばら
くは，子どもの発話はほとんどが**一語**である。子どもがその一語に託す意味内容
はさまざまで，文章の役割を果たしていることから「**一語文**」とも言う。例えば
「パパ」という言葉は「ぼくの大好きなパパ」「パパどこにいるの？」「パパの時
計だ」など，話される場面によって多様な意味に用いられる。大人は，前後のや
りとりやその場の状況・表情・身振り・音調などから，子どもが託した意味を理
解し，適切な応答を返すことができる。

また，認知の発達で述べたように，この時期の子どもは1つの単語を大人が指
す以上の多様なものを指すのに用いる（語の汎用）ことがある。

1歳半前後から，二語をつなげた発話（**二語文**）が現れる。その多くは「オー

キイ　ブーブー（大きい自動車）」「ニュウ　ナイ（牛乳がなくなった）」のように，助詞などがない形である。また「ナシ　ドージョ（ナシをちょうだい）」「コレナニ（これは何ですか）」のように，述語が文の終わりに置かれ，文法規則も取り入れられ始める（大久保愛，1976）。

　子どもは，大人との言語的やりとりや，テレビを見たり絵本を読み聞かせられたりする中で語彙を習得する。同時に子ども自身が外界のさまざまな事柄に関心をもち，大人に対して質問することによって語彙も増加する。これを**質問期**という。1歳半頃には，ものには名前があることを知り（**命名期**）「これなに？」と盛んに質問する。2歳半を過ぎ，ものごとの理解が進んで自分なりの考えをもつようになると，自分の理解と現実とのズレに対する興味や疑問が生じ，「なぜ？」「どうして？」という質問に変わる。

（2）多語文

　2歳頃になり，いくつかの経験を関連づけて捉えたり，話す内容を記憶しておけるようになると，子どもは三語以上つなげた文（**多語文**）を話し始める。2歳半頃には品詞が出そろい，助詞や接続詞「～ダカラ～ダ」を用いるようになるなど，自分なりに出来事と出来事の関係を捉えて話すようになる。3歳頃には，不十分ながら時間概念もできるので「きのう」「きょう」「あした」といった語を用いたり，他者との約束などができるようになる。こうして基本的な文章構造は3歳頃にはできあがる。4歳になる頃には，日常生活に支障のないくらいの語彙と文法構造を獲得し，相手が話しているときには自分は聞く側にまわるという会話における役割交代もできるようになって，1つの話題についてかなり長く話せるようになる。

（3）大人の役割

　伝達機能でもっとも大切な働きは，思いや考えを互いに伝え合い，わかり合おうとすることにある。子どもは自ら話し出す前に大人の言うことがわかる。しかし，それは，大人が目の前にいて，言葉が話される状況や身振り，視線などを手がかりにできるからこそ可能なのである[*1]。大人もまた，子どもの言葉を同様にして理解する。とくに初期の子どもの発話は，間違っていたり意味不明なことも多いが，まずはその自発的表現を受け止め，子どもが言わんとすることを理解し適切に対応するとともに，見本となる言葉を送り返す必要があろう。そのことが言葉の学習になるとともに，子どもは思いが伝わる喜びを味わってもっと話そうという意欲につながる。

　子どもの生活空間が広がり，大人が場面や体験を共有しないことも増えてくると，言葉のみで相手に自分の体験や思いを伝える必要性が増す。このときも，大人は子どもが伝えたいと思っている，その言葉を引き出すために，促し，ヒント，

＊1　このように，自分がよく知り合う特定の親しい相手と1対1で対面して話す場面で用いられ，話のテーマも対話場面と関係し，その文脈を支えとして，言葉の文脈としては不完全でも伝達が成立する言葉を「一次的ことば」と呼び，話し手・聞き手の役割が固定し，不特定多数の一方者に向け，場面文脈を支えとせずに一方向的に発話が展開していく際の言葉（書き言葉も含む）を「二次的ことば」と呼ぶ（岡本，1986）。第7章，p.132参照。

質問などをする。こうした大人の**援助**によって，子どもは次第に自分1人でテーマを構成しながら話せるようになる。子ども同士が互いに会話したり話し合う場合にも，同様の援助が必要となる。

2 思考機能

4，5歳頃の子どもは，遊びながら，あるいは課題に取り組みながらひとりごとを言うことが多い。これは伝達を目的として他者に向けられた言葉ではない。ピアジェは，このように集団遊びの中で子どもが発するひとりごとは，自己中心性の現れであり，6歳頃には消失すると考えた。これに対して**L.S. ヴィゴツキー**[*1]（1967）は，子どもの言葉は，そもそも他者とのコミュニケーションの手段として獲得されるとした。そしてコミュニケーションの手段としての機能をもつ言葉（**外言**）と思考の機能をもつ言葉（**内言**）に分け，ひとりごとが多く現れる2歳頃から5，6歳にかけて，コミュニケーションの機能をもつ外言と思考の機能をもつ内言に分化すると考えた。つまり，子どもはひとりごとを言いながら考えているのであり，これが6歳頃になると減少するのは，内面化して頭の中で考えられるようになるためだとした。

＊1 第2章, p.33 参照。

3 行動調整機能

言葉は，自分に向けて話すことによって自分の行動を調整する機能をもっている。ところが3，4歳の子どもは，口では「～しちゃダメだよね」と大人に確認したり，「～しちゃダメなんだよ」と仲間の行動を注意したりする一方，自分ではしてはいけないことをしてしまうことがよくある。

1，2歳頃の子どもは「積木をトントンしてごらん」と言われると指示どおりトントンと打ちつけることができるが，その途中で「止めて」と指示しても，やめることができないだけでなく，かえって激しく打ちつけてしまうことがある。3歳半頃から，大人の指示どおりに行動することができ，自分の言葉でも行動を調整し始める。

A.R. ルリヤ（1969）のゴム球押し実験によれば，3，4歳の子どもに「光がついたらゴム球を2度押しなさい」と指示し，大人が「押せ，押せ」と声をかけたり，自分で言いながら押させると2度押しに成功するが，発語をしないと反応がでたらめになる。また，「ふたつ」と言いながら押させると1度押ししかできず，意味どおりに2度押しができるようになるのは，5，6歳になってからだという。このように，言葉は，年齢とともに徐々にその意味的側面が働いて，行動を方向づけるようになり，大人の言葉がけがなくても，自分自身に向けた言葉により，自らの行動を調整できるようになっていく。

6. 対人関係の発達

1 対人関係の広がり

　ここまでみてきたように，幼児期の子どもは，運動機能の発達や言葉をはじめとする認知発達に伴い，人との関わりを家族から地域社会へと広げていく。3歳頃を境にして，幼児期の後半から本格的な集団生活を始めることになる。家族も，夫婦・親子・きょうだいと質の異なる人間関係が影響し合う小集団であるが，保育所や幼稚園は，家族よりも規模の大きな社会集団である。家族以外の大人や同年齢・異年齢集団の仲間と出会い関わることで，子どもは家庭とは異なる経験をし，社会的行動を獲得していく。

2 向社会的行動

　他者に対する思いやり行動や援助行動は，**向社会的行動**（prosocial behavior）あるいは**愛他行動**（altruistic behavior）として，1960年代以降，研究されてきた。磯村（2017）によれば，代表的研究者である**アイゼンバーグ**（Eisenberg. N., 1995）は，向社会的行動を「他人あるいは他の人々の集団を助けようとしたり，こうした人々のためになることをしようとする自発的な行動」と定義し，向社会的行動の動機や理由づけについて，保育園で自然に向社会的行動を行った子ども自身に尋ねた結果を表6－7に示す7つにまとめている。

表6－7　子どもが答えた向社会的行動の理由（動機）

理由の種類	理由の特徴	行動の例
欲求指向の理由	他者の要求に焦点を当てる	Aが欲しがったから
実際的理由	手近な課題や状況の実際的な面への注目	Aが持ってなかったから
情緒的関係の理由	援助の受け手との関係を重視	Aは友だちだから
承認指向の理由	他者の承認を得たいという願望による	Aが褒めてくれるから
快楽主義的理由	自己の快楽的願望による	怒られるのは嫌だから
直接互恵の理由	後の互恵的行動への期待による	次はAが助けてくれるから
愛他的理由	他者への共感や同情	Aが可哀そうだから

Eisenberg（1995）をもとに久保・大西が作成
出典）久保遥香・大西将史「幼児期および児童期における向社会的行動の動機に関する予備的研究」『福井大学教育実践研究 2016』第41号

　4〜5歳以前の幼児は要求指向の理由（「欲しいって言ったから」など）や実際的理由（「机が濡れていたから拭いた」など）のどちらかだけで行動の動機を述べることが多い。4〜5歳児は時には情緒的関係の理由（「Aが好きだから」など）や承認指向の理由（「僕を好きになるから」など），快楽主義的な理由（「私

が友だちにクレヨンを分けてあげると，先生が後でポップコーンを作らせてくれるだろうから」など），直接互恵の理由（「次に同じことをしてくれるだろうから」など）で向社会的行動を理由づけている。

　また，大人に向けた向社会的行動では「先生が私に言ったから」といった罰や権威による理由を挙げるのに対し，仲間に向けた向社会的行動では「その子が好きだから」といった情緒的関係の理由を多く挙げることから，向社会的行動は，子ども同士の仲間関係において，より自発的なものであり，特に年少の子どもたちは大人とのやりとりよりも子ども同士のやりとりにおいて，愛他的な自己認知を発達させる可能性が高いことを指摘している。

　さらに，4，5歳児は，他者から感情的解釈情報を提示された場合，提示を受けなかった場合よりも向社会的判断・行動を多く行うこともわかっており，他者の感情を適切に推測できず，向社会的判断・行動を示さない幼児に対して，感情解釈情報を与えることで，向社会的判断・行動の発達を促す可能性を示唆している（伊藤，1997）。

　OECDの国際調査によれば，日本の保育者と他の調査参加国の保育者には次のような差がみられる（図6−6）。①調査参加国の保育者は，社会情緒的発達を促す実践がかなり行われると回答しており，約7割の保育者は向社会的行動に関して「子どもたちが互いに助け合うよう促す」「子どもたちと気持ちについて話をする」といった実践を多く行っている。一方，遊びを組み立てる方法に関する実践では，「子どもと一緒に遊ぶとき子どもに主導権を与える」「誘われれば子どもの遊びに加わる」が非常によく当てはまると回答した保育者は5割程度と多くない。②日本では，仲間同士で助け合うような向社会的行動を促す実践が行われていると回答した保育者は5割程度とあまり多くないが，遊びを促す実践は他の参加国と同程度か高い傾向があり，「保育者は子どもの遊びに加わっているとき楽しそうにする」は78.4％と特に多い。

　この結果から，日本においては，向社会的行動を促すような，保育者の積極的な働きかけが重要であるといえよう。

3 仲間関係

　1歳を過ぎ，探索活動が盛んになる頃から，子どもはおもちゃを介して仲間との関わりを取り始める。もちろん，それ以前にも子どもは，生後6カ月頃から，見知らぬ乳児同士でもお互いに手を伸ばし合うなど，子どもに対して，大人とは違った関心を示すことが知られている。しかし，仲間との関わりがはっきりと変化するのは，およそ2歳になってからであり，1人で遊ぶより，仲間と遊ぶことが多くなる。

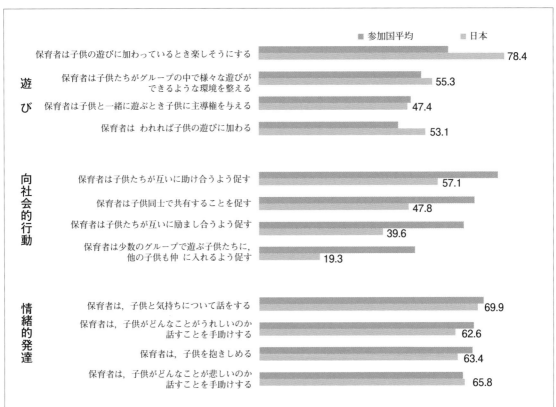

遊び	保育者は子供の遊びに加わっているとき楽しそうにする	78.4
	保育者は子供たちがグループの中で様々な遊びができるような環境を整える	55.3
	保育者は子供と一緒に遊ぶとき子供に主導権を与える	47.4
	保育者は われれば子供の遊びに加わる	53.1
向社会的行動	保育者は子供たちが互いに助け合うよう促す	57.1
	保育者は子供同士で共有することを促す	47.8
	保育者は子供たちが互いに励まし合うよう促す	39.6
	保育者は少数のグループで遊ぶ子供たちに，他の子供も仲 に入れるよう促す	19.3
情緒的発達	保育者は，子供と気持ちについて話をする	69.9
	保育者は，子供がどんなことがうれしいのか話すことを手助けする	62.6
	保育者は，子供を抱きしめる	63.4
	保育者は，子供がどんなことが悲しいのか話すことを手助けする	65.8

※ 調査では，保育者に対して，「以上のことはあなたの園の保育者にどの程度当てはま」るか尋ね，「全く当てはまらない」「ほとんど当てはまらない」「いくらか当てはまる」「非常によく当てはまる」の４つの選択肢のうち，「非常によく当てはまる」との回答について整理している。

出典）OECD 国際幼児教育・保育従事者調査 2018 報告書─質の高い幼児教育・保育に向けて─（2020）より

図６－６ 社会情緒的発達に関する実践について園の保育者に非常によく当てはまると考える保育者の割合

　仲間同士の関わりは，親子関係とは違う役割を果たす。大人は，子どもの欲求や気持ちなどを配慮し，子どもの反応に合わせた応答をするが，仲間関係では互いが要求や行動の調節をしなければならない。したがって，あるときは自分の欲求や感情を抑えることが必要になるし（自己主張や自己抑制），仲間の気持ちに共感したり，役割交代や順番交代などの社会的ルールに従うことが求められる。この他にも，他者への思いやり，責任感などさまざまな社会性を身につけていく。このうち，対人関係づくりにとくに関連する能力をあげる。

（1）役割取得能力

　役割取得とは，他者の立場や視点に立って他者を理解することである。子どもが仲間とうまく遊ぶためには，仲間の意図や考え，感情，ものの見方などを理解

する必要がある。自分の視点と仲間の視点とがずれると，自己中心的行動をとったり，仲間を誤解したりしてトラブルになるし，逆にうまく理解できた場合には，相手の気持ちを考慮した友好的な行動がとれるので，相手からも好意的な反応を受けやすくなる。とくに幼児期から児童期にかけて発達し，ピアジェの認知発達理論とも対応する。

（2）社会的スキル

社会的スキルとは，対人関係を円滑にすることにつながる，適切な対人行動である。具体的には，遊びの提案をする，遊びに誘ったり相手からの誘いに応じる，あいさつする，質問する，好意や関心を示したり相手をほめるなど，多様である。いずれも仲間と一緒に遊ぶ，会話する，友人をつくる，仲間集団に適応するなど，さまざまな対人交渉を円滑に行うために必要だと考えられる。社会的スキルは多様であり，相手に合わせて変わるので，種類やタイミングなどをうまく調整することも必要になる。

④ 遊びの発達と仲間関係

ここでは，遊びを次のように定義する。①子ども自身が**主体的に行う活動**である。つまり**内発的に動機づけられている**，②遊びそれ自体が**目的**である，③外的ルールに縛られない**自由な活動**である。幼児期には，こうした自発的な活動である遊びが生活の中心になる。

遊びの働きも1つではない。①認知面・言語面・情緒面・コミュニケーションスキルなどの発達が促されるとともに，体力の増進，身体の発育にもつながる，②自由な自己表現の機会となり，心理的抑圧を解消できる，③遊びを通じて現実の世界を再構成する，④対人関係やコミュニケーションにより社会性の発達を促進する。などがあげられる。

遊びの種類は，感覚機能や運動機能を用いる機能的遊び，ごっこ遊び・劇遊びなどの想像（象徴）遊び，絵本を読んだりテレビを見たりする受容遊び，積木遊び・粘土遊びや制作したり描いたりする構成遊び，ルールのあるゲーム遊び等に分類されている。

遊びの形態とその発達的変化を検討した**M. パーテン**（Parten,M.B.,1932）は，遊びにおける人との関わり方から，①遊ばずにぼんやりしている，②1人遊び，③他児を見ているが遊びには入らない「傍観」，④他児と同じ場所で自分だけで遊んでいるが，同じようなことをしている「平行遊び」，⑤他児と一緒に遊び，活動について会話ややりとりがある「連合遊び」，⑥一定の目的のために一緒に遊ぶ「協同遊び」の**6つの遊びの型**に分けた。そして2〜5歳までは平行遊びが出現する割合がもっとも高いこと，1人遊び，平行遊びは2〜4歳と加齢ととも

に減少しているが，連合遊び，協同遊びは増加していることを見出した[*1]。

　遊びの中で生じる，ものの取り合い，ケンカや対立など問題の解決方法を子どもは経験的に学んでいく。身体でぶつかりあう，言葉で意思疎通をはかる，ルールをつくる・変更するなど，次第に高度な社会的スキルを身につけていく。自己主張，自己表現ができるようになる一方で，人と共同・協調し，人の心や気持ちを理解する共感など，**非認知能力（社会情動的スキル）**を育んでいく。したがって，保育者はケンカや対立などが起こらないようにするのではなく，そうした機会こそ，十分に活かして関わることが大切である。

＊1　1人遊びについて：パーテンは，遊びの形態に見られるこの発達的変化を社会的相互交渉の発達の程度を表すものと考えた。こう考えると，1人遊びは発達的に未熟な形態と見なされてしまうが，実際には，仲間遊びが十分できる年長児でも，ブロックなど1人で集中して遊ぶ姿が見られることから，1人遊びは仲間との遊びへの単なる前段階ではなく，子ども自身が選んでいるとも言える。

7. 自立性の獲得

■ 基本的生活習慣の自立

　人間的自立に向けた発達は，社会化と個性化という2方向への過程が1つになっていく過程であり，このうち社会化の過程は社会文化の型を身につけていく過程でもある。

　基本的生活習慣には，①身体的・生理的生活を整え，健康を維持し，よりよい身体的発達をもたらす生活習慣を確立すること，②心理的に，自分のことは自分でするという，自立の習慣を身につけること，という2つの側面がある。幼児期には手先の器用さが増すにつれ，食事・睡眠・排泄・着脱衣・清潔の生活習慣（社会化の方向）を身につけ，そのことで生活を自分のものとしながら，心理的自立の習慣（個性化の方向）も実現していく。

　家庭や保育現場において基本的生活習慣を形成する際に，オペラント学習の考え方や技法が用いられることが多い。**オペラント学習**とは，**スキナー**（Skinner,B.F.）[*1]のオペラント条件付けをベースとしており，人がある環境に身を置いたとき（ある刺激を受けたとき），自発的にある行動を行ったことで，好ましい結果を得る（好ましい刺激を受ける）という経験をすると，次に同じような環境に身を置いたとき（同じような刺激を受けたとき），同様の行動をとる確率が高まる，という法則である。

　望ましい行動を増やすためには，その行動を教えるだけでなく，その行動が生じやすくなるように，わかりやすい環境を用意すること，また行動が生じたら，ほめるなど，子どもにとって好ましい結果を伴わせることが大切である（**図6−7**）。

　このように，子どもは生活のさまざまな場面において，日々具体的な一連の手順を繰り返すことによって，生活習慣の基礎を身に付けていく。認知心理学では，経験や知識のまとまりを**スキーマ（認知的枠組）**と呼び，さらに，一連のスキー

＊1　スキナー（Burrhus Frederic Skinner, 1904 − 1990）：アメリカの心理学者。行動分析学の創始者。スキナーボックスと呼ばれる箱を用いて，ハトやマウスがレバーを押すと餌がもらえるという動物実験から，人に対しても与えられた報酬あるいは罰によって自発的な（operant）行動に変化を及ぼすというオペラント条件付けを体系化した。また，オペラント条件付けを応用し，学習内容を細かく分けたスモールステップによるプログラム学習を提唱した。

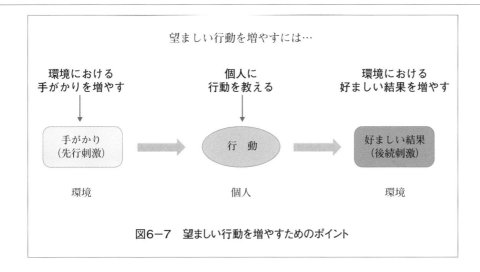

望ましい行動を増やすには…

環境における
手がかりを増やす　　　個人に
　　　　　　　　　　行動を教える　　　環境における
　　　　　　　　　　　　　　　　　　好ましい結果を増やす

手がかり
（先行刺激）　　　　　行　動　　　　　好ましい結果
　　　　　　　　　　　　　　　　　　（後続刺激）

環境　　　　　　　　　個人　　　　　　　環境

図6-7　望ましい行動を増やすためのポイント

マの流れを**スクリプト**と呼ぶ（生活の流れの見通しをもつことをスクリプトの獲得と呼んでいる）。

❷ 自己理解の発達

　子どもは，まわりのものや人と積極的に関わりながら，外界から独立した存在としての自分に気づき，自分について理解を深めるとともに，他者の存在にも気づいていく。

　子どもは自己を次のように捉えていると考えられる。2歳頃，鏡に映る姿が自分であることを理解し（**身体としての自己**），その後3〜5歳頃には，「遊ぶ」「絵が描ける」など活動の主体として自己理解が多いほか，髪の色や身体の大きさといった外面的特徴（**客体としての自己**），おもちゃをもっているなど所有主としての自己，やさしい，おとなしいなど内面的な特徴など，多面的に理解できるようになる（ケーラー，A.F. 他，1978）。

❸ 自己主張と自己抑制の発達

　1，2歳頃，子どもは「自分で……」といったり，何でも「イヤ」と抵抗するなど自分を主張するようになる。大人には反抗と見えるが，やりたいことを主張したり，実現しようとする子どもの姿勢として受け入れつつ，がまんする力を育てることが大切である。

　子どもの自己主張・実現面と自己抑制面の育ちを見ると，自己抑制は年齢とともに増加するが，自己主張は5歳前後で停滞してしまう（柏木，1988）。基本的生活習慣の習得は，ふつう大人が意図的に教え指導する「しつけ」という形で行なわれがちだが，一方的に教えるのではなく，自分でやろうとする子どもの気持

ちを引き出し，自発的に習慣形成が行われるよう援助する必要がある。はじめに
述べたように，生活習慣を子どもにどれだけ獲得させるかでなく，それを獲得し
たことで子ども自身の行動や生活がどれくらい自律的になれるのかを考えること
が求められる。

---

column さらに学んでみよう

バンデューラの観察学習（モデリング），社会的学習理論，自己効力感

　バンデューラ（Albert Bandura, 1925-2021）は，**観察学習（モデリング），社会的学習理論，社会的認知理論，自己効力感**などを提唱した現代心理学の分野でも重要なカナダ系アメリカ人の心理学者である。2002年の調査では，その文献の引用件数は，スキナー，フロイト，ピアジェに次ぎ4番目に多いとされている。

　観察学習（observational learning）＝**モデリング**（modeling）とは，他人の行動を観察しそれを見本（model）として真似るだけで学習がなされるとする考え方である。これはバンデューラが最初にスタンフォード大学で行った攻撃的性格をもつ思春期の若者が両親の態度から影響を受けているとする研究（1959）を発展させ，ボボ人形と呼ばれる人形をモデルとなる大人が攻撃的する場面を見た子ども，大人が人形に何もしない場面を見た子ども，部屋に大人がいない場面を見た子どもの3グループに分けた実験を行った（**ボボ人形実験**）。その結果，大人が攻撃する場面を見た子どもは人形を攻撃したが，ほかの2グループの子どもは人形を攻撃することはなかった。それまで，学習は直接的行動を通して行われるとする行動主義的アプローチが主流であったが，バンデューラの研究によって，ヒトは観察すること（**代理的体験**）によって学習することが示された。そして，バンデューラは，学習が人間と社会との相互的に基づき形成されることから，これを**社会的学習理論**（social learning theory）と名づけた。

　バンデューラはさらに，この考えを発展させ，人間の生活機能（human functioning）が個人，行動，環境の3者のダイナミックな相互作用によって生み出されるとの考えから**社会的認知理論**（social cognitive theory）を提唱した。この社会的認知理論のうちの重要なファクターの1つが自己効力感（self-efficacy）である。

　自己効力感とは，人がある課題に対処するとき，「自分はうまくできる」と自分の能力に確信・自信をもつ感覚のことである。バンデューラは，自己効力感を動機づけ，幸福，個人的成果のための基盤であると考え，もし人が自らの行動によって希望する結果を導くことができないと考えてしまったら，困難に直面した時に行動を起こしたり，耐えようとする気持ちをもてなくなるだろうと述べている。

　ある国際調査では，日本の中・高校生は他国に比較して自分の能力に対する信頼や自信に欠けているとの結果が示されている。そうしたなかでも，保護者が「成績が悪くても努力を認めてくれる」「やればできると励ましてくれる」「自分のことを信じてくれる」と答えた子どもの自己効力感が高いことが示されている。大人が子たちにできることは，まず，子どもの努力を認め，励まし，信じることではないだろうか。

8. 性別違和感をもつ子どもの理解

　2012（平成24）年，中央教育審議会初等中等教育分科会は，人間の多様性の尊重等を強化し，障害者が精神的および身体的な能力等を可能な最大限度まで発達させ，自由な社会に効果的に参加することを可能にするという目的の下，障害のある者と障害のない者が共に学ぶ仕組み「**インクルーシブ教育システム**」についての基本的考え方を報告した。以降，保育現場でもインクルーシブ保育の重要性が理解されてきている。またSDGsの取り組みにより，ジェンダー平等の実現をはじめ，多様性を認め合い誰ひとり取り残さない社会づくりへの活動も行われつつある。

　中塚（2013）は，**性別違和感**（Gender Dysphoria: 自分の体の性別に対する違和感）をもつ子どもについて報告している。性別違和感がいつ始まるかについて，岡山大学病院ジェンダークリニックを受診した性同一性障害[*1]当事者1,167名を見ると，性別違和感は，物心がついた頃から始まる場合が多く，約9割が中学生までに惠性別違和感を自覚しており，特にFTM当事者では，小学校入学前に約7割がすでに性別違和感をもっているという（**表6－8**）。

　また，性同一性障害当事者は，子どもの頃，多くの不安をもっており，MTF当事者の調査から，性同一性障害について知らなかった時期には，「自分が何者かわからない」「自分はおかしい」「自分はいない方がよい」「自信がもてない」等と感じており，自己肯定感も低下していると考えられること，さらに周囲の無理解やいじめにより，うつや引きこもり，自殺をしようとしたりする経験者が少なくないことを指摘している。

＊1　性同一性障害（Gender Identity Disorder）：「からだの性」と「こころの性」とが一致しない状態で，自分の身体の性を強く嫌い，その反対の性に強く惹かれた心理状態が続く。心の性は男性，身体の性は女性であるfemale to male（FTM）と，心の性は女性，身体の性は男性であるmale to female（MTF）とに分かれる。

表6－8　性別違和感を自覚し始めた時期

	全体（n=1,167）	MTF（n=431）	FTM（n=736）
小学入学以前	660（56.6%）	145（33.6%）	515（70.0%）
小学低学年	158（13.5%）	67（15.5%）	91（12.4%）
小学高学年	115（9.9%）	56（13.0%）	59（8.0%）
中学生	113（9.7%）	74（17.2%）	39（5.3%）
高校生以降	92（7.9%）	77（17.9%）	15（2.0%）
不明	29（2.5%）	12（2.8%）	17（2.3%）

（MTF：Male to Female，FTM：Female to Male。脚注＊1参照）
出典）中塚幹也『学校の中の「性別違和感」を持つ子ども－性同一性障害の生徒に向き合う－』2013，日本学術振興会・科学研究費助成事業

「性同一性障害」の捉え方も，世界的に価値観が多様化し，変化していることに伴い大きく変化している。WHO は「国際疾病分類改訂版（ICD-11）」から，性同一性障害を「精神障害」の分類から除外し，「性の健康に関する状態」という分類の中の「性別不合（Gender Incongruence）」へと変更した（2019）。これにより，出生時に割り当てられた性別への違和が「病気」や「障害」ではないと宣言されたことになる。

　学校や保育現場での対応が重要になるが，現在，児童生徒のための対応に関するガイドラインはあるものの，幼児期の子どもに対する配慮に関しては十分でない。性別違和感に悩む子どもに関心をもち，正しい知識をもつこと，そして保育所保育指針に「一人一人の子どもが，周囲から主体として受け止められ主体として育ち，自分を肯定する気持ちが育まれるようにする」とあるように，自分の性を肯定的に捉えられるようにしていく配慮が求められる[*1]。

＊1　第7章 p.134 参照。

＜引用・参考文献＞

東 洋・繁多進・田島信元編『発達心理学ハンドブック』福村出版，1992

岡本夏木・清水御代明・村井潤一監修『発達心理学辞典』ミネルヴァ書房，1995

川島一夫編著『図で読む発達』福村出版，2001

心理科学研究会編『育ち合う乳幼児心理学 21 世紀に保育実践とともに歩む』有斐閣，2000

平山論・鈴木隆男編著『発達心理学の基礎 II 機能の発達』ミネルヴァ書房，1994

無藤隆・倉持清美・福田きよみ・奈良ゆきの『保育講座発達心理学』ミネルヴァ書房，1993

リュケ（須賀哲夫監訳）『子どもの絵』金子書房，1979

J.W. アスティントン，*The Child's Discavery of the Mind*，Harvard University Press，1993（松村暢隆訳『子供はどのように心を発見するか　心の理論の発達心理学』新曜社，1995）

伊藤忠弘・平林秀美「向社会的行動の発達」，井上健治・久保ゆかり編『子どもの社会的発達』東京大学出版会，1997，p.167 - 184

今井和子・村田道子編『おひしゃまだっこしてきたの』アリス館，1996

大久保愛「構文の発達」村井潤一・飯高京子・若葉陽子・林部英雄編『ことばの発達とその障害』第一法規出版，p.205 - 219，1976

岡本夏木「ピアジェ，J」『発達の理論をきずく』（別冊発達 4 号，村井潤一編）ミネルヴァ書房，1986

柏木恵子『幼児期における自己の発達－行動の自己制御を中心に』東京大学出版会，1988

佐伯胖『幼児教育へのいざない円熟した保育者になるために』東京大学出版会，2001，p.49 - 104

澤田瑞也『共感の心理学』世界思想社，pp.87 - 122，1992

新・保育士養成講座編纂委員会編『新・保育士養成講座　発達心理学』全国社会福祉協議会，2002，p.113

高橋たまき『乳幼児のあそび』新曜社，pp.45-81，1984

仲真紀子「年齢というバイアス，理念と個人の姿」，岡本夏木・麻生武編『年齢の心理学-0歳から6歳まで-』ミネルヴァ書房，pp.144-175，2000

波多野完治編『ピアジェの発達心理学』国土社，p.61，1965

波多野完治編『ピアジェの認識心理学』国土社，p.50，1965

藤崎眞知代・野田幸江・村田保太郎・中村美津子『保育のための発達心理学』新曜社，1998，p.111

Keller, A., Ford,L.H.,& Meacham, J.A., Dimensions of self-concept in preschool children, *Developmental Psychology*, 14, pp.483-489, 1978

A.R. ルリヤ（松野豊・関口昇訳）『言語と精神発達』明治図書，1969

正木建雄「子どものからだの調査2000」『子ども白書2000年版』草土文化，p.132，2000-135

松浦義行「子どもの「からだ」は大丈夫！文部省の子どもの体力・運動能力調査より」『発達』No70, vol.18，ミネルヴァ書房，pp.42-57，1997

松浦義行『体力の発達』朝倉書房，pp.29-67，1998

宮本美沙子他「児童の生命の概念とその手がかり」『教育心理学研究』15巻，pp.85-91，1967

文部科学省「平成13年度体力・運動能力調査結果」2002

パーテン，M. Social behavior of preschool children. In R.G.Barker,J.S.Kounin,and H.F.White（Eds），*Child behavior and development*. McGraw-Hill, 1932

Siegal,M.,*Knowing Children:Experiments* in Conversation and Cognition, Lawrence Erlbaum Associates, 1991（鈴木敦子・外山紀子・鈴木宏昭訳『子どもは誤解されている-「発達」の神話に隠された能力』新曜社，1993）

L.S. ヴィゴツキー（柴田義松訳）『思考と言語　上』明治図書，1967

寺沢宏次・西條修光・柳沢秋孝・篠原菊紀・根本賢一・正木建雄「GO/NO-GO実験による子どもの大脳発達パターンの調査-日本の，69，79，98と中国の子どもの，84の大脳活動の型から-」『日本生理人類学会誌』Vol.4，No.2，pp.47-54，2000

田中義和「かく遊び・えがく遊び」，河崎道夫編著『子どものあそびと発達』ひとなる書房，pp.209-242，1983

森司朗・吉田伊津美・筒井清次郎・鈴木康弘・中本浩揮・杉原 隆「幼児の運動能力の現状と運動発達促進のための運動指導及び家庭環境に関する研究」平成27～29年度文部科学省科学研究費補助金（基盤研究B）研究成果報告書，2018

野井真吾・鹿野晶子・中島綾子・下里彩香・松本稜子「子どもの"からだのおかしさ"に関する保育・教育現場の実感：「子どものからだの調査2020」の結果を基に」『日本教育保健学会年報』第29号，pp.3-17，2022

文部科学省中央教育審議会初等中等教育分科会教育課程部会幼児教育部会「幼児教育部会における審議の取りまとめについて（報告）」2016

磯村正樹「他児の喜びを自らの喜びと感じる姿に関する研究動向」愛知教育大学幼児教育研究　第19号，pp.9-17，2017

N. アイゼンバーグ,P. マッセン（菊池章夫他訳）『思いやり行動の発達心理』金子書房，p.6，1991

N. アイゼンバーグ（二宮克美他訳）『思いやりのある子どもたち　向社会的行動の発達心理』北大路書房　pp.28-31，1995

国立教育政策研究所編『幼児教育・保育の国際比較：OECD国際幼児教育・保育従事者調査2018報告書　一質の高い幼児教育・保育に向けて』明石書店，2020

伊藤順子「幼児の向社会的行動における他者の感情解釈の役割」『発達心理学研究8』
　　pp.111 – 120，1997

清水益治，無藤隆編著『新保育ライブラリ子どもを知る保育の心理学Ⅱ』北大路書房，
　　pp.72，2011

中塚幹也『学校の中の「性別違和感」を持つ子ども　性同一性障害の生徒に向き合う』
　　JSPS日本学術振興会　科学研究費助成事業23651263，2013

文部科学省初等中等教育分科会『共生社会の形成に向けたインクルーシブ教育システ
　　ム構築のための特別支援教育の推進（報告）』文部科学省，2012年7月23日

第7章

児　童　期

〈学習のポイント〉　①児童期をその前後の発達段階と比較して，特徴を理解しよう。
　　　　　　　　　②今までに作られてきた児童期に関する理論が，現在の小学生にどれだけあ
　　　　　　　　　　てはまるか考えてみよう。
　　　　　　　　　③小学校で起きている現在の問題・課題を非認知能力の視点から考えてみよう。

1．児童期とは

1 児童期とはいつか？

　児童とは一般に，子ども（未成年）を指している。しかし，赤ちゃんや高校生
を思い浮かべる人は少ないだろう。やはり，児童と言えば，小学生を中心とした
子どもたちのイメージが喚起される。

　そこで，本章でも小学校1年生から6年生の子ども時代，すなわち学童期を児
童期として，その発達上の特徴を論じていく。ちなみに，学校教育法第17条で
は小学校の就学義務として「満六歳に達した日の翌日以後における最初の学年の
初めから，満十二歳に達した日の属する学年の終わりまで」という期間が規定さ
れている。また，児童福祉法第4条では「児童とは，満十八歳に満たない者」を
いう。そして乳児・幼児・少年の区分があり，「小学校就学の始期から，満十八
歳に達するまでの者」が少年にあたる。本章は少年期の前半を扱うことになる。
児童の権利に関する条約[*1]第1条でも，「児童とは，十八歳未満のすべての者を
いう」となっている。「児童」の一般的な印象と法的な規定にはややずれがある。

2 児童期の位置づけ

　児童期を学童期と限定しても，6年間という幅がある。ついこの前まで幼稚園
や保育所，こども園にいた幼い子どもたちと，もうすぐ中学生というもはや子ど
もと呼ぶにはやや大きい子どもたちである。

　しかし，この時期はその前後の時期とは質の異なるれっきとした発達の1段階
である。別の言い方をすれば，その前後の発達段階によって特徴づけられるとも
言える。それは2つの嵐の間の穏やかな時代とも言える。つまり，心身が劇的に
発育する幼児期という成長の「嵐」と精神的な自立や性的成熟が始まる思春期・
青年期という「嵐」のはざま，それが児童期である。その比較的安定した時期に，
子どもたちは家庭から学校へと生活の中心を移し，仲間関係の中で遊びや勉強と
いった多様な活動を広げていくことになる。ただし，近年では幼児期や思春期・

＊1　児童の権利に関する
条約：子どもの権利を保
障するために，1989年に
国際連合総会で採択され，
1994（平成6）年に日本
国は批准。通称：子どもの
権利条約。

青年期の諸特徴が児童期に入り込みつつあり，かつてほど児童期は平穏な時代とは言われなくなりつつある。

❸ 幼児期の非認知能力の影響

　非認知能力とは認知能力ではない能力である。認知能力が知能や学力を指すのに対して，**非認知能力が指すものは多様である**。発達保育実践政策学センターのリーフレット「非認知能力の育ちを支える幼児教育」[*1]によれば，「自己にかかわる心の力」「社会性にかかわる心の力」と2つに分けて示されている。前者は「興味や自信など，自分を大切にし，自己を高めようとする力」とされ，後者は「協同性や思いやりなど，周りの人とうまくやっていく力」とされる。

　無藤（2016）によれば，「知的教育に重点を置いてきた欧米とは違い，日本の幼児教育は『心情・意欲・態度』を大切にすることで，非認知能力を育成してきた」[*2]という。一方で，「日本では特に意欲や興味・関心を大切にしてきましたが，非認知能力の重要な要素である粘り強さや挑戦する気持ちなどの育成はそれほど重視されて」いなかった。

　現在，幼児教育では遊びを通して非認知能力を伸ばすことを目指している。やや難しい遊びや多少忍耐を必要とする遊びを，子どもたちの興味や関心を引くように保育者が提供することで，子どもたちの粘り強さや挑戦する気持ちを育てている。

　では，このようにして幼児期に育まれた力は児童期にどのようにつなげればよいのだろうか。無藤（2021）は幼児教育に関しては，**「ネットワーク的な（網目状の）学び」**と呼び，小学校以降の教育は**「リニアな（系列的）学び」**と呼んでいる[*3]。前者は遊びや生活を通して物事を縦横斜めにつないで子どもたちが学んでいることを指し，後者は教科書や時間割に沿って順序立って子どもたちが学んでいることを指すといってよいだろう。そう考えると，幼児教育から小学校教育への移行期には，子どもたちは大きなストレスにさらされることになる。それがいわゆる**「小1プロブレム[*4]」**を引き起こす要因となっている可能性もある。幼児教育でせっかく高められた非認知能力を維持し，さらに向上させるためには，個々の子どもの興味や関心を尊重したり，科目横断的に授業を展開したり，グループ学習を導入するなどの対応が必要となるだろう。

2. 主な発達理論から見た児童期の特徴づけ

　ここでは，フロイト，エリクソン，ハヴィガーストの各発達理論における児童期の位置づけを概観する。

＊1　東京大学大学院教育学研究科附属発達保育実践政策学センター「非認知能力の育ちを支える幼児教育」2021

＊2　無藤隆「生涯の学びを支える『非認知能力』をどう育てるのか」『これからの幼児教育』2016年度春号，ベネッセ教育総合研究所

＊3　無藤隆「非認知能力の育成：幼児教育（保育）を通して」東京都子ども未来会議第4回資料，2021

＊4　小1プロブレム：小学校に入学してしばらくの間，子どもが学習や生活になじめず，学級もうまく機能しない状態。

1 心理性的発達理論：フロイト

フロイト (Freud, S)[*1]は，精神分析学の始祖である。**無意識**の働きの重要性を発見した人物である。ある人が心理的な問題を抱えている場合，その人の過去，特に発達の初期の経験に原因があるとする考え方は，現在の発達心理学や臨床心理学に大きな影響を与えている。

フロイトは「**リビドー**」というエネルギーを仮定した。このエネルギーは性的な欲求であり，これは人の行動に活力を与えたり，人の意識に脅威を与えたりする。そして，発達の各時期でこのリビドーの充たされ方が異なるとした。それは体の部位の違いで説明される。リビドーが口や唇に集中する時期は「**口唇期**」と呼ばれ，**乳児期**にあたる。排泄が発達上のテーマになる時期は「**肛門期**」と呼ばれ，**幼児期前半**がその目安となる。そして性器に関心の向く「**男根期**」は**幼児期後半**である。一転して，リビドーの現れが確認できなくなる時期，すなわち性的な欲求が失われたかのような時期が「**潜伏（潜在）期**」と呼ばれ，児童期（小学校時代）がそれにあたる。**思春期**になると，心理的な性的欲求と身体的な性的成熟が合致し，「**性器期**」となる。

児童期は比較的安定した発達の時期であると前に述べたが，このような性的欲求の挙動が関係しているわけである。和田（2002）によると「幼児性欲が一時的に押さえつけられて弱まり，その分勉強したり体を鍛えたりして，男の子が父親と同一化しようとする」時期が小学校時代なのである。この時期はリビドーの活動が表面化しない分，子どもは勉強や遊び，仲間関係を伸びやかに楽しむことができる。

2 心理社会的発達理論：エリクソン

フロイトは人間の性的な欲求を重視した点で，いわば生物学的な人間観をもっていたといえる。**エリクソン** (Erikson, E. H.)[*2]はフロイトの流れを引く人物であるが，フロイトが防衛機制（自我・自分を守るしくみ）という概念で自我の脆弱性を論じたのに対して，エリクソンは**アイデンティティ**（自我同一性）という概念で自我の頑健性を追求した（田中敏，1994）。つまりフロイトは人の心の病みやすさに，エリクソンは人の心の病みにくさに着眼した。

フロイトは自我（自分）が本能的な欲求（主に性的欲求）をどのようにコントロールできるようになっていくか，という視点で発達を記述したため，その考え方は**心理性的発達理論**と呼ばれる。一方，エリクソンは自我（自分）と社会との関係で発達を捉えたため，その考え方は心理社会的発達理論と呼ばれる。エリクソンは，その著書『幼児期と社会』（1977）の中で，人間の一生を8つの発達段階に分けている。鑪幹八郎（1990）によれば「人間生涯を主題にして，全体を

*1 **フロイト** (Sigmund Freud, 1856-1939)：オーストリア出身の精神医学者。精神分析の創始者。人間の無意識の領域が精神に及ぼす影響を明らかにし，後世の心理学に多大な影響を与えた。また発達心理の分野では，無意識を源泉とするリビドー（性的エネルギー）の対象の変化によって，段階的に人格が形成される心理性的発達理論を提唱した。

*2 第2章 p.31 参照。

見通して考察した発達観というのは，ほかにあまり見当たらないし，このように見事に展望されたものがない」という。

この理論では各発達段階に「危機」的なテーマがある。

①口唇感覚期（乳児期）：「基本的信頼」対「不信」

②筋肉肛門期（幼児期前半）：「自律」対「恥と疑惑」

③移動性器期（幼児期後半）：「自発性」対「罪悪感」

④潜在期（児童期）：「勤勉」対「劣等感」

⑤思春期と青年期：「同一性」対「役割混乱」

⑥若い成年期：「親密さ」対「孤独」

⑦成年期（壮年期）：「生殖性」対「停滞」

⑧円熟期（老人期）：「自我の統合」対「絶望」

まず，乳児期に愛情に基づく信頼感の形成が重要であることは言うまでもない。そして**幼児期前半**と**幼児期後半**は，新井邦二郎（1997）によると，それぞれ「**自分のからだの主人公**」になりはじめる時期と「**自分のこころの主人公**」になりはじめる時期だという。本章のテーマである**児童期**は「**大人になることを学ぶ時期**」であるという。児童期は子どもとしての人間の完成の時期であり，次の大人としての人間になるための準備期間とも言えるだろう。知性や身体の発達レベルがかなり高くなっているため，さまざまなことに子どもは挑んでいく。そのような場として小学校は大きな意味をもつ。この時期の活動が子どもの自分自身への信頼につながっていけば，勤勉さにつながるが，失敗などが続けば劣等感へつながりやすい。

③ 発達課題：ハヴィガースト

人は生まれてから死に至るまでの間に，心と体が連続的に変化していく。けれども，それぞれ独特な特徴をもついくつかの段階に人生を分けることができる。このような考え方を「**発達段階説**」という。階段を一歩一歩昇って行くように，人は1つひとつの発達段階を通過して行く。しかし単に月日が過ぎれば次の段階に移行できるわけではない。各段階には達成すべき課題がある。それを発達課題という。

第2章でも述べたように，**ハヴィガースト**（Havighurst, R.J.）[1]は発達段階と発達課題を具体的に示したことで知られる人物である。ハヴィガーストの発達段階説で重要なのは，ある発達段階の課題の成功は，それ以前の段階の発達課題の達成の度合いにかかってくる，という点である。つまり，現段階の発達課題が十分に達成されないと，次の発達段階で問題が生じうる，という発想である。「その課題をりっぱに成就すれば個人は幸福になり，その後の課題も成功するが，失敗すれば個人は不幸になり，社会で認められず，その後の課題の達成も困難になっ

＊1 第2章 p.31 参照。

てくる」(ハヴィガースト, 1995) という。また, 各発達段階での課題の明示は, 最適な時期に最適な教育をするという「**教育の適時**」という発想に基づいている。

児童期の発達課題は以下の通りである。

①普通の遊戯に必要な身体的技能の学習。

②成長する生活体としての自己に対する健全な態度を養うこと。

③友だちと仲よくすること。

④男子として, また女子としての社会的役割を学ぶこと。

⑤読み・書き・計算の基礎的能力を発達させること。

⑥日常生活に必要な概念を発達させること。

⑦良心・道徳性・価値判断の尺度を発達させること。

⑧人格の独立性を達成すること。

⑨社会の諸機関や諸集団に対する社会的態度を発達させること。

しかしながら, ハヴィガーストの考え方には批判もある。人間の一生涯の各時期において, 具体的な発達課題を場所や時間を超えた普遍的なレベルで設定できるわけではないからである。人間はある社会内の存在であるので, 時代や社会や文化などによって, 発達の各時期に人間に要請されるものは異なってくる。したがって, このような明確な課題に基づく発達段階説は限定付きで考慮されなければならない。

特に, 男女同権, すなわちジェンダー*1平等を推進する必要が叫ばれる中で, 「④男子として, また女子としての社会的役割を学ぶこと」に関しては注意して受け止める必要がある。

＊1 ジェンダー(gender): 「生物学的性 (sex) に基づいて, 社会通念や慣習のなかで構成された, 社会, 文化, 心理, 行動といったあらゆるものに表れるもの」のことをいう (有斐閣 現代心理学辞典)。

3. 児童期各段階の特徴づけ

ここでは6年間という長い小学校時代を, 低学年 (1・2年生), 中学年 (3・4年生), 高学年 (5・6年生) に分けて, それぞれの時期にキーワードを設定し, その特徴を把握したい。

■ 低学年 (1・2年生)：一次的ことばと二次的ことば

小学校入学を機に, 子どもは家庭という私的な場から, 学校という制度の場に参加することになる。新しい友だちと学び, 遊び, 共同の活動をする中で, 知性や社会性, 情緒などパーソナリティの諸側面を安定的に発達させる, 人生の中でも比較的穏やかな時期の始まりである。しかし, 入学後からしばらくの間は, 学校そのものに慣れることが課題となる「適応」の時期でもある。ただし, その適

応の中身は，単なる「新しい場所や人に慣れる」という以上のものがある。ここではその1つである「一次的ことばと二次的ことば」（岡本夏木，1985）についてふれたい。

　岡本によれば，ことばには「ことば以前」「ことばの誕生期」「一次的ことば期」「二次的ことば期」という4つの発達段階があるという。「**ことば以前**」の時期（乳児期）とはまさにことばのないことばの時代である。赤ちゃんがことばを話さないからといって，ことばが不要というわけでない。来る（きた）ことばの時代に向けて，周囲との感情交流などさまざまな準備状態が整っていく。続く「**ことばの誕生期**」とは1歳半以降で，ことばが急速に習得され始める。そして「**一次的ことば期**」である。この時期にはことばは生活における道具としての性質を帯び始める。単にことばを身に付けて使ってみるのではなく，日常の生活手段となる。「**生活のことば化**」であり「**ことばの生活化**」である。

　では「**二次的ことば期**」とはどんな時期だろうか。この時期以前には，中途半端でも，あるいは多少誤っていても，子どもの使うことばは周囲の人間がそれを補うことで通用してきた。しかし，小学校に入ると次第に正確でていねいな発言が求められるようになる。文字を書けば，文字の書き順やきれいさが問われる。文章であれば文法や表現も修正される。大体今までは自然と声に出していたことを，いちいち文字にしなければならない。書きことばの習得はことのほか大変である。まさに小学校に入って，初めて子どもはことばのためにことばに向き合わなければならない。それが二次的ことばの時代である。

　一次的ことばは「遊びと一体化した子ども自身の生活の場」で獲得されるのに対して，二次的ことばは「学校の学習という場において，大人が意図的に強制してくるものとの対決をとおして子どもが形成してゆかなければならぬもの」である。一次的ことば期から二次的ことば期への移行期には，子どもたちは大きなことばの**質的変化**に直面する。それは幼児期という**遊びと学びが一体化した時代**から，**苦しみも伴った学びの時代**への過渡期でもあり，それが**小学校低学年**である。

② 中学年（3・4年生）：ギャング・エイジ

　小学校中学年は，児童期特有の安定的な時期である。だが，おとなしく素直な子どもの時代ではない。「ギャング・エイジ」という仲間関係の時代，社会性の発達の時代の到来である。

　ギャングとは徒党の意味で，子どもたちが群れてさまざまな活動を行う状態を指している。中邑平八郎（なかむら）（1994）によればこのような集団の特徴は，①数人から7・8人の小集団，②男女別の同性集団，③親や大人の介入や干渉の拒否，④親密な仲間関係による強い集団意識，⑤個人間競争より集団間競争が多い，⑥仲

間以外には閉鎖的で攻撃的，などであるという。

このような仲間関係を通じて，子どもたちは集団をリードしたり，集団にリードされたりする立場を経験し，集団の目標達成や仲間関係の維持を学び始める。その中で，コミュニケーションの技術，具体的には感情コントロール，意思の表示法などを学んでいく。

ところで，ギャング・エイジは最近ではあまり見られなくなったという主張がある。子どもの遊びが外遊びから内遊びに変わって来たこと，放課後が塾や習い事で占められるようになったこと，少子化とそれに伴ってきょうだい数が減少したことなど，いくつもの原因が指摘されている。これに対して，落合幸子（2000）は，それは現在もあるのではないかとしたうえで，「ただし，昔のギャング・エイジのように幼児から中学生までといった異年齢の子を含む大集団ではない。同じ学校の同年齢の子どもたちの五，六人ぐらいの小集団である」と述べている。

❸ 高学年（5・6年生）：反抗と自立の始まり

安定的な児童期も終わりを迎えるのが小学校高学年である。身体も精神も大人に向けて発達して行くが，そのバランスが取りにくく，不安定な心理状態になりやすい。性差の顕在化から思春期の特徴も帯び始める。この時期を「**反抗期**」という視点から見てみたい。反抗期といっても成長の段階でそれは2つある。1つは，幼児期中期（3歳前後）にあり，**第1反抗期**と呼ばれる。もう1つは児童期から思春期にかけてあり，**第2反抗期**と呼ばれる。「反抗」といってもその対象や原因はそれぞれ異なっている。第1反抗期は自我の芽生えと関係している。つまり自分でやりたいこと，やりたくないことがはっきりしてくるので，今まで完全に養育者のコントロール下にあった子どもが，養育者の意に反する行動をとり始める。指示に従わないだけでなく，激しい感情を表出することもあるので，養育者は手を焼くことになる。第1反抗期の反抗は「**自分のやりたいこと**」が主な発端となるが，第2反抗期の反抗は，養育者や教師といった**大人，社会のルール**や**権威**といったものに向けられる。

図7−1のように，子どもは第1反抗期によって，親のコントロールから一時的にでも脱することを達成し，第2反抗期を通じて，親とは接点をもちつつも，一個の自分自身を確立していくことができる。

なお，栗村（2000）によると，かつて子どもどうしがお互いにぶつかり合う経

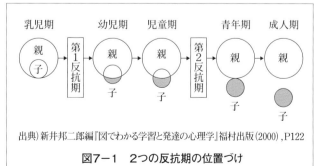

出典）新井邦二郎編『図でわかる学習と発達の心理学』福村出版（2000），P122

図7−1　2つの反抗期の位置づけ

験を重ねながら，攻撃的行動のトレーニングをしていたが，最近ではそのような機会が失われつつあるので，現代の「反抗」は突発的な激しい形を取りやすいという。「反抗は，もう親の保護は不要ということではなく，これまでとは少し違った保護を求めている」と受け止め，向き合っていく必要がある。

このような激しい時期が，高学年あたりから始まるのである。

4 性別違和

ハヴィガーストの発達課題において述べたように，**男女同権**，すなわちジェンダー平等が進められなければならない。残念ではあるが，国際比較では，日本の状況はよくない。世界経済フォーラム（World Economic Forum）による『Global Gender Gap Report 2022』で，日本は116位である。迅速で確実な男女格差解消が求められている。ちなみに，上位はアイスランド，フィンランド，ノルウェイといった北欧の国々である。

また，日本では**性的マイノリティ**に対する理解や対応も遅れているといわれる。そうした中で，文部科学省は2015（平成27）年4月30日に「性同一性障害に係る児童生徒に対するきめ細かな対応の実施等について」[*1]という通知を出し，2016（平成28）年4月1日に「性同一性障害や性的指向・性自認に係る，児童生徒に対するきめ細かな対応等の実施について（教職員向け）」[*2]という資料を出した。

この資料において，**性同一性障害**とは，「生物学的な性と性別に関する自己意識（以下，『性自認』と言う。）が一致しないため，社会生活に支障がある状態」とし，このような状態にある児童や生徒に関して，「学校生活を送る上で特有の支援が必要な場合があることから，個別の事案に応じ，児童生徒の心情等に配慮した対応」が求められるとしている。さらに，「（1）性同一性障害に係る児童生徒についての特有の支援」として，

①学校における支援体制について
②医療機関との連携について
③学校生活の各場面での支援について
④卒業証明書等について
⑤当事者である児童生徒の保護者との関係について
⑥教育委員会等による支援について

そして，最後に「⑦その他留意点について」として，

・画一的な対応を求める趣旨ではないこと
・学校や家庭の状況等に応じた取組を進めること

が述べられている。

なお，③の取組事例として，表7－1に示す項目と支援が示されている。

＊1 文部科学省「性同一性障害に係る児童生徒に対するきめ細かな対応の実施等について」2015

＊2 文部科学省「性同一性障害や性的指向・性自認に係る，児童生徒に対するきめ細かな対応等の実施について（教職員向け）」2016

表7−1　性別違和を感じる生徒への学校生活における支援事例

項　目	支援事例
服装	自認する性別の制服・衣服や，体操着の着用を認める
髪型	標準より長い髪型を一定の範囲で認める（戸籍上男性）
更衣室	保健室・多目的トイレ等の利用を認める
トイレ	職員トイレ・多目的トイレ等の利用を認める
呼称の工夫	校内文書（通知表を含む）を児童生徒が希望する呼称で記す
	自認する性別として名簿上扱う
授業	体育または保健体育において別メニューを設定する
水泳	上半身が隠れる水着の着用を認める（戸籍上男性）
	補習として別日に実施，またはレポート提出で代替する
運動部活動	自認する性別に係る活動への参加を認める
修学旅行等	1人部屋の使用を認める／入浴時間をずらす

資料）文部科学省「性同一性障害や性的指向・性自認に係る，児童生徒に対するきめ細かな対応等の実施について（教職員向け）」2016

　そして，「（2）性同一性障害に係る児童生徒や『性的マイノリティ』とされる児童生徒に対する相談体制等の充実」として，性同一性障害の児童や生徒だけでなく，性的マイノリティとされる児童や生徒にも共通した対応を求めている。

　また，法務省人権擁護局の人権啓発ビデオ「あなたがあなたらしく生きるために　性的マイノリティと人権」[*1]では，性的マイノリティの代表的な呼称であるLGBTQ[*2]について詳しく説明されている。なお，性同一性障害は「性別違和」あるいは「性別不合」などと呼ばれるようになってきている。

＊1 YouTube法務省チャンネル「あなたがあなたらしく生きるために　性的マイノリティと人権」2015

＊2 第8章p.150脚注＊1参照

4．児童期の「現在」：学級崩壊から考える

　学級崩壊を「荒れ」としての，ただその現象面にのみ目を奪われてしまうと，その原因や意味に思考が及ばなくなる。なぜ子どもは授業を聴かなくなったか，どうして感情のコントロール力が低下したか，勉強することや学校に行くことをどう考えているのか，といった数多くの問いをこの問題は投げかけている。そしてそれらに答えていくのが「新しい」児童期への認識作業である。

■1 学級崩壊とは何か

　20世紀もまさに終わろうとしているとき，小学校の教育現場に深刻な現象が起きた。「**学級崩壊**」である。学級崩壊とは，授業不成立と呼ばれることもあるが，授業を成り立たせている学級そのものの経営が成り立たないところがこの問題の

深刻なところである。

　学級崩壊は比較的平穏な発達の時期であるとされる児童（学童）期に起きた「荒れ」である点，および小学校教育の基本単位である学級が機能を失った点で教育界にとって衝撃的な出来事であるのだが，では具体的にどのようなものなのであろうか。

　河村（2000）によると，学級崩壊には「反抗型」と「なれあい型」の2つのタイプがあり，崩壊した学級の8割が前者，2割が後者であるという。

　反抗型とは，生真面目で指導的な教師などが，子どもに過度な指示や統制をすることによって，子どもの中にストレス状態を生み出すことから始まる。そのストレスは最初は子どもの仲間関係の悪化として現れるが，それが蓄積すると一気に教師への反抗となり学級は崩壊する。

　なれあい型とは，援助的な教師が子どもどうしの人間関係を十分に形成できない場合に生じる。最初はクラスの一部で起きていたけんかやいさかいが，それを食い止める仲間関係がないため，クラス中に広がり，混乱する。教師はかやの外のまま，やがて騒乱状態に陥る。こうして学級は崩壊する。

　こうした崩壊現象から言えることは，従来の指導方法や子どもへの接し方では十分対応できないということである。

❷ 教師の指導力を高める

　学級が崩壊した一因として，教師の教育力・教育技術の低下が指摘されることがある。果たしてそれは事実なのであろうか。教師の能力低下を示す証拠はないが，教師を取り巻く環境，教師を見る周囲の目が変化しているのは事実であろう。

　1970年代，「あなたが先生の指導や注意に従うのはなぜですか？」という調査があった。子どもたちのほとんどは「相手が先生だから」「先生の言うことを聞くのはあたりまえだから」と答えたという。しかし同様の調査が1996（平成8）年に実施されたところ，指導や注意に従う理由は「教え方がうまいから」「一生懸命やってくれるから」「自分のことをわかってくれるから」「親しみやすいから」などの回答が上位を占めたという。つまり「先生」という権威は現代の子どもたちにとっては当然のものではないのである（河村，1999）。

　つまりかつては教師であるということだけで，子どもたちに対してある程度の指導力を発揮することができたのである。けれども現在の子どもたちは権威ではなくて，**教え方の上手さやコミュニケーション能力の高さ**など実際的な特性を評価するようになってきているのである。こうした状況では，教師が以前の教育力を維持していたとしても，相対的には低下したことになってしまう。

　そのためこれからの教師には，子どもたちが，学ぶことが楽しい，学んでいる

ことが気持ち良い，と感じるような授業をする力がよりいっそう求められるようになった。もちろん楽しいだけの授業であってはならないし，子どもが喜びそうな事柄だけが，教育内容として選択されることがあってはならない。なぜなら小学校時代は，読み書き計算など，その後の学びに必要な諸技能を身につける大切な時期でもあるからである。

---

column さらに学んでみよう

あなたは何を褒めている？〜ワイナーの原因帰属〜

　子どもを褒めるとき，何気なく理由を言っていませんか。「算数のテスト，高得点だったよ。よく準備していたものね。」とか「サッカーの難しいゴールよく決めたね。才能があるんだね。」などである。人は何か物事が起きるとその理由や原因を考えてしまいます。それを「**原因帰属（causal attribution）**」と呼びます。帰属（attribution）とは「〜のせいだと考える」「〜のおかげだと思う」ということです。**ワイナー**（Weiner, B.）は，原因をどう考えるかについて2つの次元で捉えました。1つは「**内的か外的か**」という次元，もう1つは「**安定的か不安定的か**」という次元です。

　自分の**中**にあって，**安定**的なものと言えば，「能力」。
　※体調等の多少の影響はありますが，だいたい人はいつも同じような能力を発揮します。
　自分の**中**にあって，**不安定**的なものと言えば，「努力」。
　※努力はするときもあれば，しないときもあるといった意味で不安定ですね。
　自分の**外**にあって，**安定**的なものと言えば，「課題の困難さ」。
　※検定試験等はいつも同じような難易度で，それは自分ではどうしようもないです。
　自分の**外**にあって，**不安定**的なものと言えば，「運」。
　※サッカーで，偶然利き足にボールが来たのでゴールできたのはラッキー（幸運）です。

　人は能力や努力など，自分の側（中）にあるもので褒められればうれしいものです。ですから，逆に，失敗したときに「能力」のせいにされると次に頑張る気持ちが起きにくくなります。では，成功したときに，いつも「努力」を褒められるとどうでしょう。たまには「才能」を褒めてほしいなと思うのが子ども心です。言葉はナマモノですから，いつも同じ褒め方ではなく，鮮度のよい激励をしていきたいものです。

---

❸ 子どもの心の脆さ

　学級崩壊のもう1つの原因として，子どもの感情コントロール力や欲求不満耐性の低下が指摘されている。90年代後半から，いわゆる「普通」の子どもの**感情的な爆発**が問題化し，ときとしてそれは社会的に衝撃を与える事件にもなった。「ムカつく，キレる」という言葉がそのような子どもの気分をよく表すものとして広まった。

　では，なぜ子どもはムカつき，そしてキレるのであろうか。水島（2000）は，「怒り」という感情や「怒る」という行動は社会生活を送るうえでなくてはならないもので，一種の能力でもあるとしている。ただしそれは，コミュニケーションによって健全に処理されるべきもの，と指摘している。つまり子どもが親や教師に

対してムカつくのは，両者のコミュニケーションが不十分で，怒りが蓄積されてしまうからである。したがって，コップの水が満杯の状態のとき，たった1滴が落ちることでこぼれてしまうように，ささいなことで子どもたちは「キレ」るのである（**図7-2**）。しかも，一部の子どもだけではなく，多くの子どもたちがそのような状態におかれているため，「普通」の子どもがキレると見られてしまう。

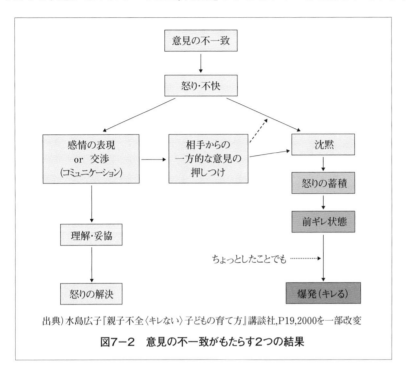

出典）水島広子『親子不全〈キレない〉子どもの育て方』講談社，P19,2000を一部改変

図7-2　意見の不一致がもたらす2つの結果

　このような状況を踏まえて，**感情コントロール**の技術や**コミュニケーションのスキル**（技能）を学校教育の中で積極的に教えていこうという動きがある。学校教育がそこまで教育範囲を広げることに関して異論もあるが，人間関係の希薄化や少子化という傾向などが，人づきあいの自然なトレーニングの場を子どもたちから奪いつつあり，必要性は高まるだろう（相川充，2000）。
　もちろん子どもだけでなく，教師や保護者もソーシャルスキルやコミュニケーションスキルを身につける必要がある。その際，上條（2000）が列挙した「子どもの心をつかむ12のルール」が大変参考になる。それは，

　①子どもの話を否定しない。
　②最後まで話を聞き逃さない。
　③驚きのリアクションを示す。
　④子どもの前ではイスに座りっぱなしにならず，動き回る。
　⑤時と場合に応じて，子どもと対等な立場に立つ。

⑥簡単な「ネタふり」をする。

⑦「余談」で会話にはずみをつける。

⑧相手の言葉を繰り返す。

⑨軽いツッコミを入れよう。

⑩本気でヨイショしよう。

⑪子どもの話に逃げ道を作る。

⑫お約束のギャグを作る。

　というものである。中には実行の難しそうなルールもあるが，ほとんどは意識さえすれば実践可能である。とにかく「子どもの発言は必ず拾う」という意気込みが必要である。なぜなら子どもは自分の発言が相手に届いていると思えばこそ，コミュニケーションに対して肯定的・積極的になれるからである。

❹ 非認知能力というヒント

　本章第1節 ❸ で，「非認知能力が指すものは多様である」と述べた。小塩真司（編著）の『非認知能力 概念・測定と教育の可能性』（北大路書房，2021）によれば，多数の非認知能力が紹介されている（pp. v – ⅷ）。

①誠実性：課題にしっかりと取り組むパーソナリティ

②グリット：困難な目標への情熱と粘り強さ

③自己制御・自己コントロール：目標の達成に向けて自分を律する力

④好奇心：新たな知識や経験を探究する原動力

⑤批判的思考：情報を適切に読み解き活用する思考力

⑥楽観性：将来をポジティブにみて柔軟に対処する能力

⑦時間的展望：過去・現在・未来を関連づけて捉えるスキル

⑧情動知能：情動を賢く活用する力

⑨感情調整：感情にうまく対処する能力

⑩共感性：他者の気持ちを共有し，理解する心理特性

⑪自尊感情：自分自身を価値ある存在だと思う心

⑫セルフ・コンパッション：自分自身を受け入れて優しい気持ちを向ける力

⑬マインドフルネス：「今ここ」に注意を向けて受け入れる力

⑭レジリエンス：逆境をしなやかに生き延びる力

⑮エゴ・レジリエンス：日常生活のストレスに柔軟に対応する力

　以上の15個である。小塩はこれらの「心理特性はいずれも，心理学の中で比較的さかんに研究が行われており，なんらかの『よい結果』をもたらし，変容や教育の可能性が示されている」としている。これらの特性は，子どもたちに対して教育が可能で，子どもたちに変容を促すことができる力なのである。子どもの

情意機能を安定・促進し，知的機能を向上させるものと言ってよい。

　もちろん，児童期という1つの発達期であっても，幼児期の余韻が残る低学年と小学生らしさ真っ最中の中学年，思春期の影響が出始める高学年では，培う力は異なってくる。したがって，学級崩壊を予防したり，回復させたりする際には，子どもたちの発達の状態に応じて，これらの力を取捨選択し育てたい。

＜引用・参考文献＞

東京大学大学院教育学研究科附属発達保育実践政策学センター『非認知能力の育ちをささえる幼児教育』2021

無藤隆『生涯の学びを支える「非認知能力」をどう育てるか』「これからの幼児教育」2016年度春号，pp.18-21

無藤隆『非認知能力の育成：幼児教育（保育）を通して』東京都子ども未来会議第4回資料，2021

相川充『人づきあいの技術』サイエンス社，2000

新井邦二郎編『図でわかる発達心理学』福村出版，pp.9-22，1997

新井邦二郎編『図でわかる学習と発達の心理学』福村出版，pp.107-122，2000

E. H. エリクソン，(仁科弥生訳)『幼児期と社会Ⅰ』みすず書房，1977

R. J. ハヴィガースト，(荘司雅子監訳)『人間の発達課題と教育』玉川大学出版部，1995

『有斐閣　現代心理学辞典』有斐閣，2021

World Economic Forum ”Global Gender Gap Report 2022”

文部科学省『性同一性障害に係る児童生徒に対するきめ細かな対応の実施等について』2015

文部科学省『性同一性障害や性的指向・性自認に係る，児童生徒に対するきめ細かな対応等の実施について（教職員向け）』2016

法務省人権擁護局　人権啓発コンテンツ『あなたがあなたらしく生きるために　性的マイノリティと人権』

河村茂雄『学級崩壊に学ぶ』誠信書房，1999

河村茂雄『学級崩壊　予防・回復マニュアル』図書文化，2000

栗村百合子「適応に苦しむ子どもたち」，落合良行編著『小学五年生の心理』大日本図書，pp.146-172，2000

水島広子『親子不全＜キレない＞子どもの育て方』講談社，2000

中邑平八郎「生命の誕生からの軌跡」，藤土圭三監修『心理学からみた教育の世界』北大路書房，pp.28-34，1994

岡本夏木『ことばと発達』岩波書店，1985

落合幸子編著『小学三年生の心理』大日本図書，pp.11-36，2000

田中敏『心のプログラム』啓文社，1994

鑪幹八郎『アイデンティティの心理学』講談社，1990

和田秀樹『壊れた心をどう治すか』PHP研究所，2002

上條晴夫編『さんま大先生に学ぶ　子どもは笑わせるに限る』フジテレビ出版，2000

小塩真司（編著）『非認知能力　概念・測定と教育の可能性』北大路書房

第8章 青　年　期

〈学習のポイント〉　①青年期初期の劇的な身体的変化について，またそれが及ぼす心理的な
　　　　　　　　　影響について理解しよう。
　　　　　　　　②非認知能力の重要性，またアイデンティティの確立とはどういうこと
　　　　　　　　　かを理解しよう。
　　　　　　　　③ジェンダーとLGBTQ，恋愛行動のプロセスを理解しよう。
　　　　　　　　④青年期に起こりやすい心の問題について理解しよう。

　青年期は，将来の職業への方向づけや人生観の模索を通じて自我を確立してい
くという，人の生涯の中で重要な意味をもつ時期である。子どもから大人への移
行期であり，身体的にも精神的にも不安定な時期でもある。

1. 青年期の位置

　青年期はいつ始まり，いつ終わるのだろうか。この問いに答えるのは難しい。
ふつう「青年」という言葉に対しては，20代から20代後半くらいの若者をイメー
ジする人が多いが，心理学では，12～13歳から22～23歳までの約10年間を
青年期と呼んでいる。これを学校制度と対応させると，中学生から高校生，大学
生の年代に相当し，それぞれ青年前期，青年中期，青年後期となる。しかし，現
代においてはこの定義に変更が必要とされている。

　青年期は，急速な身体的変化とそれに伴う心理的変化から始まると考えられて
いるが，一般的には誰でも客観的に観察しやすい身体的変化が指標とされる。
10代の前半で身長や体重が急速に増加し，同時に男らしい，女らしい体へと変
化する。現代では身体的発達の加速が進み，女子の場合には性的成熟が小学校の
高学年でもみられるのがめずらしくなくなってきており，身体的にだけみれば小
学校高学年でも青年期に入ることになる。

　また，青年期の終わりは，就職や結婚をきっかけとする見方が一般的であるが，
近年，就職や結婚の形態や時期が多様化していることから，この見方も難しくなっ
てきている。一方，精神医療の分野では，青年期に発病する精神障害のかなりの
部分が30歳前後に軽快したり治癒することから，青年期の終わりは，30歳くら
いまでとする考え方（笠原嘉，1977）もある。

　このように青年期の期間についてはいろいろ議論がある。しかし，現代におけ
る青年期の始まりは今までの定説より早く，終わりは遅くなっている点では共通
している。つまり青年期は時代とともに長くなってきているといえる。

2. 身体的成熟

1 身体の発達

　小学校高学年から中学生にかけては，人間の一生の中で乳幼児期とならんで身長や体重が著しく増大する時期である。このように青年期の初めに内臓や生殖器，骨格を含めて体が著しく大きくなる現象を「**発育スパート**」と呼ぶ。これは，間脳からの指令を受け，脳下垂体から分泌される性腺刺激ホルモンによって，性ホルモンの分泌が促されることによる。

　性ホルモンの影響によって，女子は皮下脂肪が増加し，丸みを帯びた体つきになり，初潮をみるが，排卵機能が安定するためにはさらに数年を要する。男子は骨格や筋肉が発達し，声がわりをする。精通がみられ，性欲や性衝動も高まる。一般に，第２次性徴[*1]の現れる順序は，男子が，変声，性毛の発毛，思春期の発育スパート，精通の順，女子が，乳房の発育，性毛の発毛，思春期の発育スパート，初潮の順である（**図8－1**）。女子の第２次性徴の出現は10〜11歳頃，男子は11〜12歳頃で，女子は男子より1〜2年早い結果，小学校高学年あたりでは女子のほうが男子より平均身長が高く，大人びて見える。

＊1 **性徴**：性を判別する基準となる特徴を意味する。第１次性徴とは，性腺や性器の違いのことで，第２次性徴とは，それ以外の男女の特徴のことを指す。

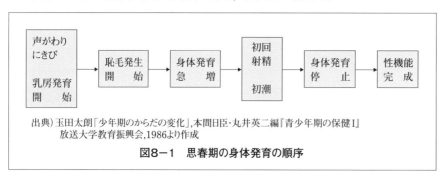

出典）玉田太朗「少年期のからだの変化」，本間日臣・丸井英二編『青少年期の保健Ⅰ』
　　　放送大学教育振興会，1986より作成

図8－1　思春期の身体発育の順序

　性ホルモンの分泌が活発になることは，身体的な変化だけでなく心理的な影響も及ぼす。例えば男子の場合，男性ホルモンが活発になることにより攻撃的な感情や行動を引き起こしやすくなったりする。

　身体的な成熟を，成長する本人はどう捉えているのだろうか。

　齋藤（1990）の調査では，自分の性的成熟に対する反応において，男女で異なる傾向があることが示されている（**表8－1**）。男子は，「あたりまえ」や「何とも思わなかった」という答えが多く，否定的反応を示す者は少なかった。一方女子は，「いやだったがしかたないと思った」という答え方をする者が男子と比べて多かった。特に初潮については，肯定的に受けとめる女子と否定的に受けとめる女子とがほぼ同じ割合になっていた。初潮発現前に情報をもっていなかった者がもっていた者より否定的に捉える傾向があるため，発現前に初潮に関する知

表8-1　性的成熟の発現に対する心理的受容度

人数(%)

心理的受容度	男　子			女　子		
	変　声	恥毛の発毛	精　通	乳房の発達	恥毛の発毛	初　潮
おとなになれて,とてもうれしかった	2(2.9)	4(4.4)	1(2.5)	8(11.6)	5(7.0)	11(15.7)
おとなになる上であたりまえだと思った	18(26.1)	34(37.8)	19(47.5)	12(17.4)	11(15.5)	14(20.0)
別に何とも思わなかった	39(56.5)	31(34.4)	12(30.0)	40(58.0)	27(38.0)	13(18.6)
いやだったが,しかたないと思った	7(10.1)	17(18.9)	5(12.5)	8(11.6)	22(31.0)	27(38.6)
とてもいやで,できればそうなってほしくないと思った	3(4.3)	4(4.4)	3(7.5)	1(1.4)	6(8.5)	5(7.1)

出典) 齋藤誠一「思春期の身体発育が心理的側面に及ぼす効果について」青年心理学研究会1989年度研究大会発表資料,1990

識を与えておくことが必要であろう。

② 早熟と晩熟の違い

　第2次性徴の発現の時期は個人によって異なるので，特に小学校高学年から中学校までの間は，性的成熟の個人差が大きく広がる。男子では早熟は概して有利であるといわれている。男子の早熟者は，他の者より背が高く運動能力も高いことから，仲間からも大人からも評価が高く，それが自信を高め社会への良好な適応につながりやすいと考えられる。一方，女子の早熟者は，晩熟者に比べて抑うつ傾向が強く，身体イメージや摂食障害傾向に問題が多いことが報告されている（向井，2010）。

　このように，早熟か晩熟かによって青年当人が直接影響されるというよりはむしろ，当人を囲む社会の評価が違うために，それが青年の心理に影響するという面があることがわかる。

③ 発達加速現象

　同年齢でみると，子どもの身長は親の世代にくらべて大きい。このような人間の成熟や成長が，世代が変わるごとに促進されている現象を「**発達加速現象**」という。発達加速現象には2つの側面があり，身長や体重などの成長速度が速くなる現象を成長加速現象といい，初潮，精通のような性的成熟の始まりが早くなる現象を成熟前傾現象という。例えば，成長加速現象については，戦後，一貫して世代が下がるにつれて身長が増加してきた。また，成熟前傾現象については，初潮を例にとると，西欧諸国で1860年代では初潮の平均年齢は16歳であったのが，100年後の1960年では，13歳まで早まっている。日本でも，戦後から1990年

代に至るまで毎年初潮年齢が下がっていた。

　このような発達加速現象は，さまざまな要因によって起こると考えられる。例えば，栄養状態の改善や生活様式の西欧化，都市化にともなう刺激の増加などである。しかし，最近は，発達加速の鈍化と早発傾向の停滞がみられるようになっている。

3．認知の発達と非認知能力

　青年期は，**ピアジェ**によれば認知発達の最終段階である**形式的操作期（形式的操作段階）**[*1]にあたり，物事を抽象的に考えることができるようになる。また，**メタ認知**[*2]も発達して，自分の思考や行動を客観的に見ることも可能になる。

＊1 第2章 p.24 参照。

＊2 第1章 p.18，第2章 p.28 参照。

＊3 第2章 p.28，第4章 p.71 参照。

　近年，教育の世界では「**非認知能力**」が注目されている。非認知能力とは，知能や学力以外の，人生において成功をもたらすもので，意欲や計画力，他人と協同するために必要な感情制御などが含まれる（ヘックマン，2015）。**ヘックマン**[*3]（Heckman, J.J.）は幼少期の非認知能力に注目したが，青年期においても意欲や，自尊心や社会的スキル，レジリエンス（resilience）などの非認知能力を発達させることは重要であるとした。しかし，必ずしも非認知能力は単純に成長するものではなく，認知的発達と複雑な関係があることが示唆されている。例えば，自尊心は，青年期初期に下がることがわかっている。これは，青年期に認知的に内省する力が発達するとともに，多様な視点や他者からの評価に敏感になることで，自分自身に対する評価がより客観的で厳しいものになるため，一時的に自尊心が低下すると考えられている（加藤他，2018）。

　さらに，非認知能力の1つとして，**レジリエンス**をとりあげてみよう。レジリエンスとは，逆境から回復し，状況に適応していく力と定義されている。例えば，大きな災害を経験したり，受験に失敗したり，いじめを受けたりという経験をしても，そこから立ち直り適応していくことがレジリエンスを発揮することである。中学生のレジリエンスを検討した研究（清水・相良，2019）では，友人と安定した親密な関係があること，親や教師に相談にのってもらえるという認識が強いほどレジリエンスが高いことが示されている。このようにレジリエンスは，本人の特性だけでなく，環境によってもそれが高められるものである。学校現場でも，自尊感情やレジリエンスを高めるような包括的な介入プログラムの検討もおこなわれており（魚路・前野，2021），その後の人生におけるさまざまな困難な状況を乗り越える力を身に付けるという意味でも青年期におけるレジリエンスの育成は重要になる。

4. アイデンティティの確立

アイデンティティ（自己同一性）とは，E.H.エリクソン[*1]によると，「これこそ自分だ」という主観的な感覚を指す。つまり，自分らしく生きていること，そしてそれが同時に社会の期待に答えているという経験とそれに伴う充実感を意味する。子ども時代までの自己は，それまでの経験の中で受動的に形成されてきており，必ずしも自覚的なものではない。青年に達したとき，それまでに積み重ねてきた自己の再検討を迫られ，自覚的，意図的に自己のあり方を再構成しなおし，社会の中で自己の社会的位置と役割を確定していく。家族の一員として，職業人として，男性あるいは女性として「自分とは何か」「自分はどういう人間になるのか」という問いに対する答えを見出していくのが青年期なのである。

＊1　第2章 p.31 参照。

エリクソンは，人生を8つの段階に分け，**青年の課題**として，**アイデンティティの確立対アイデンティティの拡散**をあげている（**図8－2**）。

アイデンティティの確立を求めて職業や価値観を自分で選択し，自己決定しようとするとき，そこまでに到達するための模索は苦しいものである。模索に伴う

	1	2	3	4	5	6	7	8
老年期								統合性 対 絶　望
壮年期							世代性 対 自己陶酔	
成人期						親密性 対 孤　立		
思春期 青年期				同一性 対 同一性拡散				
学童期				勤勉性 対 劣等感				
児童期			自発性 対 罪悪感					
幼児期		自立性 対 恥・疑惑						
乳児期	信頼性 対 不信感							

出典）エリクソン,1973

図8－2　人生の心理・社会的発達段階と危機

動揺や不安に耐えられない場合は，自己決定を回避することになり，ますます自分についてわからなくなる。アイデンティティを獲得し確立することへの関与を放棄することも生じる。これをエリクソンは**拡散**と呼んだ。このため**青年期**は，**アイデンティティの確立**，あるいは**拡散の危機**の時代であるといわれている。

アイデンティティは青年期だけではなく，生涯を通じて問われるものである。しかし，特に青年期のアイデンティティの形成が重要な課題とされるのは，身体的成熟を契機として，子どもとしての自己を統合したり捨てたりしながら，新しい自己を確立する課題に青年が初めて直面するからである。

■ アイデンティティの地位

マーシア（Marcia, H.E.）は，エリクソンのアイデンティティの確立と拡散の心理・社会的基準を把握しようと試み，アイデンティティの状態を4つの地位に分類した。分類する基準として，①**危機**（自分にとってどれがふさわしいかを迷い，悩むこと）があったか否か，②**関与**（自分の信念や生き方を自覚し，実現しようと努力していること）しているか否かをもとにしている（**表8－2**）。

表8－2　4つのアイデンティティ地位

	アイデンティティ拡散	早期完了	モラトリアム	アイデンティティ達成
危機	あり／なし	過去になし	最中	過去にあり
関与	なし	あり	あるが漠然としている	あり

出典）マーシア,1980

アイデンティティの達成は，表で示されるように，危機の経験があり，関与が明確である状態，つまり，悩んだ末，自分で解決しそれにもとづいて行動している状態である。**早期完了**は，関与は明確だが危機の経験がない場合，**モラトリアム**[*1]は，関与は明確でないが探求するために努力している状態である。アイデンティティ拡散は，関与も明確でなく，どうしたらいいかわからなくなっている状態である。具体的な反応の例を**表8－3**にあげる。

アイデンティティを達成した者の割合は，多少の変動はあるものの，高校から大学卒業にかけて上昇すると言われている。

アイデンティティは1度達成されても，それ以降も達成が続くとは限らない。青年期以降も結婚や子どもの誕生，転職などで新たな役割を求められ，それに応じてアイデンティティは探索され，作り直されるのである。

*1 モラトリアム：もともとは経済用語で債務の支払いを猶予すること。エリクソンの概念では社会的責任の猶予という意味で用いられる。

表8-3　アイデンティティ地位の例

地　位	面接時のコメント	解　　説
アイデンティティ拡散	「どれが本当の自分かわからない。何をしてもぎこちない感じ。考え込む神経質なところをなくし,おおらかな気持ちをもちたい。でも,どうしたらいいかわからない」	葛藤の内容は,将来への展望でなく性格についての悩みである。性格的に神経質という面を気にしており,これは拡散状態の特徴の1つの「過剰な自意識」にあたる。
早期完了	「教師になろうと思う。TVドラマで教師に憧れたのがきっかけ。親も教師になってほしいと期待している。教師になること自体に悩んだことはない」	過去に,職業について悩んだことがなく,親の期待するものになろうとしている。
モラトリアム	「このまま来年卒業するのは,中途半端な感じ。本当にやりたいものはこの3年間でつかめなかった。卒業後は1年間の養護指導員の養成学校に行ってそこで職業を探してみようと思う。もう1年猶予をもらう」	卒業後,1年間の猶予期間の延長を考えているが,その間に職業を探そうとしている。葛藤の内容は自分が本当にやりたいことは何かである。
アイデンティティ達成	「採用試験を受けたが,落ちてしまった。悔やしかった。1年間の期間採用をやりながら,来年も試験を受けるつもり。職業として,教師以外のものは考えていない」	試験の不合格という状況に対してもくじけずに,自分の目標をめざそうとしている

出典) 小沢,1991

② アイデンティティ形成の性差

　エリクソンの議論は，もともと男性を対象にした研究であることから，女性の場合はあてはまりにくいといわれている。**ギリガン**[*1](Gilligan, C.) は，道徳観とアイデンティティの研究を行い，自己のあり方には，自立をめざす分離と，他者と相互に依存した愛着という2つの種類があり，女性のアイデンティティ形成には愛着の側面が重要であることを唱えた。これを受けて，男性のアイデンティティ形成には職業や政治などの「**個人内領域**」が重要であり，女性の場合は性役割などの「**対人関係領域**」が重要であると考えられるようになり（大久保,2000），何をアイデンティティのよりどころにするかという点で男女差があることが指摘されている。

　しかし，個人内領域と対人関係領域の両方とも，男女青年のアイデンティティ形成に影響を及ぼすもので，どちらが重要であるかという点は単純に性別で決めることはできないと考えられる。性差があるとしても，むしろ対人関係の質や内容の違いにあることが言われている。例えば，男子高校生は他者に勝ちたいという欲求が高いほど強いアイデンティティ感覚をもつが，女子は逆の傾向を示すと

＊1 第2章コラム「コールバーグの道徳性発達理論」(p.24)参照。

いう報告もあることから，対人関係においては男子は他者との競争，女子は愛着・親和に主要な関心があるというように関係性の内容が異なるようである（大久保，2000）。

5. 青年の進路選択

1 職業選択の段階

エリクソンのいうアイデンティティの形成の中で，自分にはどんな職業が向いているのかという職業的領域でのアイデンティティの形成は，特に重要な問題である。**職業的自己概念**について，**スーパー**（Super, D.E.）は，職業生活を成長段階（誕生から14歳），探索段階（15歳〜24歳），確立段階（25歳〜44歳），維持段階（45歳〜64歳），下降段階（65歳以後）の5つの段階に分け，職業的自己概念は生涯にわたって発達するものと考えた（後藤，2002）。

この考えをもとにして，白井（1992）は日本の大学生を対象にして職業選択に至る段階をまとめている。それによると，青年期は主に暫定期と移行期に対応し，学校，余暇活動，アルバイトにおいて職業上の探索が行われている。暫定期では，職業を単なるあこがれではなく具体的に意識し，自分の能力や興味，雇用の機会を考慮する。しかし，高校受験やクラブ活動で忙しく，生涯の職業について考えたことのない者もいる。移行期では，実際に訓練の場にはいり，職業上での自己を吟味することが大切である。医療や保育，教育といった領域であれば，大学生活の場で実習や研修により具体的イメージをもてるであろうが，その他の多くの学部や学科では仕事のイメージは描きにくいため，高校，大学でのインターンシップ制度の充実を図るといった対策が必要になるであろう。

2 定職に就かない若者の存在

日本では，2000年代の始めの頃，学校を卒業しても定職に就いていない若者たちが増加した。日本では，この若者たちの労働形態はフリーターと呼ばれている。フリーターとは，内閣府の定義では，15〜34歳で学生でも主婦でもない人のうち，パート・アルバイト（派遣等を含む）および働く意志のある無職の人とされ，その数は417万人に及ぶとされた（内閣府，2003）。一方，厚生労働省の定義では，フリーターは内閣府の定義から正社員を希望する人を除いたものになり，2008（平成20）年で170万人（厚生労働省，2009），2021（令和3）年では137万人（総務省統計局，2022）となり，全体的には減少している。

フリーターが存在する背景には，かつての終身雇用制度が崩れ始め，中途採用

者や非正規雇用を増加させてきた日本の雇用システムの変化とともに，個人の仕事に対する考え方の変化もあると考えられる。また，不況とはいえ定職につかなくても生活はできるという社会的状況も無視できないだろう。

日本労働研究機構の調査（2000）では，フリーターは「モラトリアム型」「夢追求型」，正規雇用を望む「やむを得ず型」の３つのタイプに分類できるという。「やむを得ず型」は明確な進路意識をもっているが，「モラトリアム型」と「夢追求型」は，まさしく青年期のモラトリアムの只中にあるといえる。

さらに，小此木（1981）が指摘するように，社会全体としてモラトリアム人間の地位の向上がある。1950年代までの青年の半人前意識や禁欲，真剣な自己探求の姿は失われ，モラトリアム時代は「１日も早く抜け出したい」ものではなく，むしろ，新しいテクノロジーに敏感なモラトリアム人間の地位を上げて「できるだけとどまりたい」ものとなる。これは，成人になる必要性を低め，いつまでも自己の定義づけを延期することを意味する。

しかし，フリーターとして働く職場は限られており，フリーターの経験が将来のキャリア形成に結びつきにくいという問題がある。また，20代後半になるとフリーターとして働ける場所も限られてきて，職業における自己確立への不安が高まる可能性も大きい。

6. ジェンダーと性役割

生物的な男女の違いをセックスと呼ぶことに対し，社会や文化によって作り出された男女の違いをジェンダー（gender）と呼ぶ。男性，女性に社会的で期待される行動を**性役割**（gender role）と呼び，いわゆる「男らしさ」「女らしさ」の内実を意味する。

まず，本節では，性の同一性（性自認）の多様性を取り上げ，次に性役割の受容について取りあげる。

■ ジェンダーとLGBTQ

自分の性がどちらなのかという認識はジェンダー・アイデンティティ（性の同一性）と呼ばれ，２歳から３歳の間に獲得される。性の同一性は，医学的には**性自認**と呼ばれる。多くの人は，身体的な性別と同一であるため，自分が男性なのか，女性なのかは迷うことは少ないだろう。しかし，身体的な性と自分の性が一致しない人も少ないながら存在する。このような人は**性別違和**（性同一性障害）といわれ，服装，遊びや行動の好みが同性のものと異なり，多くの場合，就学前

表8−4　身体の性と性自認及び性的指向による組み合わせ

	性自認	性的指向	カテゴリー
身体が男性	男であると自覚	女性に惹かれる	異性愛
	男であると自覚	男性に惹かれる	男性同性愛
	女であると自覚	男に惹かれる	トランスジェンダー・異性愛
	女であると自覚	女に惹かれる	トランスジェンダー・女性同性愛
身体が女性	女であると自覚	男性に惹かれる	異性愛
	女であると自覚	女性に惹かれる	女性同性愛
	男であると自覚	女に惹かれる	トランスジェンダー・異性愛
	男であると自覚	男に惹かれる	トランスジェンダー・男性同性愛

出典）小林牧人・小澤一史・棟方有宗編『求愛・性行動と脳の性分化』裳華房（2016）より一部改変

から違和感をもっていることが多く，思春期になると自分の体の変化に嫌悪感を抱いたりするようになる。

　また，恋愛についても，異性間の恋愛が一般的であるが，中には，同性に恋愛感情を抱いたりする人もいる。どういう人に恋愛感情を抱くかは，性的指向（セクシャリティ）と呼ばれる。**LGBTQ**[*1]という性的少数者を表す用語が社会で周知されるようになってきたが，LGBTQは，性の同一性と性的指向を合わせた略称である。性の同一性と性的指向の組み合わせは**表8−4**のようにさまざまなパターンがある。

　私たちは，すべての人が必ずしも自分の身体と性自認が一致しており，異性が恋愛対象となるものではないことを理解する必要がある。

＊1 LGBTQ：
L：Lesbian（レズビアン）女性同性愛
G：Gay（ゲイ）男性同性愛
B：Bisexual（バイセクシャル）両性愛者
T：Transgender（トランスジェンダー）身体の性と性自認が一致しない
Q：Questioning ／ Queer（クエスチョニング/クィア）性的指向，性自認が定まらない
----

2 男らしさ女らしさの中身

　青年期は，身体的成熟に伴い，それまであまり意識していなかった自分の男らしさ，女らしさが改めて問われる時期である。また，それと同時に異性への関心が高まる時期でもあるので，異性からみて自分は男性としてあるいは女性としてどうなのかが気になり始めるのである。

　伊藤裕子（1983）は，大学生に男女の性格特性について自由に記述してもらい，「男らしさ」「女らしさ」をどう捉えているかを調べた結果（**表8−5**），大学生の考える「男らしさ」は力の主張であり，「女らしさ」は人に対する配慮が中心となっていることを見いだした。湯川（2002）の調査によると，1990年代の大学生の考える「男らしさ」と「女らしさ」の区別は

表8−5　大学生のイメージする「男らしさ」「女らしさ」

男らしさ	女らしさ
頼りがいのある	かわいい
行動力のある	やさしい
信念をもった	思いやりのある
やさしい	明るい
決断力のある	暖かい
たくましい	よく気のつく
心の広い	素直な
意志の強い	清潔な
力強い	献身的な
指導力のある	静かな

出典）伊藤,1983

1970年代に比べるとうすれてはいるものの，「男らしさ」「女らしさ」の基本的な部分は年数を経ても変化しにくいことが報告されている[*1]。

３　男らしさ女らしさの受けとめ方

　では，このような性格特性としての「男らしさ」「女らしさ」は，どのくらい重要だと思われているのだろうか。伊藤・秋津（1983）は，男性的性格特性（男性性）と女性的性格特性（女性性）について，①個人的評価「あなたにとってどのくらい重要と思うか」②社会的評価「社会一般ではどの程度望ましいとされているか」③男性／女性役割期待「世間の人々から男性（女性）として望ましいと思われるにはこのような特性を備えることがどれくらい重要か」を調べ，各得点の差を調べた。図8-3は，男性性に対する男性の回答（左）と，女性性に対する女性の回答を示したものである。比較すると，男性の場合，男性性は個人的評価，社会的評価，男性役割期待のどれも高い評価点がつけられている。つまり，男性は，男性性が自分にとっても社会にとっても重要であると考えている。これに対し，女性の場合，女性性は社会的評価も個人的評価も高くないが，女性役割期待は比較的高い。つまり，どの年齢層でも，女性性は女性にとっては望ましいが，女性自身はあまり重要でないと考えているのである。この意味で，男性が男

＊1　ただし，自分がどのくらい「男らしさ」「女らしさ」をもっているかという自己評価になると，男子大学生でも女子と同程度に女らしい特性をもっていると評価し，男女の差はあまりみられなくなる（Sugihara & Katsurada, 2000）。

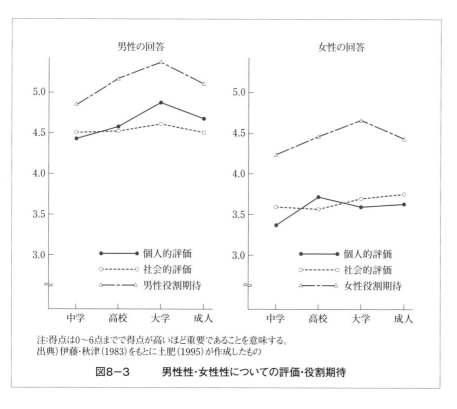

注：得点は0〜6点までで得点が高いほど重要であることを意味する。
出典）伊藤・秋津（1983）をもとに土肥（1995）が作成したもの

図8-3　　男性性・女性性についての評価・役割期待

性性を受け入れるよりも女性にとって女性性を受け入れることに大きな葛藤があるといえるだろう。

　しかし、異性を意識する場合、男性も女性も相手が自分に何を期待しているかを推測して行動するようである。1対1の親密な関係をもつと、社会の通念としてのステレオタイプに合わせるようにふるまうことが、土肥（1995）の研究で示唆されている。青年期では、異性がどんなタイプの男性、あるいは女性を好むかが関心の的になる。このような情報は、実際に異性から得られるよりも雑誌やテレビなどのマスメディアからの影響が大きいと考えられる。マスメディアは、男性らしさ、女性らしさについてステレオタイプのイメージを伝達している場合が多いので、そのイメージに左右される場合が多いのである。

7. 対人関係

■ 親子関係

　児童期においては友人との交流が生活の中心となってくるが、心理的には依然として親に依存している。しかし、青年期になると急速な体の成熟とともに認知能力も発達し、自己を含めて親も客観的に見ることができるようになる。それまで親は常に尊敬できる対象であったのが、理想的な親を求めて現実の親を批判的に見るようになる。青年期のこのような心理的自立は「**心理的離乳**[*1]」と呼ばれる。親の価値観と自分の価値観が異なることに気がついた青年は、親に対して強く反発し、親との間に緊張関係を経験することになる。このように親からの自立のプロセスは、青年に不安と動揺をもたらすために、ホール（Hall, G.S.）は青年期を「疾風怒涛」の時期と表現した。

　しかし、最近では、多数の青年の親子関係が良好でこのような緊張がみられないことが報告されている。小学生・中学生・高校生5000人に対して親子の関係を聞いたところ、中学生で8割、高校生で6割強が「父とも母ともうまくいっている」と答えている（落合、1993）。また、女子高校生の場合、親との会話がうまくなされているほど学校適応感が高いという鵜木（2003）の報告もあり、青年においても良好な親子関係の重要性が示唆される。

　このように親子関係の側面からみても現代の青年の多くは、従来考えられていたほど動揺を経験せず、青年期を送っているという青年期平穏説が支持される傾向にある。

　しかし、親子関係は良好であっても子どもの成長とともに、関係の質は変化していく。青年が親から離れていく過程には、5つの段階があるといわれている（落

[*1] **心理的離乳**：親や教師に心理的に依存していた状況から脱け出し独立しようとする気持ちが強くなることを、ホリングワース（Hollingworth, L.S.）は乳児期の離乳になぞらえた。

合・佐藤，1996）。第1段階は「親が子どもを抱え込む親子関係」と「親が子どもと手をきる親子関係」とが表裏一体の関係にある段階である。第2段階は「親が外界にある危険から子どもを守ろうとする親子関係」，第3段階は「子どもである青年が困ったときに，親が助けたり，励ましたり子どもを支える親子関係」，第4段階は「子どもが親から信頼・承認されている親子関係」，第5段階は「親が子どもを頼りにする親子関係」である。中学生では第1段階から第3段階の親子関係が多かったのに対し，大学生では，第4，第5段階の関係が多かった。このことから，青年期の親子関係は高校生から大学生のはじめに転換点があると考えられている。

❷ 友人関係

　幼児期や児童期の友人が主に遊び友だちであるのに対し，青年期の友人関係は，「親友」と呼ぶにふさわしい親密なものである。友人となるきっかけは，人格的な尊敬や共鳴であり，友人を厳選するようになる。そしてこの時期の友人は，一生の友となるくらいに持続する可能性があり，非常に安定したものになる。

　青年期の友人関係を機能の面から考えてみよう。松井（1990）によれば，青年期の友人関係は，安定化機能，社会的スキルの学習機能，モデル機能があるという。安定化機能とは，親からの自立を試みているが親に代わる精神的な支えが確定しない不安定な青年期において，不安を弱める働きをもつ。この安定化機能のあり方には男女で異なる傾向がみられる。女子は友人と親密な絆を築き，自分に関するさまざまな問題を打ちあける。一方，男子は，同じ趣味をもち，行動をすることで信頼感や安心感をもつことが報告されている（榎本，1999）。社会的スキルの学習機能とは，友人とのつきあいを通して，社会的生活に必要なスキルを学習することができること，そして，モデル機能とは，友人関係を通してさまざまな行動が学習できる機会をもてることである。友人関係が親密で魅力的なほど友人の行動はモデルとなりやすい。このように，友人関係は，青年にとってその成長を支える大切な関係である。

8. 恋愛と性行動

　児童期には，異性に関心があっても同性集団の圧力が強いために，1対1でつきあうという関係はほとんど見られない。しかし，性的な成熟とともに，性的な関心も高まり，特定の異性に好意を抱き，相手とつきあいたいという欲求が高まる。
　性的な関心や欲求と行動は，男女で差がみられる。**表8－6**は，2017（平成

29）年に行われた調査で，性的関心や性行動の経験率が50％を超える年齢を示したものである。男子の場合，13歳で性的関心，自慰の経験率が半数を超える。一方，女子は12歳で初経を経験した後は，15歳で性的関心の高まり，16歳でデート，キスを経験する。概して，男子は性的な興味や欲求が先にあって，それが特定の異性に対して向けられていくのに対し，女子は身体的な成熟は男子より早いものの，特定の異性と親しくなる過程で徐々に性的な関心を触発されるというように，男女で性行動の発達のずれがみられる。

これは，「性交」の動機に顕著に現れている（表8－7）。男子では，「好奇心から」「経験してみたかったから」という動機が女子より多く，相手に対する「好き」という感情と性交に対する好奇心が両立しているが，女子は，性的欲求が遅く現れるためか「好き」という感情で性交に至る傾向がある。このために，初めての性交のイニシアティブは男子が取る場合が多くなるのである。恋愛の仕方にはこのような男女差があることをお互いに理解していることが重要であるだろう。

また，調査からは，中学生，高校生の女子の性的行動には，家庭のイメージの良好さとの関連が見出されている。家庭が「楽しくない」と答えた女子は，「楽しい」と答えた女子よりデートやキスや性交の経験率が高かった。女子青年にとって居場所としての家庭の重要性がうかがわれる。

表8－6　性的体験が5割を超える年齢

	男　子	女　子
11歳以前		
12歳		初　経
13歳	自慰・性的関心・精通	
14歳		
15歳	デート	性的関心・自慰
16歳	キ　ス	デート・キス
17歳		
18歳	性　交	性　交
19歳		
20歳		
21歳		
22歳以降		

出典）日本性教育協会編『「若者の性」白書（第8回）「大学生の回答」』小学館（2019）より作成

表8－7　性交経験の動機

複数回答％

動　機	高校		大学	
	男子	女子	男子	女子
愛していたから	36.0	30.2	25.5	19.3
好きだったから	55.7	71.7	61.2	71.3
好奇心から	32.9	18.8	35.7	24
経験してみたいと思っていたから	42.9	22.7	48.0	33.7
遊び半分や酒などを飲んで	2.1	2.9	4.4	3.2
相手から強く要求されて	5.5	16.7	1.8	13.9
ただなんとなく	9.3	11.8	6.1	8.9
その他	1	0.5	1.2	0.8
DK.NA（無回答）	2.4	2.4	0.7	0.7
基数（人）	289	414	835	884

出典）日本性教育協会編『「若者の性」白書（第8回）』小学館（2019）

また，前述した LGBT の青年の中には，その性的指向性ゆえにからかわれたりいじめをうけたりする者がいることもわかっている。**性的マイノリティー**に関する教育の充実が期待される。

9. 青年の心の問題と非行

青年期は親からの独立，将来の職業への方向づけ，人生観の模索を通じてアイデンティティを確立していく時期であり，心理的には不安定な時期といえるだろう。10 代から 20 代のこのような青年期に特有の心の問題として，本節ではひきこもり，摂食障害について取り上げる。これらは，青年期の病理といえる事柄であるが，本節では，さらに，青年期特有の不適応行動として非行にも触れる。

① ひきこもり

アパシー[*1]が，本業を怠る一方でアルバイトなどの副業には活動的である場合が多いことに対し，**ひきこもり**は学校へも仕事へも行かず，数カ月から数年以上家に閉じこもる状態をいう。

斎藤（1998）は，ひきこもりを，「20 代後半までに問題化し，6 ヶ月以上自宅にひきこもって社会的活動をしない状態が持続し，精神障害が第一の原因とは考えにくいもの」と定義している。何かのきっかけで傷つき，人と接することに不安や緊張を抱くようになり，ひきこもる。しかし，ひきこもりをつづけていくと，人との交流経験が乏しくなり，ますます人との関わり方に自信がもてなくなり，いっそうひきこもるという悪循環が生じる。本人は，人との関わりをなんとかもちたいと焦燥感と不安で悩んでいるので，周囲の人は叱咤激励したりせず，気長な努力を続けることが必要である。

② 摂食障害

食行動は，人間にとって最も大切な行動の 1 つであるが，食事量を過度に制限したり，逆に過剰な摂食をしたりという異常な摂食行動をする青年がいる。前者を**拒食症**，後者を**過食症**と呼び，合わせて**摂食障害**と呼ぶ。

拒食症とは，思春期やせ症とも呼ばれ，正式には**神経性無食欲症**という。30 歳以下の女性に圧倒的に多く，患者の体重は，標準体重に比べ 20 ％以上も少なく，無月経，便秘などを伴う。かつては，青年期女子に特有の成熟拒否，性的成熟の拒否などが原因の 1 つとされていた。しかし，出産後にかかるケースも報告されており，成熟拒否だけでは捉えにくい。スリムな体型へのプレッシャーなどの社

*1 アパシー（apathy）：意欲が低下し，無気力・無関心となった状態をいう。うつ病が無気力，意欲の低下を本人が自覚し，気分が落ち込んだりイライラするのに対し，アパシーでは自覚がないことが多い。学生に特有のスチューデントアパシーでは，勉強に対する意欲がなくなり，学業を続けることが困難になるが，学業以外のことでひきこもることはない。

会的心理的要因や，ストレスへの耐性のような遺伝的要因が複雑に関係している
といわれている。

　過食症は，正式には**神経性大食症**と呼ぶ。一般に拒食症が10代に多いのに対し，
過食症は20代前後に多い傾向がある。過食の人たちも痩せたいという強い願望
をもちながら，食欲が抑えきれなくなって，食べるという行動に走る。そのため，
食後は自己嫌悪と肥満への恐怖に襲われ，下剤を飲んだり手を口に入れたりして
嘔吐する。過食症では，過食と嘔吐の繰り返しが常習化して，体はやせていく。

　なお，摂食障害は重篤な場合，死に至ることもあるので，できるだけ早期に専
門家に相談することが大切である。

❸ 非行

　非行とは，未成年が喫煙，飲酒，暴走行為などの反社会的行動に走ることをい
う。また，家出や深夜徘徊なども，反社会的行為にはならないものの，青少年の
健全な発達上好ましくない不良行為として非行に含まれ，補導の対象となる。法
律上，非行少年は，犯罪少年(14歳以上20歳未満)，触法少年(14歳未満)，虞犯
少年(18歳未満で法をおかすおそれのある者)，特定少年(18歳，19歳) に分けら
れる。

　非行少年率は，15歳がもっとも多く，次に14歳，16歳の順であり，14歳か
ら16歳までの低年齢層で刑法犯少年全体の6割強を占め (内閣府，2015)，学
年にすると中学の後半から高校の前半に該当する。成人による犯罪が計算に基づ
いて行われることが多いのに対して，未成年者による非行は，青年期特有の精神
的な不安定さの中で行われることが少なくない。例えば，家出や外泊を繰り返す
非行少年少女たちは，一見そういう生活を楽しんでいるようにみえるが，その背
景には，家庭や学校になじめない状況にあったり，親の過剰な期待に応えきれず
押しつぶされていたりというように個人的な悩みを抱えている場合が多い。この
ような青年には，親や教師以外に心理的なサポートが得られるような大人の存在
が大きい。アイデンティティの側面からみると，非行は**否定的同一性**[*1]を選択し
た場合と考えられる。

＊1 **否定的同一性**：社会
から期待される役割や考
え方を取り入れることが
できないと感じて，反社
会的な生き方を選び，反
社会的な集団に属するこ
とで自分を保とうとする
こと。

＜引用・参考文献＞

青野篤子・森永康子・土肥伊都子『ジェンダーの心理学』ミネルヴァ書房，1999

遠藤由美『青年の心理』サイエンス社，2000

榎本淳子「青年期における友人との活動と友人に対する感情の発達的変化」『教育心理学研究』47，pp.180-190，1999

後藤宗理「青年期」『新・保育士養成講座　第3巻』全国社会福祉協議会，2002

ヘックマン,J.J.（古草秀子訳）『幼児教育の経済学』東洋経済新報社，2015

久世敏夫・平石賢二「青年期の親子関係研究の展望」『名古屋大学教育学部紀要（教育心理学科)』39巻，名古屋大学教育学部，1992

笠原嘉『青年期』中公新書，1977

平井誠也・藤土圭三編『青年心理学要論』北大路書房，1989

伊藤裕子「性役割特性語の研究－肯定および否定的特性語の収集，分類および性の帰属」『PL学園女子短期大学紀要』10，pp.32-45，1983

伊藤裕子・秋津慶子「青年期における性役割観および役割期待の認知I」『教育心理学研究』31，pp.146-151，1983

加藤厚「アイデンティティーの探求」加藤隆勝・高木秀明編『青年心理学概論』誠信書房，1997

加藤弘通・太田正義・松下真実子・三井由里「思春期になぜ自尊感情が下がるのか？－批判的思考態度との関係から－」『青年心理学研究』30，pp.25－40，2018

加藤隆勝「『青年』の由来と青年期の位置づけ」，加藤隆勝・高木秀明編『青年期の意識構造』誠信書房，1997

小林牧人・小澤一史「ヒトにおける求愛・性行動と脳の性分化」，小林牧人・小澤一史・棟方有宗編『求愛・性行動と脳の性分化』6章，裳華房，2016

厚生労働省「平成21年版　労働経済の分析」『労働経済白書』，2009

松井豊「友人関係の機能」，斎藤耕二・菊池章夫編著『社会化の心理学ハンドブック』川島書店，1990

向井隆代「思春期の身体発達と心理的適応－発達段階および発達タイミングとの関連－」『カウンセリング研究』43，pp.202—211，2010

落合良行・佐藤有耕「親子関係の変化から見た心理的理由への過程の分析」『教育心理学研究』44，pp.11-22，1996

内閣府「デフレと生活－若年フリーターの現在」『国民生活白書』，2003

Marcia, J.E., Ego identity development, In J.Nelson（Ed.），Handbook of adolescent psychology, New York:Wiley，1980

日本性教育協会編『「若者の性」白書（第8回)』小学館，2019

落合良行・伊藤裕子・斎藤誠一『ベーシック現代心理学　青年の心理学』有斐閣，1993

小此木啓吾『モラトリアム人間の時代』中公文庫，1981

大久保潤一郎「青年期の発達と心の問題」『青年期以降の発達心理学』北大路書房，2000

小沢一仁「青年と社会」山添　正編『心理学から見た現代日本人のライフサイクル－生涯発達・教育・国際化』ブレーン出版，1991

齊藤誠一「思春期の身体発達が心理学的側面に及ぼす効果について」青年心理学研究会1989年度研究大会発表資料，1990

斎藤環『社会的ひきこもり』PHP 新書, 1998

清水美恵・相良順子「中学生のレジリエンスと適応との関連モデルの検討－対人関係に注目して－」『日本応用心理学研究,45』105-114, 2019

白井利明「職業選択」子安増生編『キーワードコレクション　発達心理学』, 新曜社, 1992

総務庁青少年対策本部編『青少年白書』, 2002

Sugihara, Y. & Katsurada, E. Gender-role personality traits in Japanese culture, Psychology of Women Quarterly, 24, pp.309-318, 2000

玉田太朗「少年期のからだの変化」, 本間日臣・丸井英二編『青少年期の保健Ⅰ』放送大学教育振興会, pp.51-62, 1986

土肥伊都子「心理学的男女両性具有性の形成に関する一考察」『心理学評論』37, pp.192-203, 1995

鵜木聖恵「家庭内コミュニケーションと学校適応感」聖徳大学卒業論文　未刊行, 2003

魚地朋恵・前野隆司「共感的な集団活動を取り入れたレジリエンス向上プログラム」『日本想像学会論文誌,24』155-169, 2001

和田実・諸井克英『青年心理学への誘い　漂流する若者たち』ナカニシヤ出版, 2002

湯川隆子「大学生におけるジェンダー(性役割)特性語の認知－ここ20年の変化－」『三重大学教育学部紀要（人文・社会科学）』53, pp.73-86, 2002

第9章

成人期・老年期

〈学習のポイント〉 ①成人期以降にも特定の方向性を持った発達的変化が存在することに注目し，理解しよう。
②安定しているように見える中年期の社会的・家庭的変化を理解しよう。
③老年期の身体的，認知的，家庭的，社会的変化について理解しよう。
④ライフサイクル論のなかで成人期・中年期が抱えている課題について考えてみよう。

1. 成人期・老年期の発達心理学

発達心理学で成人期・老年期が扱われることを意外に感じる人もいることであろう。これまでの各章で紹介されてきた乳児期，幼児期，児童期，青年期はいずれも人間として身体的にも知的にも進歩，成長，発達する時期であることを学んできた。近年ますます重視されるようになってきた**非認知能力**（社会情動的スキル）も，発達の初期にその土台が作られると考えられている。発達が頂点に達したと思われる成人期や衰えていくイメージが強い老年期でも「発達」なのかという疑問が出るのも当然である。

私たちは親や祖父母などの身近な高齢者を通して，年を取るとだんだんと視力や聴力が弱まり，体力がなくなり，物忘れが増えることなどを見て知っている。また，テレビや新聞などのマスコミを通じて，高齢者の認知症や介護の問題についての報道に接することも少なくない。実際に発達心理学の領域で行われた高齢者に関する研究から得られた知見においても，初期の研究の多くは加齢とともに身体的能力，知的能力が衰えることを裏づけるもので，「衰退する老人」というイメージはさらに強化され，日増しに達成感や幸福感が減弱し，暗く孤独に生きる老人像を思い描いてしまうのも無理はない。

しかし，本当に成人や「老人」は衰退するばかりなのであろうか。近年，「老人」は衰退するものであるという考え方に対する反省が起こってきている。戦後の経済的発展と医学の進歩によりわが国は世界一の長寿国となり，2021（令和3）年の簡易生命表によると，男性の平均寿命は81.47歳，女性は87.57歳にもなった[*1]。それとともに，退職してから新しいことに挑戦したり，生き生きと老後を楽しむ人々の姿を目にする機会が増え，自分らしい生き方の模索は青年期ばかりではなく，成人期以降の人々にとっても共通の問題意識となっている。私たちは「老人は衰えるもの」というイメージにとらわれ，一部の研究から得られた知見を一般

＊1 厚生労働省「簡易生命表」

化して，成人や高齢者の実態を見てこなかったのかもしれない。成人期以降，多くの機能が確実に衰えることは否定できないが，加齢とともに発達し，充実する面もあることが徐々に明らかにされてきている。

　急速に高齢化社会を迎えている今日，**高齢者を含めた全生涯を通して人間の発達を考える「生涯発達心理学」がますます重要となってきている**。これまで，成人期以降に起こる変化は発達的なものではなく，個人差や個人の置かれた状況に対する適応と考えられてきたが，今日ではこの時期にも特定の方向性をもった発達的変化が存在するという考え方が主流となってきた。本章では成人期，老年期に見られる一般的な特徴について紹介するとともに，ライフサイクル論の視点からこれらの時期について考えていきたい。

　成人期，老年期が何歳であるかについては研究者によりさまざまな立場があり，はっきりと決められたものはないが，ここではおおよそ独立して一家を構えるまでの20歳から40歳くらいまでを成人前期，40歳から65歳くらいまでを成人後期または中年期，それ以降を老年期と考えることにしよう。本章では主に成人期のうちでも初期よりは老年期への移行過程としての中年期と，それに続く老年期について考えていきたい。

2．中年期における発達的変化

　中年期は壮年，熟年とも呼ばれるように，長い間多くの人が健康に恵まれ，社会的にも安定しているストレスの少ない平穏な時期だと考えられてきた。家庭においては親として子育てに励み，職場においても保障された身分を得ている者が多く，それまでに培われてきた能力が最も発揮される充実した時期であるともいえる。しかし，実際には身体的にも，社会的，家族的にもきわめて変化の多い時期で，中年期は心理的にもさまざまな困難に直面する危機的な時期であるともいえる。

■1 生理的・身体的変化

　30歳代では感じることが少ない身体の衰えも，40歳代に入る頃には身体のあちらこちらに現れる小さな変化を通して自覚するようになってくる。ふと鏡を見て白髪を発見したり，毛髪が薄くなったと感じたり，それまで気づかなかったシミや皺が気になりだしたのをきっかけに，中年太りなど身体中の衰えの兆候に敏感になることもある。これらの容姿の変化は日常の活動に支障を来たすことがなくても，美貌や身体的魅力を自負してきた人にとっては自己認識を脅かすものとなり得る。

　多くの成人が老化を明らかに自覚せざるを得なくなるのは40歳代後半頃であ

ろう。その最初の兆候に視力の衰えがある。これまで何不自由なく見えていた商品の金額や，食品の成分が良く見えずにスーパーで苦労し，家では老眼鏡がなければ新聞も読めなくなる。聴力も40歳代から高音部に対する低下が徐々に起こり，50歳代からその度合いが強くなると言われている。

　腕立て伏せ，腹筋，握力，垂直跳びなどの体力の衰えも切実に感じられ，日常的に運動を続けていない者は身体の柔軟性も極度に失われていることに気づく。思春期の子どもをもつものであれば，体力測定のほとんどで子どもと競争しても負けることを自覚するだろう。疲れやすく，徹夜などの無理がきかなくなるばかりか，肩凝り，腰痛などの症状が出現し，50歳前後の成人の約3割が何らかの身体症状を訴えている（**図9-1**）。高血圧，糖尿病，肝臓病などの生活習慣病や，さまざまな慢性疾患の罹患率が急上昇するのも中年期からである。

　特に女性は閉経により顕著な老化を実感する。一般にエストロゲン（卵巣ホルモン）の分泌は徐々に減少し，40歳代で月経周期や出血量に変化が生じ，その後数年して閉経を経験するといわれている。多くの女性がわずらわしいと感じている月経も，いざなくなってしまうと女性としてのアイデンティティが脅かされるような喪失感があるという。また，エストロゲン分泌の急激な減少はのぼせ，ほてり，動悸，イライラ，不眠などのいわゆる更年期障害の症状を招いて精神的にも肉体的にも女性にきわめて大きな打撃を与えることもある。さらに，最近で

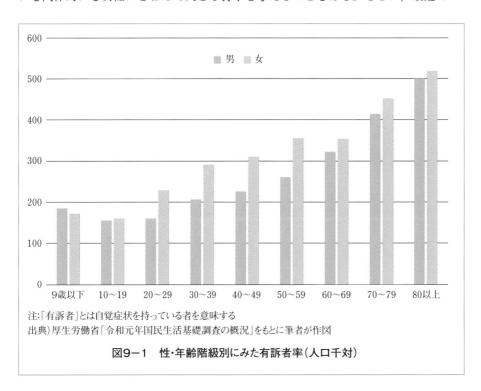

注：「有訴者」とは自覚症状を持っている者を意味する
出典）厚生労働省「令和元年国民生活基礎調査の概況」をもとに筆者が作図

図9-1　性・年齢階級別にみた有訴者率（人口千対）

はこのホルモンの減少は更年期障害ばかりではなく，脳機能，循環器，代謝など
の広い範囲に影響を及ぼすものであることが明らかにされている。

　女性の閉経ほど顕著ではないが，男性においても性的能力は加齢とともに減退
していくことが知られている。こうした変化はそれまでいくらかは性的な要素で
支えられてきた夫婦関係，男女関係のあり方を見直し，相互の人間的，内面的絆
を確認するための転機ともなる。

　これらの変化には個人差がきわめて大きく，遺伝的な要因，規則正しい睡眠や
適度な運動などの生活習慣，バランスの良い栄養摂取などにより，老化の程度は
相当に異なってくる。近年老化防止に効果のあるライフスタイルやサプリメント
などについての人々の関心も高く，老化の速度を遅らせる研究も進められている
が，やがては誰もが経験することであることに変わりはない。

② 認知能力の変化

（1）反応時間

　ここで述べる反応時間とは，新しい情報が処理されるのに必要な時間を意味す
る。中年期以降に見られる最も一般的な変化は，反応時間が青年期よりも遅くな
るということである。この差異は 0.5 秒よりも短いわずかなものであるが，これ
は例えば街角を歩行中に急に自転車が横切ろうとして出てきたり，公園で遊ぶ子
どものボールが突然顔にぶつかりそうになったときなどの予期せぬ出来事から身
を守る際には重要な意味をもつものである。

　情報処理の速度の低下は記憶や知能など認知のあらゆる側面に及ぶ。しかし，
熟練したタイピストなどのようにその人が十分な経験を積んだ分野では，年齢に
伴う変化がほとんど見られない。これとは対照的に，何か新しいことを学ぶ場合
には若い人のように上手に吸収することができず，これは情報処理速度の低下に
よって影響されると考えられている。

（2）記憶

　中年になると多くの人が若かった頃と比べてものごとを覚えるのが難しく
なったと感じる。台所に何かを取りに行ったものの，何が必要だったのか思い出
せなかったり，大切なものをどこに置いたのかを忘れて探し物をすることは日常
化した経験となる。この傾向が進むと知能も低下するのではないかという不安も
よぎるが，このような現象は記憶能力全般の衰退に通じるものではなく，直接に
知的能力の低下を招くものではないことが明らかにされている。

　記憶には感覚記憶，短期記憶，長期記憶などさまざまな分類の方法があるが，
ここではきわめて大雑把に記憶を短期と長期に分けて考えることにする。あらゆ
る刺激はまず感覚器官で捉えられ，ごく短い時間にその大部分が忘れ去られてほ

んの一部が短期記憶として貯えられる。**短期記憶**は中年期の間，比較的変化は少ないとされている。**長期記憶**は経験や知識を通して貯えられるものであり，かなりの量を何十年もの長期にわたって保持することができる。私たちは必要に応じてこの長期記憶から情報を引き出して使うのであるが，長期記憶は中年期から徐々に低下が始まるといわれている。この場合に，ものを覚える過程よりも，覚えたものの中から必要な情報を検索する過程で加齢に伴う何らかの変化が影響しているのではないかと考えられている。

初対面の人の名前が覚えにくかったり，何度も使用する電話番号が覚えられなかったりと，中年期以降記憶力が減退することは否定できないが，反応速度について述べたのと同様に，すべての記憶力が一様に減弱するわけではなく，慣れ親しんだ分野の内容や重要な領域については，若者よりも優れている場合もある。

（3）知能

知能は，知能検査が初めて作られた20世紀初頭から，子どもの成長とともに発達していくが，10代でほぼ完成するものとされ，その後どうなるかについては長い間関心をもたれることはなかった。その後，成人用の知能検査が作られて，成人の知能測定も行われるようになったが，研究者の間でも知能の発達は遅くとも成人期前期までにピークを迎え，その後は衰退の一途をたどるものと考えられ，初期に行われた研究はこれを実証するものであるかに見えた（図9-2）。

このグラフはある時点で年齢の異なる集団の知能得点の平均値をつないだ横断的方法によって作成されたものである。このグラフによれば，言語性知能は30歳頃にピークに達して60歳頃まで維持され，動作性知能は20歳代前半でピークに達した後30歳頃から下降し，60歳以降急激に低下する，と知能の側面によって衰退の仕方が一律ではないことがわかるが，老年期では一様に低下していることに変わりはない。しかし，その後の研究者はこのような横断的な研究では知能の発達的変化だけではなく教育年数，社会文化的背景，検査に対する慣れ，動機づけなど，さまざまな要因の世代間格差が知能指数の差異となって現れたのではないかと指摘す

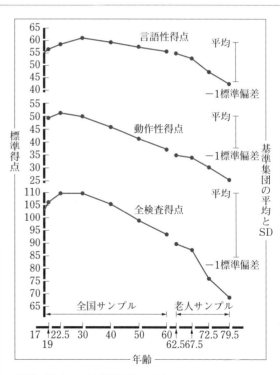

出典）Wechsler 1958/1972, p.172

**図9-2　WAIS標準化データと
カンサス研究データによる年齢曲線**

る。

　知能の発達には教育年数が大きな影響を与える。知的な刺激を多く受けた人ほど知能の発達が促進されるであろう。この研究の対象集団で高学歴者が含まれている割合は若い人のほうが高いであろう。このことが若い世代ほど知能得点が高いという年齢曲線に反映したのだと考えられる。つまり，横断的方法では世代差と年齢による変化が混同されてしまうことになる。各年齢群の在学年数を統制すると，加齢による知能の減退はほとんど見られなくなったという報告もある。

　言語性知能，動作性知能などの異なった知能の側面については次節の老年期において引き続き述べることにしたい。

❸ 家族関係の変化

　戦後の日本の高度経済成長期に特徴的であった，父はサラリーマン，母は専業主婦，子どもは2人，といった標準的な家族の形態は大きく変容し，今日，家族形態の多様化がますます進んでいる。この数十年の間に，男女ともに未婚率が上昇し，晩婚化も増加し，それに伴い少子化が進行し続けている。初めて親となる年齢も，母は10代から40代，父は10代から50代と広範囲に及び，共働きの家庭も増加し続けている。また，離婚率も増加して単身（母子・父子）家庭が増加し，DINKs（ディンクス〈Double Income No Kids〉：共働きで子どもなし）や単身世帯，法的な婚姻にも性別にもこだわらない世帯など，多様な家族のあり方が新たなライフスタイルとして受け入れられるようになってきた。多様な家族形態が進行しているなかで，中年期の男女が直面する家族の課題も様々であろうが，ここでは夫婦と子どもがいる家族を例に見ていくことにする。

　夫婦が中年期に位置している家庭は，家族の結びつきや帰属意識が弱まる危機をはらんだ時期と言われている。この時期，多くの家庭では子どもが思春期，青年期に達して関心が家庭よりも外の世界に向かい，親からの自立を試み始める。幼い子どもの育児に追われていた頃は父親，母親として物理的な意味でもお互いの手助けが必要だった夫婦も，子どもの自立とともに双方の関係に別の意味を見出す必要に迫られる。それまでは子どもの存在によって何とか表面化しないでいた夫婦間の亀裂や葛藤が，一気に噴出するということもありうる。

　特に子育て後の人生について考えてこなかった女性の場合には，母親としての役割がなくなる喪失感が大きく，「空の巣症候群」と呼ばれる不安定な心理状態におちいる者もいる。こうした心理的な危機に更年期障害などの生理的な変化が重なり，無力感，鬱状態，不眠などの心身の不調をきたす女性も少なくない。しかし，視点を変えれば子どもの自立によってそれまで以上に夫婦で過ごす時間が楽しく充実したものとなって，関係性が深まることも多く，実際に多くの夫婦は

この事態にうまく適応している。どのような変化をもたらすにしても，子どもの巣立ちは夫婦の関係性や生活構造を見直す大きなきっかけを与えることは確かであろう。遅く子どもをもうけた夫婦はこの時期にもまだ自立していない子どもの育児や進路，教育費の捻出に頭を悩ませていることもあろう。

　夫婦の伴侶性は中年期になってから急に成立させることは不可能で，長い年月にわたりコミュニケーションの努力を怠っていると，何か問題が起こったときにお互いの間で生じた誤解や葛藤を解決することがきわめて難しくなる。ちょうどこの時期に介護を必要とする親を引き取ることになったり，どちらかの親の死に遭遇したりして，家族構造の再編成が求められることもある。こうした状況の中で，長い間潜在していた夫婦間の問題が表面化することも少なくない。近年，わが国で中年期の離婚が増加している背景には，こうした中年期特有の問題が関係していると推測される。しかしまた，単身赴任など，家庭生活に弊害をもたらすような社会機構の中で1人暮らし，父親不在の生活を余儀なくさせられても家族間のコミュニケーションの努力を育んできた家族は精神的動揺や重圧は少なく，かえってお互いの絆が強められることもあろう。

　中年期の夫婦は，自分たちは子どもが巣立った後の後半の人生を方向づけるという大きな課題に直面しながら，子どもたちの自立を支え，老親を看取るという仕事をひかえており，2つの世代の狭間で子どもに対しても親に対しても大きな責任と重い課題を抱えているといえる。

４ 職業生活の変化

　戦後目覚ましい成長を遂げてきた日本の経済は，バブルの崩壊，産業構造の変化，グローバル化の波を受けて，長期に渡る低迷状態が続いている。こうした中で，平均年収はこの30年間ほとんど上がらない状態が続いており，また非正規雇用も拡大し，安定した気持ちで勤務し続けることはきわめて困難な状況になってきている。こうした職場環境の急激な変化は中年期の人々にも大きなストレスとなり，自殺，過労死といった深刻な事態や，出社拒否，OA恐怖症などといった無視できない症状として現れている。

　中年期の人々は受験戦争，就職競争を経てまじめに勤務し，将来的には年齢相応に地位も上がり，収入も増え，経済的にも安定することを求めて努力してきた人が多いことであろう。しかし，長く真面目に勤務し続けても，賃金は上がらず，目標としていたマイホームや余暇を楽しむ生活などは多くの人にとって手の届かないものとなった。中年期の不適応はそうして頑張ってきた人が何らかの挫折を体験することをきっかけに生じることが多い。この年代になって職業上の出世や能力の限界，気力，体力の限界が見えてくることによって心に動揺が生じ，鬱状

態や心身症状が発症することも見られる。

　このような職業人は転勤，昇進，配置転換などでそれまでとは異なった役割を与えられると，簡単に挫折してさまざまな心身の症状に見舞われることになる。

　中年期の人間は職業生活においても，人生の前半においては獲得的，上昇的であったものが中年期を経て喪失や下降の変化へと転じるという共通した問題に直面するのである。

　思い通りにならない家庭や職場の状況の中でも，高い非認知能力をもつ者には，感情をコントロールし，その中で自分なりの目標を設定し，粘り強く努力して道が開かれる可能性が高いが，そうでない者にとって，この時期は危機に満ちているといえるであろう。

3. 老年期における発達的変化

　老年期は生涯発達の最終段階であり，人生の締めくくりをしなければならない時期である。中年期に兆候が現れた心身の健康の衰えはこの時期にいよいよ顕著に自覚され，退職とともに社会的，経済的な状況も変化し，配偶者や親しい人々との別れを経験し，最後には自己の死という問題にも直面しなければならない。

　失うものの多い老年期に対して，従来は暗い，否定的なイメージをもつことが一般的であった。しかし，**世界一の長寿国となって高齢化社会を迎えたわが国では定年退職後にも数十年の人生が残されている**。老年期に入っても健康に恵まれて高い活動性を維持し，さまざまな社会的な場面で活躍する高齢者が数多く存在する。こうした人々の存在は，後から続く者に老後にも多くの可能性が残されていることを示してくれる。

■ 生理的・身体的変化

　成人期から始まる身体の加齢に伴う変化は老年期に至ってますます顕在化する。年を重ねるごとに白髪や脱毛，皮膚の皺が増える，歯が抜ける，身長が低くなるといった容姿の変化が目立ってくる。感覚器官の機能も衰え，特に視力，聴力の低下は物理的環境への適応能力を損なうばかりでなく，対人関係における孤立を招き，心理的にも悪影響をもたらしうる。バランス感覚も衰えるため，高齢者は転倒や事故による怪我を起こしやすく，身体的な移動にはよりいっそうの慎重さが求められるようになる。嗅覚，味覚の衰えは塩，調味料の過剰な使用や栄養摂取の偏りを招くので1人暮らしの高齢者には特に配慮が必要となる。

　老年期は疾患に伴う心身の不調に悩まされる傾向が強く，およそ半数の高齢者

は何らかの症状を抱えている（図9−1，p.161）。高齢者が罹りやすい疾患のすべてが加齢によるものであるとはいえないが，発症や経過には程度の差こそあれ影響しているといえるであろう。

　老年期に最もよく見られる疾患は高血圧症，狭心症，心筋梗塞などの循環器系の疾患である。これは血管が徐々に弾力性を失って狭くなるために生じやすくなるものである。足腰が痛むなど，骨や関節に関係した疾患も多く，これらの症状は日常生活にも支障をきたすので軽視できない。また，年齢とともに胃癌，肺癌などの悪性新生物（癌）の発症率も増加し，大きな問題となっている。高齢者は免疫力が低下して感染症に対する抵抗力が弱くなっており，風邪といえども肺炎や死亡につながることもあるので日常の健康管理が非常に大切である。

　上記のような身体疾患ばかりでなく，加齢に伴う精神疾患も大きな問題となる。脳梗塞や脳出血の結果生じる急性脳症のほかにさまざまな原因で起きる譫妄[*1]などの器質性の精神疾患がある。40代後半から50代前半に生じる認知症を初老期認知症というが，認知症の問題は老年性認知症とともに長寿社会のわが国では深刻な問題となってきている。なかでもアルツハイマー病は脳全体にわたる萎縮が特徴で，知能ばかりでなく人格も高度におかされ，進行性で予後が悪く治療や介護についての研究が緊急の課題となっている。このほかに，神経症や鬱病などの器質的な障害によらない精神疾患に罹患する高齢者も多く，老年期特有のさまざまな状況因子により焦燥感や罪悪感を伴いやすく，心の面でのケアを充実させることも重要な課題である。

* 1　譫妄：軽度ないし中程度の意識混濁に，幻視，幻聴などの症状や異常行動が加わった状態。

② 認知能力の変化

（1）記憶

　短期記憶については1度に記憶できる量は20歳代から50歳代まではあまり変化しないが，60歳代頃から下降することが知られている。これは情報処理速度が低下するために生じるのではないかと推測される。

　高齢者は昔のことは細かい点まで良く覚えているわりには最近起きたことについての記憶は悪いとよく言われているが，研究結果はこの印象を裏づけるものではなく，高齢者でも新旧の記憶に差はないようである。長期記憶は中年期から徐々に下降し始めるが，職場や家事をこなすために記憶していることが要求される環境では，復唱したり，カレンダーや手帳に印をつけたりして忘れないための努力，工夫をして記憶の低下を補っていても，老年期ではそのような必要もなく，そうした手段を用いないために物忘れが多いという印象を周囲に与えることになるのかもしれない。

（2）知能

　前節において，横断的研究によって得られた知能得点のグラフを紹介したが（図9−2），K.W. シャイエ（Schaie,K.W.,1980）は系列的研究という異なった方法で得られたデータをもとに知能の年齢曲線を作成した（図9−3）。これは年齢の異なるいくつかの集団を同時に追跡して調査した結果をもとに，世代差や測定時点の違いによる影響を差し引いて作られた知能の曲線である。図9−3に示されるように，知能曲線のパターンは**結晶性知能**と**流動性知能**とで異なっている。結晶性知能はそれまでの経験と知識の豊かさや正確さと結びついた能力で，前節の図9−2においては言語性得点に相当するものである。これに対して流動性知能とは情報を捉えてそれを操作することに関係するような能力で，新しい環境に適応するときに必要となるような能力である。図9−2の動作性得点に相当する能力である。図9−3を見ると，**結晶性知能**は青年期を過ぎて60歳頃まで上昇し続け，その後は低下するが急激には低下せず，70歳代でも20歳代の頃のレベルを保っている。これに対して**流動性知**

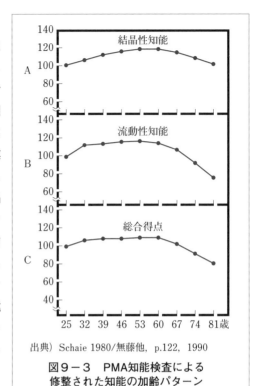

出典）Schaie 1980/無藤他, p.122, 1990

図9−3　PMA知能検査による
修整された知能の加齢パターン

能は30歳頃に頂点に近づくが40歳以降は低下しはじめ，70歳代では急降下する。このことから，流動性知能と比較して結晶性知能は老年期でも比較的遅くまで維持されるが，いずれにしても老年期でもかなり知能が保たれているといえよう。

　老年期においても結晶性知能はあまり低下しないことから，高齢者は受けてきた教育や社会経験を通して身に付けてきた能力は十分に発揮することができると考えられる。また，流動性知能の低下も初期の研究で言われたほど大きなものではなく，高齢になっても新しいことを学び，挑戦する力が十分あるといえる。この結果は社会的な活躍を続けている高齢者や，定年退職後に新たに趣味の世界を広げる高齢者の存在を裏づけるものともいえよう。

（3）知恵（英知）（wisdom）

　高齢者が尊敬を受ける伝統的な社会においては，彼らの「**知恵（英知）**」が死が近づいた者の自然な印とみなされるが，若者志向の社会ではそれは古臭く，封建的なものだと思われるだけであろう。知恵は人生初期において**流動性知能**が果たした役割を中年期以降に果たすといわれている。

　V. クレイトン（Clayton,V.,1982）は**知恵（英知）**を「個人に人間性を理解可能にさせる能力である」として「人に論理的に考えさせ，概念化させ，現実を抽

象化させる」知能（intelligence）と区別した。また，知能が本質的に非社会的，非個人的な領域に関連しているのに対して，**知恵（英知）**は社会的な問題，個人間関係の問題を取り扱うものであると示唆している。欧米の認知発達研究で知能の理解に関連して知恵に関心がもたれるようになってきたのはごく最近のことである。知恵の概念についての調査で知恵は内省，直感，理解，思いやり，平和，優しさのように，多面的かつ情緒的，認知的，内省的性質をもったものとして理解されていることが見出された（V. クレイトンとJ. ビレン，1980）。

　P.B. バルテス（Baltes,P.B.,1987）は，発達を「**獲得**」（成長）と「**喪失**」（衰退）の混在したダイナミクスとして捉え，良好な適応を「獲得の最大化と喪失の最小化」と定義して，「**補償を伴う選択的最適化理論**」（**SOC 理論**）を提唱した。この理論は，高齢者が心身機能の低下によってそれまでの水準を維持できなくなった場合への対処法として適用され，目標を調整・変更したり，今ある身体的・認知的・社会的資源を使って少しでも喪失の量を減らすための方略を指す。幼少期には獲得の比率が圧倒的に高く，中年期以降には喪失の比率が増加し，ついには逆転するが，獲得は生涯にわたって続く現象でもある（図9－4）。この適応的な面を象徴するものが「**知恵（英知）**」であるともいえる。バルテスは，知恵は人生での重要で不確実な問題についてよい判断をすることであると考えている。それは例えば人生計画，人生における決断，人生の再評価，といったような問題である。

　実際に慣れた職場や社会的な活動の場においては，高齢者の問題解決能力や洞察力が若者の判断をしのぐことは珍しくない。知恵に関してこれまで知られていることは，老年期において知恵が若い世代に劣るということはないが，若者よりも優れているという実証もない，というものである。

　このほかにも論理的推論や創造性など認知的能力にはさまざまな側面がある。これら多くの側面についてはまだ十分な実証的知見が得られていないが，総じて見ると，老年期の認知的能力の発達はどのような能力も一様に衰退のパターンを示すというものではなく，多様で多方向であるということである。また，これらの発達・変化には個人差

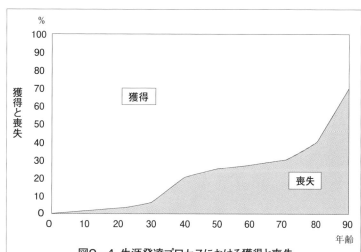

図9－4　生涯発達プロセスにおける獲得と喪失

Baltes PB Baltes MM: Psychological perspectives on successful aging:The model of selective optimization with compensation. In Baltes PB Baltes MM (eds.): Successful Aging: Perspectives from the behavioral sciences. Cambridge: Cambridge University Press, 1990, 1-34.

の他にも教育，社会文化的背景，性別，価値観などの環境条件も大きな影響を及ぼすと考えられる。

❸ 家族関係の変化

　変動の激しい今日の社会的状況の中でも最も大きく変化してきているものの1つは家族形態であろう。なかでも特徴的なことは，高齢者の単身世帯の比率の増加で，わが国では1980（昭和55）年には65歳人口のうち1人暮らしは10.7％，3世代同居世帯は50.1％であったのに対し，2019（令和元）年では1人暮らしが28.8％に増加し，3世代同居世帯は9.4％と，5分の1以下に減少している（図9－5）。単独世帯と夫婦のみの世帯とを合わせるとこの間に高齢者のみの世帯が26.9％から61.1％にも増加したことになる。また，1人暮らしの高齢者は男女ともに急増しており，この傾向は今後も続くと予想される（図9－6）。

　子どもの家族と同居しているか否かにかかわらず，子どもをもつ者は老年期を迎えて家族関係の変化を経験する。孫が生まれて祖父母になることによって，高齢者は自分の子育てのやり方を再確認する機会を得る。加齢とともに中年期にある子どもとの親子関係は友人のような間柄へと変化し，知力，体力の衰えとともに親子の関係は逆転していく。

　老年期に経験する最も大きな危機は配偶者との死別であろう。子どもが独立した後に長い年月を夫婦中心で生活してきた者にとって，これははかり知れない喪失感をもたらす出来事であろう。配偶者に先立たれる機会は女性が男性よりも圧倒的に多く，夫の死後8年余りを1人で生きていかなければならず，こうした生活は孤独感や生きがいの喪失などにつながりやすい。さらに，加齢とともに日常生活の行動能力が衰え，病気を抱えて身体的な介護が必要な状態になると子どもを中心としたほかの家族に依存する割合が高まっていく。

　しかし，健康に恵まれ，自立した自己をもっている高齢者は配偶者に先立たれても残された時間を趣味や余暇活動に費やして充実した日々を生きることが可能である。わずらわしい人間関係に悩むことも一切なく，自分だけのための時間がたっぷりあることを楽しむ高齢者も増えてきており，これからの長寿社会の老年期はますます多様になっていくことであろう。

❹ 定年退職とその後の生活

　人生50年と言われていたころには定年退職後は名実ともに高齢者として隠居生活に入ったものであるが，人生80年となった今日，定年退職を迎えても心身ともに活力にあふれてまだまだ活躍できそうな高齢者がほとんどである。青年期から働き続けてやっと自分の自由になる時間ができるというプラスの面もある

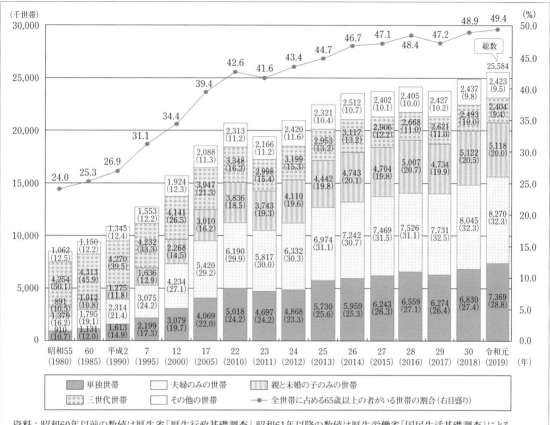

資料：昭和60年以前の数値は厚生省「厚生行政基礎調査」,昭和61年以降の数値は厚生労働省「国民生活基礎調査」による

(注1) 平成7年の数値は兵庫県を除いたもの,平成23年の数値は岩手県,宮城県及び福島県を除いたもの,平成24年の数値は福島県を除いたもの,平成28年の数値は熊本県を除いたものである。

(注2) ( )の数字は,65歳以上の者のいる世帯総数に占める割合(%)

(注3) 四捨五入のため合計は必ずしも一致しない。

出典) 内閣府『令和3年版高齢社会白書』2022

図9-5 65歳以上の者のいる世帯数及び構成割合(世帯構造別)と全世帯に占める65歳以上の者がいる世帯の割合

が,多くの人々にとって定年退職は心に重くのしかかってくるような危機をはらんでいる。

　最も顕著な変化は退職すると毎日出勤する必要がなくなり,何十年も続けてきた日常生活のパターンが一変することである。これは,毎日職場で会っていた人々と会わなくなり,それまで自分が職場で占めていた地位を失うことを意味する。このときまでに職場以外で人間関係を築いてこなかった者はきわめて大きな喪失感,空虚感を味わうことになる。また,肩書きがない「ただの人」となった自分に予想以上の戸惑いを感じることもあるであろう。さらに,経済面でもそれまでと同じ生活水準を保つことが難しくなり,不安な気持ちに追い討ちをかけること

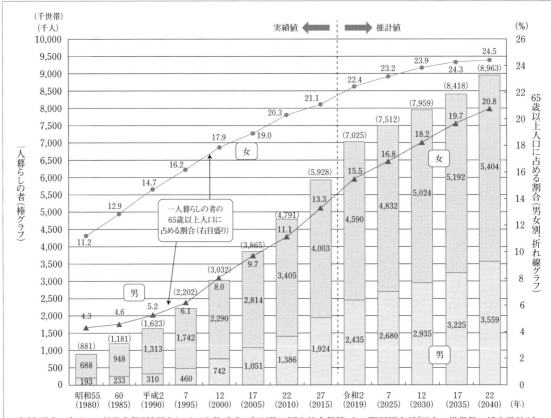

資料：平成27年までは総務省「国勢調査」による人数，令和2年以降は国立社会保障・人口問題研究所「日本の世帯数の将来設計（全国推計）2018（平成30）年推計）」による世帯数
（注1）「一人暮らし」とは，上記の調査・推計における「単独世帯」又は「一般世帯（1人）」のことを指す。
（注2）棒グラフ内の（　）内は65歳以上の一人暮らしの者の男女計
（注3）四捨五入のため合計は必ずしも一致しない。
出典）内閣府『令和3年版高齢社会白書』2022

図9-6　65歳以上の1人暮らしの者の動向

もある。こうした経験をするのは大概仕事中心の生活を送ってきた男性で，女性の場合には地域のさまざまな集まりや趣味のグループなどに参加してその後も長く続く人間関係が築かれている場合が多い。職場以外の知り合いもなく，趣味もない夫は，家庭での役割も見出せず，「粗大ゴミ」「ぬれ落ち葉」などと揶揄されもするが，人との関わりや趣味のない生活は何よりも本人の幸福感に影響を及ぼすことになる。早い時期に，周囲の世界にも目を向け，その後数十年もある老後を楽しく過ごすための活動を見つけ，万一配偶者に先立たれるような事態が起きても自分を支え，援助してくれるような人間関係を築くことが大切であろう。

4. ライフサイクルにおける成人期・老年期

　発達心理学における**ライフサイクル**の概念は，誕生，成長，成熟，そして老衰していくという生物学の考え方を背景として，人間の一生には規則的な推移があることを前提とするものである。この考え方の中には人間の一生には発達する「段階」があり，各段階は相互に関連した一連の連鎖を形成して「成熟」へと向かい，それが世代にわたって繰り返されるという「世代」の概念が含まれる。

　社会経済的状況の変動に伴って家族の形態も職場の環境も大きく変化している中で長寿化が進み，**ライフサイクルの中でも成人期・老年期の生き方が注目されるようになってきた**。社会変動が加速化する中で，従来の発達心理学理論で説明されてきたような青年期までの発達では成人期以降の長い一生を支えることができず，逆にこの時期に内的に大きな危機を迎えることが認識されるようになってきたのである。近年わが国で中年世代の鬱病や自殺率が増加している状況もこの時期が困難であることの現われといえよう。

　C.G. ユング（Jung,C.G.）[*1]は中年期を「**人生の午後**」と捉えて，この時期に重要な変化が起きると考えた。彼はそれ以前の人生前半期の発達が自己を外的世界に適応させていくことに向かっていたのに対し，人生後半期の発達では自己の本来の姿を見出し，自己実現へと向かう内的な作業が重要となると考えたのである。この時期の発達課題は，体力や能力の衰えを受け入れてそれまでの人生を再検討し，外的生活から内的生活への転換をはかることである。これがうまく達成されると中年期の人生はより内省的なものとなり，それまでの経験や知識を活用してさらに自分の目的を追求することが可能となる。ユングは，こうして自己の内部の葛藤や混乱を経た後に自己実現が達成される過程を「**個性化**」と呼んだ。そして，個性化の過程を経ることによって人生の意義と全体性を理解することができ，死を受容することが可能となると考えた。

　E.H. エリクソン（Erickson,E.H.）[*2]はフロイト（Freud,S.）[*3]の発達段階説をライフサイクル全体へと発展させて出生から死に至るまでそれぞれ新しい成長の可能性をもった段階の連続であるとみなして8つの段階を仮定した（**表9－1**）。各段階にはそれぞれの発達課題があり，1段階進むごとに心理社会的な危機を経験し，それがうまく乗り越えられたときに生きていくうえで大切な価値が備わるとされる。エリクソンのこの考え方は後のライフサイクル研究にとって理論的基礎を与えるものとなった。

　エリクソンによれば，中年期（成熟期）の課題は「**世代性**」（**生殖性**とも呼ばれる）である。これは，次の世代を担う者に対して指導したり，援助したりすることを通してそれまでに得た知識や経験を伝えていくことによって達成される。他者や社会

＊1　**ユング**（Carl Gustav Jung）(1875−1961)：スイスの精神医学者。フロイトから精神分析学を学び，後に普遍的無意識，元型，自己実現などの独自の無意識の概念を提起し，分析心理学を確立した。

＊2　第2章 p.31 参照。

＊3　第7章 p.129 参照

表9－1　エリクソンによる人生の8つの時代

各段階における対照的問題	出現する価値	時期
1〈基本的信頼〉対〈不信〉	希望	幼児期
2〈自立〉対〈恥（疑い）〉	意志	児童前期
3〈イニシアティブ〉対〈罪〉	目的	遊戯年齢期
4〈勤勉〉対〈劣等〉	能力	学齢期
5〈同一性〉対〈同一性（役割）拡散〉	忠誠	青年期
6〈親密性〉対〈孤独〉	愛	成人期
7〈生殖〉対〈停滞（怠惰）〉	配慮	成熟期
8〈統合〉対〈絶望（嫌悪）〉	知恵	老年期
Source : Based on Erikson（1976）		

出典）Kimmel, p.19, 1991/2002

に対しての貢献が実感できないと生活が退屈なものとなり，充実感が得られないと考えられる。そして老年期，人生の最終段階における課題は「**統合**」である。この時期に高齢者は身体の衰え，定年退職，配偶者の死，そして身近に迫る自己の死と向き合わなければならない。この段階の重要な仕事は，人生が有意義であったと受け入れることである。失敗ややり残しばかりの人生だったと後悔すると穏やかな気持ちで死を受容することができなくなり，絶望感の中で晩年をすごすことになる。

　D. J. レビンソン（Levinson,D.J.,1978）はエリクソンのライフサイクル論を基盤に，実証研究に基づく発達段階論を提唱した。この理論は人間の発達には共通した過程と危機があるという点ではエリクソンと同じだが，ある時期における生活の基本パターンを「**生活構造**」と呼んで発達を生活構造の発展であると考えた点に特徴がある。レビンソンによると，生活構造の各段階は2年前後の幅をもって発達期と過渡期を繰り返して発達段階を形成するもので，年齢的な要因が重要である（**図9－7**）。発達期では自分にとって満足のゆく生活構造を築くことが課題となるが，過渡期は前後の2つの発達期の橋渡しをするとされる。特に過渡期では次の段階の生活構造を作り上げるために現在の生活構造を見直したり修正することが求められるが，この作業は困難で時として深刻な内的葛藤を生じさせる危機となる。

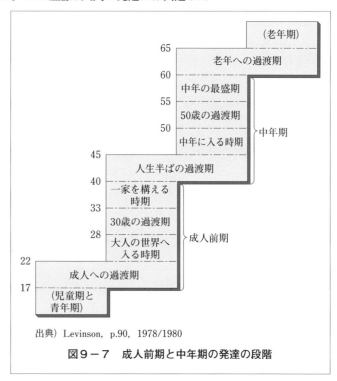

出典）Levinson, p.90, 1978/1980

図9－7　成人前期と中年期の発達の段階

　レビンソンの発表と同時期に相次いで成人期を対象とした発達段階説が発表され（R. グールド，1978；G. シーヒィー，1974；G. ビラント，1977 など），これらにより，成人期を過ぎても一般の人々に共通して見られる発達の過程があることが認識されるようになった。これらの研究では，中年期は内的変容の著しい不安定期という意味ばかりでなく，さらなる発達の方向へも退行の方向へも進み得る「岐路」という意味での危機であることが示唆されている。

　高齢化が進んでいる今日，人生の半分以上を占める成人期以降に関する発達理論は人間理解のための極めて重要な視座を提供してくれるものである。理論が示すように，中年期や老年期は本人の生きる姿勢によって充実したものにも惨めなものにもなり得るのである。成人期以降に直面するいくつもの危機をどのように乗り越えていくか，死ぬまで「発達」の可能性が残されているのである。

＜引用・参考文献＞

馬場禮子・永井　撤編『ライフサイクルの臨床心理学』培風館，1997

Baltes, P.B., *Developmental Psychology*, 23, 1987（鈴木忠訳「生涯発達心理学を構成する理論的諸観点」東・柏木・高橋（編）『生涯発達の心理学1』新曜社，1993）

Baltes, P.B. & Baltes, M.M., *Successful Aging: Perspectives from the behavioral sciences*, Cambridge: Cambridge University Press, 1990

川端啓之他『ライフサイクルから見た発達臨床心理学』ナカニシヤ出版，1995

Kimmel, D.C., *Adulthood and Aging—an interdisciplinary, developmental view, 3/edition*, New York：Wiley & Sons, 1990（加藤義明監訳『高齢化時代の心理学』ブレーン出版，2002）

厚生労働省「令和元年国民生活基礎調査の概況」2019

厚生労働省「令和3年簡易生命表」

Levinson, D.J., *The Seasons of a man's life*, New York：Knopf, 1978（南　博訳『人生の四季』講談社，1980）

黒川由紀子『老いの臨床心理』日本評論社，1998

無藤隆・高橋惠子・田島信元編『発達心理学入門II－青年・成人・老人』東京大学出版会，1990

無藤隆・久保ゆかり・遠藤利彦『現代心理学入門2　発達心理学』岩波書店，1995

南博文・やまだようこ編『講座　生涯発達心理学　第5巻　老いることの意味－中年・老年期』金子書房，1995

小川捷之・齋藤久美子・鑪幹八郎編『臨床心理学大系　第3巻　ライフサイクル』金子書房，1990

Maslow, A.H., *Motivation and Personality*, Harper & Row, 1954（小口忠彦・監訳『人間性の心理学』産業能率大学出版部，1971）

岡本祐子『中年からのアイデンティティ発達心理学』ナカニシヤ出版，1997

下山晴彦・丹野義彦『講座心理学5　発達臨床心理学』東京大学出版会，2001

Wechsler, D., *The measurement and appraisal of adult intelligence*（4 th ed），

Baltimore：Williams & Wilkins, 1958（茂木茂八・安富利光・福原真知子訳『成人の知能の測定と評価』日本文化科学社，1972）

デニス・C・パーク・ノバート・シュワルツ編著『認知のエイジング：人間編』北大路書房，2004

谷口幸一・佐藤眞一編著『エイジング心理学』北大路書房，2007

---

column さらに学んでみよう

マズローの自己実現論

　マズロー（Maslow, A.H.,1954）は，人間には基本的な欲求として，生理的欲求，安全の欲求，所属と愛の欲求，承認の欲求，自己実現の欲求，という５つの欲求があるとし，自己実現の欲求は，人間のもつ主要な欲求である生理的欲求をはじめとする４つの欲求がそれぞれある程度満たされることによって発生してくるとする「**欲求５段階説**」を提唱した（**図９－８**）。自分の才能，能力，可能性を存分に発揮し，より自分らしく生きることを意味する「**自己実現**」が最上位の欲求として位置づけられていることから，この欲求の発達論は「**自己実現論**」として知られている。

　生理的欲求とは，生命を維持していくために必要な活動に関する欲求で，水分，塩分，たんぱく質，その他必要な栄養分の摂取，排泄，睡眠や性欲などが含まれる。これらが満たされないと，人の意識はその時の欲求のみによって圧倒されてしまうため，この欲求がもっとも強く第一次的であるとされる。

　安全の欲求とは，誰にも脅かされることなく，安心して生活していきたいという欲求で，一般的には満たされているが，戦争，災害，病気，社会情勢の変化などの悪条件下で現れるものである。食べるものに不自由しなくなると，安心を求めるようになる，ということである。

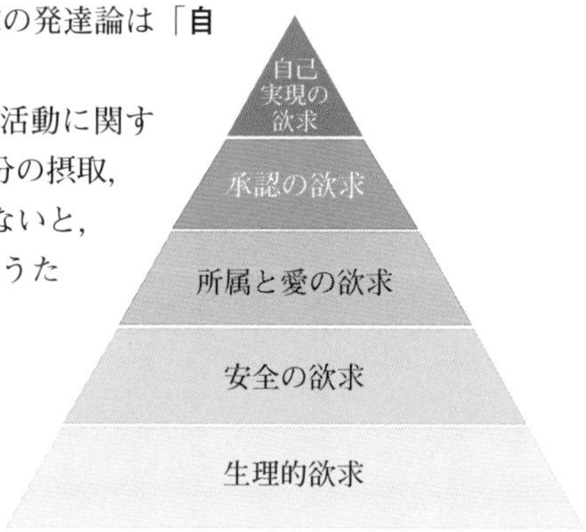

　所属と愛の欲求とは，情緒的な人間関係・他者に受け入れられている，という感覚で，この欲求が満たされない時，人は孤独感や社会的不安を感じやすくなり，うつ状態になりやすくなる。

マズローの欲求５段階　Maslow(1954)をもとに筆者が作図

図９－８　マズローの欲求５段階説

　承認の欲求とは，自己に対する高い評価や自尊心，他者からの尊敬，地位や名声への渇望，関心を求めることなどである。自尊心の欲求を満たすことは，自信，価値，強さ，可能性の感情を生み出すが，この欲求が妨げられると，劣等感，弱さ，無能さの感情を生み出すとされる。

　そして，これら４つの欲求がすべて満たされたとしても，人は自分に適していると考えられることをしていないかぎり，不安や不満が生じてくるとされる。**自己実現の欲求**とは，その人が本来潜在的にもっているものを実現しようとする欲望である。この欲求が満たされた人は，自分自身を完成し，最善をつくし，発展しつつある人であるとされる。

　加齢とともに心身に衰えが生じ，かつて可能であった活動にもさまざまな制約がかかってできなくなることも増えてくるのが老年期の特徴である。しかし，その一方で，自身の内部に潜在している能力や，心の深層から湧き上がってくる力によって諸活動に能動的に取り組んでいく営みもまた人間には存在する。マズローの自己理論の特質は，そのような人間の能動的な側面を描いている点にあるといえよう。

発達への援助の基本的考え方

〈学習のポイント〉　①子どもに向き合う自分の姿勢を意識しよう。
　　　　　　　　　②保育現場で陥りやすい不適切な態度について理解しよう。
　　　　　　　　　③省察・記録の重要性を理解しよう。

1. レジリエンス（回復力）をもつ子どもたち

　発達援助に関する考え方とは，誰もが一家言をもつうえに，唯一の正答など探しようのないものである。発達援助という同じ目的に向かっていても，保育者のアプローチの方法は皆異なっている。意識的な手法も違えば，保育者の言動ににじみ出てくる人格的な違いもある。そうかと思うと，同じ理念を述べていても実践の印象はまったく違っていたり，違う理念を述べているのに，子どもへの関わりをみると似通っていたりすることもある。

　そして，保育者と出会い，ともに生活する子どもたちは，そうした丸ごとの保育者との関わりにおいて，刺激や影響を受け，育っていくのである。遊び相手や導き手としてだけでなく，ときには反面教師として，ときには憧れとして，大人は子どもに影響し，関わりを通してさまざまな「ちょっとしたひっかかり」を感じさせる。そうしたひっかかりは，ときには，その子が一生をかけて答えを探していくようなテーマを提供するきっかけになる。

　正しい発達・誤った発達というものがあるわけでもない。われわれは，つまずき，葛藤し，危機を乗り越えることによって得られた「成長」に，強い感銘を受けることがある。また，大人の期待を一身に担って，理想的に見える行動を見せていた子どもが，長じて自分の子ども時代を不快な面持ちで回想する姿に出会うこともある。つまり，子どもの育ちに関しては，答えは即座には出ないのだ。このように，複雑でダイナミックな人間の「発達」に，それを援助する唯一かつオールマイティな，「これさえ押さえておけば間違いない」という基本などあり得ない。むしろ，1つのものさしだけで子どもの生活を測ってはならないのだろう。大人が硬直化した価値体系だけをもって子どもに接するとき，それに乗れない子どもも不幸だが，疑うことを知らず，その世界のみを生きてしまう子どもはもっと不幸だからだ。

　しかし，それでは保育者による働きかけは「何でもあり」なのか，と訊かれれば，決してそうではない。われわれ，発達臨床に携わる者は，子どもたちをより健やかに育む土台となるような「まなざし」と，縮こまらせ囲い込んでいく「まなざし」

177

があることを痛感しているし，子どもの成長・発達にマイナスの働きを及ぼす可能性のある要因（「リスク」）や，その逆に，今後の発達的な問題を軽減する，いわゆる「予防要因」があることを経験的に知っている。また，われわれは，決して望ましいとはいえない経験をしても，たくましく，また，のびやかに成長していくしなやかな精神が存在することや，そうした**レジリエンス**（resilience，回復力）を発揮する子どもたちの周囲に，思いやりのある支持的な大人がいることを知っている。実証的なデータも，そうした経験を裏づけつつある（Fraser, Mark. W. ら, 2009）。

　本稿では，筆者なりにそうした知見や経験を総合しつつ，保育の現場を外から見てきた立場から，「さまざまな事情によって発達につまずきを生じがちな子どもへの，保育者による発達援助」に焦点を絞り，その基本的な部分を構成すると思われる諸要素について記述する。読者層としては主に保育者を志す初学者を想定しているが，正答を覚え，模範に従うという読み方ではなく，読者各位が「私ならば」と考える1つのきっかけとして読んでもらうことを願っている。また，本文が保育所保育指針，幼稚園教育要領，幼保連携型認定こども園教育・保育要領などの理解や，実際に保育にあたるための心がまえの一助となれば幸いである。

2．関わりの中で互いを発見する

　子どもたちはだれもが，豊かな発達の可能性をもっている。1人ひとりの発達を見つめるとき，環境と，さまざまな関わりが，それらを育み，支え，ときには歪めたり，阻んだりすることを理解することができる。

　ここでは，筆者が学生時代，ある研修先の施設で体験した実話をもとに，人と人とがふれあい，関わるための前提となる「まなざし」のあり方について考えてみたい。なお，プライヴァシー保護のため，論考に影響しない部分の事実関係を省略・改変して記述する。

　筆者に与えられた課題は，壁の花となって，障害を理由に長期入所しているある男の子（生活年齢10歳。以下，オー君と呼ぶ）の行動を，朝から夕方まで，できるかぎり逐一記録に残すというものだった。

　対象となったオー君は，家族と生活していた幼児期前期には，コミュニケーションをとろうとする行動がわずかながら見られていたらしいが，入所してしばらくすると，そうした活動が見られなくなり，表情も変わらなくなったという。他者と関わろうとする意図も見られず，周囲からの働きかけを理解しているかどうかもはっきりしなくなってから数年が経過していた。家族の訪問や家庭への帰省はほぼ絶えており，オー君について家族と相談できる状況にはない。スタッフはオー

君をどう理解したものかと悩んでいた。そこで，実習担当者が，筆者を受け入れるにあたって，忙しい自分たちに代わって，この実習生にオー君の１日を追わせてみようと考えたのだった。

＜事例１＞オー君との出会い

　朝９時から，看護師・保育士・各種療法士らスタッフの立ち働く中，筆者は部屋の隅にペタリと座ってひたすら記録をとった。オー君はしじゅう転倒するので，頭部を保護するためにヘッドギアをつけている。発語を近くで聴き取る必要もなく，少々離れても見失うことはなかったので，動きと情況を大きく把握しようと，少し距離をとって観察を始めていた。

　オー君の動きはゆっくりとして，ゆーらゆーらと揺れながら続く。カクンカクンと自分のあごを叩いてみたり，音の出るおもちゃにぶつかってみたりはするものの，他児に注目したり寄って行く様子はみられないようだ。オー君の揺れを見つづけているうちに，観察しているこちらも揺れているような気分になった。

　記録開始から２時間ほど過ぎると，筆者は，しばしば座り込む場所を変えるようになった。オー君の体が，記録をとっているすぐそばで，ゆーらゆーらと揺れていることが増えたからだ。しかしそうやって場所を移しても，いつの間にか，オー君がそばに来るように感じる。「私のような大きい物体が床の上にいて，オー君がつまずいたら大変だ」と思って，少しずつ移動するのだが，記録しながらふと気がつくと，また目の前に揺れる体がある。そして案の定，オー君は筆者の足につまずくようにして，膝の上，腕の中に，むこう向きに倒れこんできた。

　記録紙をはさんでいた小さな画板は，オー君を受けとめる直前に横に放り出した。「どうしようかなあ。記録はできないけれど，オー君に関わらずに観察だけする約束なんだから，自分から動くわけにはいかない。このままでいよう。…背は高いけど，やせているからそんなに重くないなあ」。そんなことを考えているうちに，オー君はゆーらりと立ち上がり，またゆーらゆーらと歩き出した。筆者も画板を拾い，また記録を始めた。

　しかし，また，オー君はやって来た。そして再び，むこう向きに筆者の腕の中におさまり，今度は少し長くいた。そして３回目にオー君が倒れこんできたとき，筆者はそこに彼の意思があることを確信した。オー君は面と向かって目を合わせることはしない。けれど，＜わたし＞の膝を選んでいるのだ。

　昼食後，再び部屋に戻ると，オー君は「待ってました」とばかりに筆者の膝に倒れこみ，それからはほとんど動こうとしなかった。おやつの時間に離れても，事情を知らないパートタイマーの看護師に叱られても，オー君はすぐ帰ってくる。筆者は画板を床におき，オー君の居心地がよいように体の力を抜きながら，右手の先だけを使ってオー君の動きを記録し続けた。

　自分から積極的に彼に関わろうとは考えなかった。記録をとらなければならなかったし，オー君に直接的に関わることは指示されていない。そして，「たぶん，私はうるさく干渉しない存在だから，オー君にとって心地よいのだろう」とも感じていた。積極的で活動的な関わりに，不安を覚える子どもは多い。筆者には，押しつけがましく関わろうとして逃げ出されるよりも，こちらが控え気味に待っていて，

子どもが自分から来るのを,「なされるがまま」に受けとめるのが自分のスタイルだ,という自覚があったし,それまでも,そうしたスタイルで,いわゆる「関係づくりが難しい」と見なされてきた子どもたちに受け入れられてきたのだった。

しかし,どうしても,オー君は<わたし>と関わることを求めているような気がしてならない。いや,膝の上に身を投げ出していること自体が,オー君のメッセージなのかもしれない。

しばらく躊躇した後,筆者は,オー君の耳に届くかどうかという程度の低さでハミングしてみた。逃げ出す様子はないので,もう少し,ハミングを続けてみる。すると,筆者に身をゆだねたまま,オー君の手がゆらゆらと揺れだした。気がつくとオー君の体はこちらを向き,筆者のすぐ目の前にオー君の目があった。

夕方になって課題の終了が伝えられるまで,筆者は歌を歌い,オー君は筆者の腕の中で満足そうに体を弛緩させていた。抱いたまま体を大きく揺らしたり,リズムをとってギューッ・パッと強く抱きすくめたりしてみると,オー君は「もっとやって」というように身をよせてくる。歌うことをやめてみると,促すようにこちらの顔を見て,体をぶつけてくる。こちらも,もう,とまどったり躊躇したりはしない。「通じている」と感じ,オー君とそうしていることがとても自然に感じられるからだ。そして,すぐ後ろの壁紙の模様にオー君が目をとめたのをみて,筆者は静かに語りかけた。「あぁ,オー君,お花が描いてあるね」。単なる思いこみなのかもしれないが,筆者には,オー君と「一緒に」模様を見ているという感覚が生じていた。

担当の先生は,ことの顛末を知ると,少し驚いたようではあったが,感慨深そうに,「オー君について考えていく際のヒントが得られました」とおっしゃった。筆者自身も,なんとなく,自然の流れで当然のことが起こったように感じた。当時の筆者は,他の実習先や個人的な人間関係のなかで,《教室から他の児童やスタッフが出て行くのを待っているように見え,筆者と2人になると急に意思疎通がはかれるようになる子》や,ひたすらに筆者との二者関係を求め,10歳になって身振りによる「ことば」を数多く獲得した子(詳しくは無藤隆, 1991)との出遭いを経験していたため,そうした,濃密な,周囲とは時間のスピードが違うような人間関係にトリップすることに,日常的に馴染んでいたのである。実は,この研修先は遠く,オー君とのふれあいはこの1日で終わった。オー君の関わりがその後も続いたとしたら,他の現場で経験したように,あとは,オー君の視線を追い,気持ちをくみとりながら,ゆっくりと後をついて行くことになっただろう。

今になって思い起こせば,この出来事はいくつかの重要な示唆を含む「良い事例」であるように思われる。以下に,あらためて,自分なりにこの研修での経験を整理してみたい。

■ 自分だけを見つめてもらうことの意味

オー君は,遠くからオー君の事をただ見つめて,一心不乱に記録をとっている

だけの，初対面の人間である筆者の膝を選び，オー君なりの意思表示やくつろいだ様子を見せた。“重い”障害があるとされるオー君も，自分を見つめ，気にかけ続ける存在に対しては，オー君なりの特別な応じ方をしたのである。

　ソースとエムディ（Sorce,J.F. & Emede,R.N.,1981）は，乳児の探索活動を支える基盤として，母親がただそばにいるだけでなく，子どもに視線を向けていて，求められたときに，**適切な情緒的反応**を返すことができることが重要だと論じている。例えば，子どもが積木を積もうとしているときはじっと見守り，やっと高く積めたときに，誇らしげにこちらを見る子どもに向けて，大きくうなずいたり，「やったー！」とその子の気持ちになって声をかけたりすること。ヨチヨチ歩きを覚えた子が落ち葉をサクサク言わせることに夢中になって歩いていて，ふと気がついてママを探すとき，ニコニコと手を振ってみせること。こうした，子どもの活動を見つめ，子どもの身になって対応する姿勢は，子どもの**安心感**を育み，**情緒の安定**やさらなる**探索欲求**をもたらす，重要なエネルギーとなる。子ども自身が感じている「何か」を，あたかもその子の身になったかのように感じつつ，適切な情緒的反応を示すことは，子どもにとっては自分の感情を明確化してもらう知的な体験であるとともに，「通じ合っている」という深い喜びを生むものだ。そうした関わりでポイントとなるのは，子どもが主体的に活動し，大人はそれを喜びや興味を感じながら一心に見つめているということではないかと思う。

　子どもたちが自分を信じ，積極的に行動するためには，ごく幼いときに，日常的な大人との**二者関係**において，情緒的なやりとりを積み重ねるなかで，そうした「わかってもらえている」という感覚を得ることが重要であるようだ。それが当人にとって十分でなければ，そうした関係性を求めつづけることもある。オー君もまた，その１人であったのかもしれない。

2 くつろげる関係をつくる

　オー君に対して，施設に暮らしているという事実だけで「寂しかったのだろう」「愛情に飢えていたのだろう」といった印象をもった読者もいるかもしれないが，オー君の暮らす施設は，良心的に運営されていた。保育スタッフは１人ひとりに明るく声をかけ，さまざまな活動を提供しているし，専門のセラピストたちは，集団としてだけでなく，個々人にもリハビリテーションや発達支援のためのプログラムを設定し，メニューを組んで関わっている。医師・看護師も常駐し，ボランティアの人もしじゅう出入りし，身体的ケアも手厚い。たくさんの，いわゆる「障害」をもつ子どもたちが，そこで生き生きと暮らしていたのである。

　しかし，オー君は確かに，「自分らしさ」を出しあぐねているように見受けられたし，スタッフが悩んでいる理由もそこにあった。

筆者との関わりがオー君の新たな姿をひきだしたとしたら，他のボランティアやスタッフと筆者とに，どんな違いがあったかを考えてみる必要があるだろう。

　実は，午後のことだが，前述したように，筆者は，事情を知らないパートの看護師に，「邪魔だ」「こっちは忙しいんだから」などと，何度か注意を受けた。筆者としても気を遣って隅のほうに位置し，「そこは邪魔」と言われれば指示されたほうに移動もするのだが，基本的に「動かない」ことが，そもそもの非難の対象になっていたのだと思う。その看護師には，筆者が何の気働きもなく，いつも1人の子どもと抱き合っていることが，気に障って仕方がない様子であった。

　彼女の言うとおり，他の人達は忙しく，きびきびとよく立ち働いていた。今になって思えば，筆者との違いの1つはその「動き」にあったのではないだろうか。

　発達につまずきを生じている子どもの中には，ときに，「自分が存在していること」自体に負い目を感じているような子，安心して過ごせる居場所をなかなか見つけられない子がいる。周囲の情況に極めて敏感なそうした子らは，侵入的な（相手の呼吸をはかることをせず，自分のペースで入り込むような）関わりをされることを大変に苦手とする。

　たぶん，一心不乱に記録をとっているつもりでも，オー君の目にも，筆者はヒマそうに，侵入的ではなく見えたのだろう。研修として指示された内容上，バタバタと動き回るわけにはいかなかったことが，結果として，オー君が自分から筆者に近寄るという主体的な動きを「待つ」ことにつながり，オー君なりの間合いで，ゆっくりと距離を縮めることになったのだと思う。

　筆者とオー君の場合はたまたまこうした条件に恵まれたわけだが，保育の現場では，「待つ」ことはときに大きな忍耐力を要する。「この子だけにかかずらっていては不公平ではないか」と思うこともあるだろうし，何もしていないようで，他の保育者に対して引け目を感じることもあるかもしれない。しかし，見えない扉の向こうでひっそりと息をひそめているような子どもに対して，その子がくつろげる雰囲気になるまで，侵入的でなく，しかしその子を見捨てることなく，そばにいつづけることができるかどうか。筆者は発達援助の1つの重要な点として，そこを問いたいと思う。

　すぐに自分を出してきてくれる子に対しては，保育者も安心して関われるだろう。しかし，より「ふれあい」を必要としているのはどちらか，それは子どもを見ていればわかるはずであるし，そうした子に対しても，くつろいだ場の雰囲気をかもしだせることが，保育の専門家として「あるべき姿」だと考えるからだ。そして，その子が自分なりに動き出したら，あとはゆっくりと後をついて行けば良い。子どもたちの多くは自ら発達する「道」を知っているものである。

3．保育者による発達援助の基本としたいもの

　前節では，ある私的な体験から，子どもの主体的な活動を支える人間関係のあり方の１つの側面について考察した。ここでは，保育者が日常の保育の中で発達援助を行うにあたって，身につけておくべき知識や態度について，基本的な内容を確認しつつ，より概説的なアプローチを行う。

🞵「めやす」を知る

　「２歳のHくんは，製作などの時間に『みんなで一緒に○○しましょう』と誘ってもゴロゴロしていて，誘いにのろうとしないので心配です。なんとかして集団活動を経験させてあげられないでしょうか」という現役の保育士の声にびっくりしたことがある。その園の中では，２歳にして集団で設定された活動にのる子が当たり前だとされているのかもしれない。しかし，平均的・記述的な（それもまた虚像にすぎないのだが）「２歳児の姿」を把握していれば，そのような無理のある目標は設定されないのではなかろうか。

　まずは生活年齢や障害の種別を軸に，定型発達の道筋や非定型発達児に見られるおおまかな特徴といった発達の「**めやす**」を知っておくことは，保育者として当然の義務である。発達に関する総合的理解は，保育の環境を構成し計画を作成する基盤となるとともに，子どもに過重な負担をかける活動を避けることや，さまざまな障害などの早期の把握，**合理的配慮**[*1]を含む適切な対応にもつながる。「何も知らずに真っ白な心で向き合う」わけにはいかない。。

🞶「めやす」は「目標」ではない

　しかしながら，「めやす」を知識として身につけていることと，「めやす」そのままを「目標」とすることを混同してはならない。「定型発達をしている子どもならばこうであるはず」「○○障害ならば，保育はこうしなければ」といった，個人差の幅，社会・環境的要因を軽んじる態度は，何よりも子どもを個々としての真の姿から遠ざけることになる。子どもの発達は本来，非常に多様なもので，同じ育ち方をする子どもは２人といないからだ。

　保育者は，日常的に子ども集団と生活をともにしているために，子ども同士を比較するまなざしを強めやすい。その結果として，「早い」「遅い」ばかりを記述し，発達のすじみちを過剰に一般化して，課題Aができた子にはB，それもクリアすれば次はCというように，わかりやすく単純化した最短ルートを歩ませようとする実践もしばしば見受けられる。そうした姿勢は，ときに，自分の想定したルートからはずれた姿を見せる子どもをありのままに認めることを困難にし，自

*1　**合理的配慮**：「障害者が他の者と平等にすべての人権及び基本的自由を享有し，又は行使することを確保するための必要かつ適当な変更及び調整であって，特定の場合において必要とされるものであり，かつ，均衡を失した又は過度の負担を課さないもの」（障害者の権利に関する条約 第2条）。合理的配慮の否定は，障害を理由とする差別に含まれる。（第11章 p.198参照）

然であたたかな関係づくりを阻害する。

　また，ドリルやカードなどの教材で知識を教え込むようなアプローチには慎重でありたい。そうした課題は子どもたち1人ひとりの欲求に根ざしていないため定着しにくいし，子どもも受身になりがちで，主体的な活動に結びつきにくい。暗記を中心におく活動は，考えようとする姿勢を損なうおそれがあるし，また，特殊な場面で得られた知識や技能は概して一般化されにくいものだ。つまり，そうした状況では，学んだはずのことが実際には生かされにくいのである。保育の中で「**発達を援助する**」とは，**生活と遊び**の中で，子どもたち1人ひとりの**自己実現**をはかり，**自ら発達していく，生きた力**を育むことにほかならない。

❸ 自己実現を支える

　乳児期・幼児期前期はもちろんのこと，「集団」として活動しているように見える幼児期後期の子どもたちも，1人ひとりがその子自身として**主体的**に**存在**できるよう配慮することが重要である。集団としての管理に傾いたり，個に向けるべきことばを全体に向けて発することはないか，保育者はつねに意識していなければならない。

> ＜事例２＞お絵描き活動
>
> 　ある秋の日，A幼稚園の4歳児クラスでは，前日の園外活動を題材とした描画活動が設定されていた。保育者は，全体に向けて目的を説明した後，クレパスを用意して席についた子から，八つ切りの画用紙を配付していく。お友だちと話をしながらイメージをふくらませている子も，1人で考えているらしい子もいたが，次第に話し声は聞こえなくなり，クレパスが紙の上を滑る音だけが聞こえるようになった。
>
> B男：（顔をあげてキョロキョロ周りを見る）
> 　　　B男は日頃から外で走り回ることを好むタイプの園児である。
> 　　　画用紙には，青1色で，円錯数個と大きな楕円が描かれている。
> 保育者：（教卓から，両手をメガホンのように口にあてて）
> 　　　「終わったお友だちはこっちにもってきてくださあい」
> B男：（無言で描画を提出し，席に戻る）
> 保育者：（教卓から，両手をメガホンのように口にあてて）
> 　　　「終わったお友だちは，クレパスをしまってきてくださあい」
> B男：（無言でクレパスをロッカーにしまい，席に戻る）
> C子：（顔をあげて手をとめ，画用紙をもち上げる）
> 　　　画用紙には，人間が2人，模式画ふうに，正面を向いて描かれている。
> 　　　C子はお友だちとにぎやかに過ごすことが好きで，個人で作業する場面では間がもたないのか，早く切り上げようとする態度が見られる。
> 保育者：（教卓から，両手をメガホンのように口にあてて）

「終わったお友だちはこっちにもって
　きてくださあい」

この後，子どもが1人顔をあげるたびに，保
育者は「終わったお友だちはこっちにもってき
てくださあい」「終わったお友だちは，クレパ
スをしまってきてくださあい」という発言を全
体に向けて繰り返した。そのたびに，何事かと
いうふうに保育者を見上げる子や，周りの子と
自分の進度を比較しようと周りを見まわす子の
姿が目につき，保育室は雑然とした雰囲気に
なっていった。

皆で一斉に同じ活動を行うとき，全体に向けて効率よく「説明」するためのこ
とばは保育者にとって便利であるし，現代の子どもにとって，保育場面でそうし
た**二次的ことば**[*1]と出会うことは，学校・教室文化への移行をスムーズに進める
助けとなっている。「みんなの中の1人」として説明や「おはなし」を聴く経験は，
幼児にとって有意義な活動である。

しかし，上記の例のように，作業の内容やペースが1人ひとり異なっていると
き，保育者の行うべき援助とは，「終わったか・終わっていないか」という進捗
状況を見張って次の行動を指示することではなく，顔をあげた子のそばに近づき，
その子の思いの流れに寄り添うことだろう。保育者とのやりとりの中で，気をと
りなおして製作に向かう子もいるだろうし，次の活動を模索し始める子も出てく
るだろう。それぞれが集中し**自己実現**を図ることができる**環境**であることと，子
どもが**主体**として存在できていることが大切である。

保育者が無配慮に全体に向けてことばを発するとき，子どもたちの中にいる「遊
びこんでいるわたし」は居場所を失ってしまう。イメージが浮かばず手持ち無沙
汰になった子どもや，チャチャッとお茶を濁した子が「終わった」ことにされて
ぼんやりとその後のときをつぶしている姿や，その逆に，イメージがふくらんで
工夫を重ね，作業に真剣に取り組んでいた子どもが，保育者が不用意に発した声
にハッとして周りを見まわし，慌てて浮き足だった様子になる姿を見るたびに，
とても残念に感じるのである。

4　1人ひとりの子どもの発達を見つめる

子どもたちは皆，顔立ちや背格好だけではなく，内面においても，気質に代表
されるようなさまざまな個性をもって生まれてくる。そして，それぞれが異なっ

＊1　二次的ことば：岡本
夏木によれば，言語活動
は2種類に分類される。「一
次的ことば」が特定の親
しい者とのやりとりの中
で展開し，現実の具体的
な状況の中で理解されて
いくことばであるのに対
して，「二次的ことば」とは，
授業や書物のように，語
り手や書き手が聞き手・
読み手に向けて一方的に
展開することばである。
「二次的ことば」を受けと
める側は，現実を離れて，
ことばをそのことばの流
れ（文脈）の中で理解す
ることが求められる。「二
次的ことば」はまた，「今，
ここで」の制約を越えて，
想像や思考の翼を伸ばす
ためには必要不可欠なも
のである（第6章 p.114，
第7章 p.132参照）。

た生活の歴史を有している。保育者には，そうした生育歴などを含めた「個」を尊重し，その子なりの主体性の発達に配慮する姿勢が求められる。

保育者にまとわりついてあれこれと世話をやいてほしがる子のなかでも，ある子は家では「お姉ちゃん」と呼ばれ，お風呂で幼い弟の体を洗ってやっており，ある子は，鼻水が出た顔を母親に向けて「ハナ！」と言えば，やわらかなティシューでぬぐってもらえる日常を送っている。そうした背景を理解することは，個々の子どもの「現在の姿」を理解しつつ，その子にとってこれから何が必要になるかをさぐるために大切である。少なくとも，園で見られる姿だけが子どもの日常ではないということを十分に意識し，個々の子どもの背負っているものを理解しようとする姿勢をもたねばならない。

教師の予断が，担任する児童の知的能力の発達に無視できない影響を及ぼしたという「ピグマリオン効果[*1]」やその逆の「ゴーレム効果[*2]」の例を待つまでもなく，教育や保育といった，人と人との関わりによって成り立つ営みは，参与者の意識に大きく影響される。「こういう子は伸びないのよねぇ」と言いつつ担任し，年度末に「ほら，思った通り，この子は伸びなかったわね」と勝手に納得するようなことがあってはならない。子どもは保育者が行うゲームの登場人物ではなく，1人ひとりがその子の人生の主人公なのである。

また，保育者として経験を重ねると，「一昨年のクラスでもこんなことがあったな」「○○ちゃんのときはあんなふうになった」などと，比較し類推する心の働きが盛んになるはずである。そうした経験の蓄積は，1人ひとりの発達について，保育者なりの理解や，見通しをもたらし，保育に余裕を与えるものとなる。

しかし，その際に，「こういうタイプの子にはこんなふうに接しておけばうまく行く」「このひとことで，こう反応するはずだ……ほらほら，やっぱり，思った通り」というような，単純な類型化モデルに陥ることのないよう，保育者は自らを戒めなければならない。小手先だけで子どもを動かそうとする者には，子どもを優しげに，大きなトラブルはなくコントロールする技術は身につくかもしれないが，それ以上の成長は望めない。3人の子をある私立幼稚園に通わせた母親が，「ベテランの先生って，要領は良いかもしれないけれど，子どもに本気で関わらないし，小ずるくてかわないよね」と言うのを耳にしたことがある。厳しい言葉だが，目の前の「今，ここにいる」子どもはどこの誰とも違う，かけがえのない存在であるということを忘れることのないよう，戒めとすべき内容を含んでいるだろう。

*1 第2章 p.40 参照。

*2 ゴーレム効果：周囲から期待や関心をもたれないと，成績やパフォーマンスが低下してしまう現象。ピグマリオン効果の対義語。ゴーレム（golem）はユダヤ教の伝承に出てくる泥人形。

5 保育者自身の価値観や感受性を自ら省みる

　発達につまずきのある子どもを援助するためには，保護者との信頼関係や職員同士の協力体制と，関係機関とのネットワークを築くこと，親の声にも，専門家の声にも耳を傾け，対等に自分の立場からも意見を言う姿勢をもつことが肝要である。しかしそうしたネットワークを生かせるかどうかは，やはり保育者自身にかかっている。自分がいないところで，わが子の生殺与奪の権限を握っていると思われる保育者に対し，率直に苦言を呈してくれる保護者は少ない。つねに自らの保育を振り返ろうとする強い意志がなければ，保育における発達援助も独善的になり，停滞しがちである。保育者が自らを見つめなおすことを「省察（せいさつ）」と呼ぶが，省察は，保育を高め，展開させるために欠かせない活動である。

　例（たと）えば，ある特定の子を「○○という問題があるので，なんとかしてあげたい」と捉えるまなざしは，その子を思う真摯な態度から派生するものとはいえ，毎日の保育を「訓練の場」一色に染め上げ，その子にとっては，安心して生活できる居場所を失わせてしまうことがある。子どもの身になりかわり，共感し，心情を理解することが，保育の基本である。例えば，カッとなるとすぐ手が出てしまう子がいるとき，その行為の善悪を判断して教え諭（たと）すだけではなく，そうした状態にあるその子のつらさを感じることができるか。保育者がそうした感受性をもつとき，実践として，子どもの心に届く援助がなされるのである。

　刑部育子（1998）は，レイブとウェンガー（Lave,J. & Wenger,E.,1993）の「**正統的周辺参加論** ＊1」という枠組みを用いて，ある保育所で1人の園児に付与されていた「ちょっと気になる」という特徴が，まさに保育者と子どもたちとの複雑な相互作用のなかで作り出されていくという現象をあぶり出している。水内豊和ら（2001）も，コンサルテーション（consultation,相談）と保育者の意識の変化といった心理的なアプローチによって，「ちょっと気になる子ども」が「気にならなく」なるという，同様な変容の過程を記述している。

　保育者はその仕事上，目の前の子どもに否応なく関わらざるを得ない。初めから答えが見えているはずなく，悩み，試行錯誤しながら，その子について，また，「子ども」という存在について，理解を深めていくのである。例（たと）えば，保育者が自分のことは棚に上げて「気になる子がいる」と捉える視点から，「この子を気にしている私と，この子との関係のあり方」へと視野を広げたとき，子どもへのまなざしが大きく変わり，子どもも，保育者自身も新たな成長の段階へと進むことがある。

　視野を広げ，ひとりよがりを避けるためのもっとも効果的な行為は，「対話」である。職場内でカンファレンスを行う，コンサルテーションを求める，といった活動も大切であるが，それらの前提として，まずは自身の「記録」を大切に考

＊1　**正統的周辺参加**（Legitimate Peripheral Participation：LPP）：状況的学習論の立場から，共同体の文化的実践への参加の度合いが深まる過程そのものが学習であると捉える。正規メンバーである成員は新参者，古参者，熟達者といった参加レベルで正統性を高めつつ，徐々に「周辺的」な位置から「中心的」な役割を担う立場へと社会的な実践共同体への参加の度合いを増していく。この学習はまた，実践の共同体への周辺的参加から，十全的参加（Full Participation）へ向けての，成員としてのアイデンティティの形成過程として捉えられる。

えよう。**記録をとるとは，すなわち，「自分と対話する」**ことだからである。

　また，記録とは，流れ去ってしまう子どもとの時間を「今，ここで」の観点から切り取るものであり，読み返すことによって何重にも生きてくる。子どもの姿の変化だけでなく，自身の意識の変化に気づくこともあるし，記したときには意識していなかった新たな「現実」が眼前に立ち上がってくることもある。われわれは記録とともに，いくつもの時間を生きることができるのである。

⑥ 関係づくりを援助する

　保育者は，子どもとの間に安定した信頼関係を築き，子どもの自我機能の発達を援助するとともに，自ら模範となりながら，子ども相互の関係や親子の関係など，子どもをとりまく**人間関係の調整や関わりづくりを援助**するという重要な役割を担っている。

　人間関係の発達をふまえて，他児への関心を引き出し，楽しさを共に経験する場面をつくることはとても大切である。幼児期には，物のとりあいや，互いの気持ちがすれ違うことによる子ども同士のいざこざは毎日のように発生する。そうしたトラブルはそれ自体が発達のチャンスであり，保育者が双方の思いを丁寧になぞり仲立ちすることで，子どもたちは自分についても相手についても理解を深め，自己制御や対処の能力を高めていくことができる。

　しかし，トラブルを経験することによる意識的な学習だけが社会性の発達を進めるわけではない。浜谷（2019）は，保育者がファンタジー（自然に生起した「どろぼうがっこうごっこ」）の世界を共に楽しむ中で，子どもが本来もっている良い部分を自然に出せ，うまく行かない関係として硬直化しつつあったクラスの雰囲気が変わっていった事例を紹介している。保育者の子どもたちへのまなざしの温かさや個々の子どもに関わる姿勢は，空気のように子どもたちに染み込んでいくものだ。つまり，保育者は，間接的にも，人との関係のもち方を教えているのである。

　園児の保護者に関して，子どもとの関わり自体が薄い，叱ったり非難したりする態度ばかりが目につく，自分の都合や価値観を一方的に押しつける，といった問題となる態度が見受けられることは多い。しかし，親子関係には個々の歴史や複雑な要因が絡み合っており，それぞれの事情と経緯を知れば，やむをえないと思われたり，むしろ同情を禁じえないケースも多い。一人前の大人である保護者に対して園児に対するような直接的な助言を行うことにはかなりのデリカシーを要するが，保育者の関わりは，保護者の子どもへの姿勢に対しても間接的な影響を与える。つまり，保育者が示す姿勢，例えば保護者の思いや立場に共感しつつも，子どものことを大切に考える同士としての立場を崩さず，怒ることも投げ出

すこともなく対応していく**包容力**が，保護者にとっても，1つのモデルとなるのである。いずれにせよ，親子関係においては，ひとたび流れが良い方向に向かうと，自然な治癒力のようなものが働いて，いつの間にか保護者と子どもの間に自然で豊かなやりとりが生まれ，何の援助もいらなくなることも多い。化学変化で使われる「触媒」は，変化の引き金となって作用しつつ，最終的には生成物には残らない物質であるが，人間関係における保育者の働きもまた，触媒と同じようなものなのかもしれない。

⑦ 環境の構成による発達援助

　保育室が2階にあるクラスと1階にあるクラスとでは，園庭に出て遊んでいる人数が違うことがよくある。2階に保育室のある子のほうが，概して，階段や踊り場，バルコニーを遊び場にしていることが多いようだ。このように，子どもの**遊び**と**環境**とは切り離せないものである。段差があれば跳びたくなり，隙間があれば覗きたくなり，扉があれば開け閉めしたくなる。園庭にお気に入りの場所をもつ子は，そこで四季の移り変わりを感じているだろう。子どもたちは人だけでなく，「場所」とも関わりながら発達していくのである。

　生態心理学の祖である**ギブソン**（Gibson, J.J., 1966）は**アフォーダンス**[*1]という用語を作ることによって，こうした環境が人や動物に与える「行為の可能性」を概念化した。動かない物，手に取って動かせる物，さまざまな性質をもつ物のアフォーダンスが子どもの遊びをガイドしていく（佐々木，2008）。

　また，園には家庭とは違うさまざまな遊具や道具があって，子どもたちのイメージを刺激し，動きを誘っているが，子どもたちがその魅力をつねに十分に把握しているとは限らない。種類をしぼって出したり，置き方や置き場所を変えてみたりすることで，新しい活動や遊びの変化がうまれることがある。また，幼い子どもほど，保育室にある玩具・遊具の性質によって遊びが変化するものである。やはり，マンネリズムに陥らないように，子どもたちの様子を見ながら，遊具を選び，出し入れするといった工夫が求められる。

　園に備えられているさまざまな素材も，存在するだけで子どもたちの創作意欲を刺激する重要な環境である。できることなら惜しみなく使わせてあげたいものだが，現実としては制約がある園もあるだろう。せめて，廃材・廃物など，自由に使ってよい材料を豊富に用意しておきたい。

　なお，**保育者自身も人的環境である**。ことばの使い方はもちろん，他の保育者との関わりのもち方から，日常の立ち居振舞いに至るまで，保育者にモデルとしての自身の行動に配慮する必要があることは言うまでもない。

*1 アフォーダンス：ギブソンによれば，アフォーダンス（affordance）とは，環境が動物に対して提供（afford）する意味や価値，ないしは可能な行為である。動物はそもそも環境の一部であり，アフォーダンスを直接に知覚することができるとされる。

8 家庭や地域社会との連携

　保育者は専門職として，子どもに生活や遊びを通した学びを提供し，その発達に大きく貢献するとともに，地域においては「子育て支援」という社会的な役割を担っている。しかし，降園してから登園するまでの時間，子どもは家庭と地域社会とを生活の場としている。また，保育者と子どもの関係は，必然的に，進級や卒園といった区切りを迎える。保育者として発達援助を考えるとき，こうした現実を無視することはできない。

　保育者はまず，閉ざされた保育の場を経験しているだけでは限界があるということをよく認識し，独断に陥らないよう努力すべきである。例えば，子どもが安全に，主体的に過ごせるように整えられた「保育所」や「幼稚園」「認定こども園」という場所での実践例をもとにアドバイスされても，各々の家での状況には馴染まないということは多い。保育者にとっては，保護者に限らず，地域の養育者たちと互いに胸襟を開き，家庭での生活のあり方や子育ての現実について語り合い，子どもをめぐる現実を広く理解しておくことが望ましい。また，就学を控えた時期には，地域の小学校と連絡をとりあい，より望ましい移行のシステムをさぐる必要もあるだろう。それらは皆，保育者がその専門性を生かしつつ，ともに子どもの発達を援助する同士として，他者と手を結ぶ姿と捉えることができる。

　さらに，ここでは，通常はあまり意識されないかもしれないが，限りあるときをともに過ごす保育者として，留意してほしい点を2つ挙げたい。

　まず1つ目は，自分の受けもった年度内に何かを完成させようと焦らないことである。子どもにとっては，どの1日もかけがえのないものである。年度の変わり目も，同じ重みでじっくりと丁寧に生活をつむいでいくことが望ましい。しかし，実際の年度がわりは，さまざまな動きで慌しく，保護者や周囲の大人も「もうすぐ大きい組になるのだから」と自覚をうながし，要求水準を高めようとすることが多いものだ。せめて保育者は，「次年度の担任に『前の担任は何をしていたのだろう』と思われるのではないか」という見栄や，「○歳児ならこれだけは……」といった一般論に踊らされることなく，子どもの内面の充実をじっくり待ち，1日1日を大切に過ごしてほしいものだと思う。そのためには，園内の意識も「担任がすべて責任をもつ」のではなく，「皆で子どもを見守る」という点で一致しているべきである。

　2つ目は，子どもや養育者が主体的に存在し，活動できるような援助のあり方をつねに探っていくということである。熱心で知識や技能もある保育者は，ときとしてカリスマとなることがある。保育者が主役兼演出家となり，クラスの子どもたちや，ときには保護者をも巻き込んで，「自分の保育」を演じきってしまうのである。子どもたちや保護者は，観客もしくは登場人物の1人となり，次の出し物・

課題は何かと，保育者の言動に引き込まれる。こうした保育は刺激的であるが，ときに，保育者に依存する心性を呼び起こすことがある。特に，入園したての子どもやその保護者は，園と家庭という二重生活をタイムテーブル通りにこなすだけで精一杯であるため，保育者の指示や助言に頼るうちに，そうした行動のしかたが園生活そのものだと思い込んでしまうことがあるので留意が必要である。

　子どもや保護者に「先生，次は？」「どうすればよいですか」と言われてハッとする保育者は多い。保育者自身が，頼られ，求められる存在に甘んじていないか，「してあげる」保育，「させる」保育になっていないかを自分に問いかけねばならない。保育者の支えを真に内面化し，発達を遂げたとき，子どもや保護者は自律的に行動し始めるはずであり，それこそが，発達を援助するという営みのもたらす，最終的な姿だからである。

＜引用・参考文献＞

Gibson,J.J.（1966）. *The Senses Considered as Perceptual Systems*. Boston: Houghton Mifflin.1966（佐々木正人監訳『生態学的知覚システム：感性をとらえなおす』東京大学出版会，2011）

刑部育子「『ちょっと気になる子ども』の集団への参加過程に関する関係論的分析」『発達心理学研究』9（1），pp. 1 -11，1998

浜谷直人『困難を抱えた子どもの保育臨床とファンタジー』新読書社，2019

市川奈緒子『気になる子の本当の発達支援［新版］（これからの保育シリーズ③）』風鳴舎，2017

岩田純一『子どもの発達の理解から保育へ－〈個と共同性〉を育てるために－』ミネルヴァ書房，2011

Lave,J. & Wenger,E.,*Situated learning : Legitimate peripheralparticipation*, Cambridge University Press, 1991（佐伯胖訳『状況に埋め込まれた学習：正統的周辺参加』産業図書，1993）

鯨岡峻・鯨岡和子『保育を支える発達心理学－関係発達保育論入門－』ミネルヴァ書房，2001

Mark W.Fraser（Ed.）. *Risk and Resilience in Childhood : An Ecological Perspective*, National Association of Social Workres,INC, 2004（門永朋子・岩間伸之・山縣文治訳『子どものリスクとレジリエンス－子どもの力を活かす援助－』ミネルヴァ書房，2009）

水内豊和・増田貴人・七木田敦「「ちょっと気になる子ども」の事例にみる保育者の変容過程」『保育学研究』（39 - 1），pp.28 -35，2001

無藤隆「トポスにおける発達：第1回」『幼児の教育』94 - 4，pp.24 -31，1995 a

無藤隆「トポスにおける発達：第2回」『幼児の教育』94 - 6，pp.29 -36，1995 b

無藤隆編『幼児の心理と保育』ミネルヴァ書房，2001

無藤隆編著『ことばが誕生するとき－言語・情動・関係－』新曜社，pp.267 -334,1991

無藤隆・長崎勤編著『発達科学ハンドブック第6巻　発達と支援』新曜社，2012

大場幸夫・山崖俊子編著『保育臨床心理学』ミネルヴァ書房，pp. 1 -26，1993

佐々木正人編著『アフォーダンスの視点から乳幼児の育ちを考察：特別付録DVD－ROM 動くあかちゃん事典』小学館，2008

Sorce,J.F.& Emde,R.N., Mother's presence is not enough : The effect of emotional availability on infant exploration. *Developmental Psychology*, 17, pp.737－745, 1981

津守真『保育者の地平：私的体験から普遍に向けて』ミネルヴァ書房，1997

藤崎眞知代・本郷一夫・金田利子・無藤　隆編『育児・保育現場での発達とその支援』ミネルヴァ書房，2002

文部省幼稚園課内幼稚園教育研究会編『幼児一人一人のよさと可能性を求めて』東洋館出版社，1997

岡本夏木『ことばと発達』岩波新書，1985

第11章

発達の障害と保育における支援

〈学習のポイント〉 ①発達の視点からみると，障害のある子どもも障害のない子どもも共通して
いる部分が多いことを理解しよう。
②発達の障害の特徴を理解しよう。
③発達に障害のある子どもの発達の特徴と，インクルージョンが意味するこ
とを理解し，保育者にどのような支援と理解が求められるかを学ぼう。

1．発達の障害を理解するためには

　障害のある子どもと障害のない子どもの発達は，まったく別のものであろうか。
ひと口に障害といっても重度の障害がある子どもから軽度の障害がある子ども，
グレーゾーンの子どもまでさまざまである。重度の障害がある子どもからグレー
ゾーンの子どもまで考えていくと，一体どこで遅れがある子どもと遅れがない子
どもの，正常と異常の境界線をひいたらよいかと悩むのではないだろうか。この
ように見ていくと，どこかで正常と異常の線をひくというよりむしろ連続してい
ると考えるほうが自然であるし，障害のない子どもと障害のある子どもがまった
く別の発達をしていくとは考えにくい。障害が重くなれば，発達がよりゆっくり
になったり，発達のでこぼこが多くなるかもしれないが，発達に障害のある子ど
もも発達に障害のない子どもも，どちらも発達という視点から捉えると共通して
いる部分が多いのである。保育者の目の前にいるのは，「子ども」なのである。

　発達に障害のある子どもは，発達に障害のない子どもと発達するうえで共通し
ている部分が多く，保育者の目の前にいるのは同じ「子ども」であるが，しかし，
これは保育において特別の配慮や援助をしないということではない。例えばある
時期に友だちの中に入っていけない子どもがいれば，保育者は友だちと遊べるよ
うになんらかの手だてを考えていくことだろう。つまり，そのときになんらかの
課題をもつ子どもについては，その子どもが必要としている援助や配慮をしてい
くのであり，これは発達に障害がある子どもについても障害がない子どもについ
ても同じである。発達に障害がある子どもも発達に障害がない子どもも，発達を
するうえで共通するところが多いことは，その子どもが必要としている援助を考
えるにあたり大きな手がかりになる。

　さて，発達の障害を理解するにはさまざまな視点がある。本章では医学的な理
解，発達的・保育的な理解について述べ，保育をするうえでの課題や援助につい
て考えていくことにする。

2. 発達の障害の特徴

1 乳幼児期の発達の障害の特徴と理解

　障害のある子どもにとって乳幼児期は，障害に気づかれたり，障害が発見される時期である。また，ある種類の障害や程度によっては，保育者が「気になる子どもだな」と感じることがあっても，乳幼児期には診断できないことも多い。こうした特徴を理解する必要がある。

　その理由について考えてみたい。出生時や乳児期を通して，なんらかの病気があれば，将来的に発達が遅れることが予測される。そのような形で障害と診断できる場合もある。しかし，多くの障害児は明確な医学的根拠，病因があるわけではなく，典型的な発達からの明らかな遅れによって診断されることが多い。乳幼児期では典型発達児との発達差はわずかであり，明らかな遅れかどうかを判断するには，一定期間の経過観察が必要となる。また，4歳児，5歳児になった段階で障害像が顕在化する場合もある。

　そもそも乳幼児期は発達の個人差が大きい。「ことばが遅い」と思っていた子どもが，一定期間を過ぎると典型発達の子どもと同じ発達になっていることもよくあることである。したがって，発達の個人差が大きい乳幼児期には，一定期間の発達の観察が必要となることが，ほとんどである。

　こうしたことは，保育の場では何を意味するのだろうか。入園してきた子どもを保育する中で，保育者が「この子どもが気になる」と感じることはあるだろう。その原因が「障害の有無によるかが明確にならない」という状況であり，そのような状況を抱えて，その子どもを保育していくことになる。保育者にとっては障害の有無が気になるところであるが，しかし，同じ子どもであることには変わりがなく，遊びや生活を共にしながら，子どもの発達を保障していこうとすることが大切である。

2 保育の中で保育者が感じる子どもの気になる行動の特徴

　保育者が，のちに障害が明確になる子どもの行動を「気になる行動」として捉えていることは多い。多くの子どもを保育してきた経験から「気になる」と捉える力は保育者ならではであり，障害の発見にもつながる。

　保育者が，障害児や障害を疑う子どもを保育する上で“難しい”と感じる子どもの行動としては，「落ち着きがない」「パニックなどの気になる行動」「集団への参加が難しい」「活動の転換が困難」「食事に関すること」「衝動的な面がある」「コミュニケーションの難しさ」「情緒が安定しない」などがある。

　ただし，乳幼児期の子どもの場合，発達の個人差が大きいという特徴を考えれ

ば，こうした子どものすべてに障害があるわけではないことも留意すべきである。いずれにしろ，一時期的であっても特別な発達支援ニーズがある子どもには，障害の有無にかかわりなく，保育の中でより丁寧に関わっていく必要がある。

❸ どんな診断名があるのか

　乳幼児期には診断名がつかないものもあるが，代表的な診断名を**表11−1**に示した。

表11−1　代表的な障害とその特徴

知的障害 （文部科学省，2021）	知的障害とは，一般に，同年齢の子どもと比べて，「認知や言語などにかかわる知的機能」の発達に遅れが認められ，「他人との意思の交換，日常生活や社会生活，安全，仕事，余暇利用などについての適応能力」も不十分であり，特別な支援や配慮が必要な状態とされている。また，その状態は，環境的・社会的条件で変わり得る可能性があるといわれている。
自閉症 （文部科学省，2021）	自閉症とは，①他者との社会的関係の形成の困難さ，②言葉の発達の遅れ，③興味や関心が狭く特定のものにこだわること，を特徴とする発達の障害である。その特徴は3歳くらいまでに現れることが多いが，成人期に症状が顕在化することもある。中枢神経系に何らかの機能不全があると推定されている。
発達障害 （発達障害者支援法，2004）	・「発達障害」とは，自閉症，アスペルガー症候群その他の広汎性発達障害，学習障害，注意欠陥多動性障害その他これに類する脳機能の障害であって，その症状が通常低年齢において発現するものとして政令で定めるものをいう。 ・「発達障害者」とは，発達障害がある者であって発達障害及び社会的障壁により日常生活又は社会生活に制限を受けるものをいい，「発達障害児」とは，発達障害者のうち十八歳未満の者をいう。

　知的障害は，乳幼児期には発達の全領域において全体的に遅れがみられ，もっとも数の多い障害である。ことばでの表現や理解が遅れたり，身の回りのことに支援を必要とする。

　自閉症（**自閉スペクトラム症，ASD**といわれることもある）は，発達にでこぼこがある。落ち着きがなく長く座っていることを苦手としたり，こだわりを示したりする。人と関わることが苦手な子どもも多い。

　発達障害の子どもは，話はよくできるが，注意が長く続かなかったり，落ち着きがない，衝動的であったりする場合がある。

　こうした特性を踏まえつつも，子どもが充実して遊べるように，またクラスの活動に参加し，友だちと一緒に活動した楽しさを味わったり，満足感を得られるように工夫し，丁寧な保育をしていくことが求められるだろう。

　ただし，同じ診断名であっても，1人ひとり違いがあり，同じではない。またどの子どもも必ず発達していく。障害の否定的な側面ばかりを見ずに，1人ひとりの子どもの良さを見つけて関わっていくことが望まれる。

　健康の構成要素に関する分類を示した**ＩＣＦ**^{*1}では，障害の状態が個人の因子

*1　ＩＣＦ：国際生活機能分類（International Classification of Functioning, Disability and Health）の略称。WHOが2001年に採択し，生きることの全体像を捉えるモデルであり，共通言語とすることが目的とされる。障害をプラスのなかに位置づけている。

だけで決まるのではなく，環境の因子も影響するとして，明確に位置づけている。医学的なレベルでの障害があったとしても，その子どもの障害はそれだけで決まるのではなく，人的な環境，態度や社会意識としての環境，物理的な環境など，さまざまな環境が影響しているのである。保育の中で，障害児も遊び，生活できる環境と，保育者の1人ひとりの子どもに合わせた丁寧な関わりが，子どもの障害の状態にポジティブに影響すると考えられる。

3．発達に障害のある子どもの発達の特徴

　保育の場で発達に障害のある子どもの発達の特徴にはどのようなものがあるだろうか。次にいくつかを述べる。

■ 通常の発達の道筋をたどって，ゆっくり育つ

　発達に障害がある子どもは発達しないかのようなイメージをもつ場合がある。しかしどの子どもも発達する力をもっているのであり，その子どもなりに必ず発達していくのである。発達に障害がある場合は，発達のスピードがゆっくりであるため，通常の発達に比べてゆっくりと発達していくことになる。例えば，通常の発達では1歳の誕生日を過ぎるとことばが出始めるが，発達に障害がある子どものことばの出始めは2歳であったりする。このように知的障害のある子どもは，遊びや生活全般にわたりゆっくり育っていくことになる。

　しかし，発達がゆっくりであってもその発達の道筋は通常の発達とおよそ同じであり，通常の発達の道筋をゆっくりたどって育っていくのである。こう捉えると，その子どもの保育をするうえでの見通しがもてたり，関わり方を考えることができよう。

■ 発達のでこぼこ，行動上の問題をあわせもつ場合がある

　子どもによっては発達のでこぼこや行動上の問題をもつ場合もある。その1つは起因疾患のもつ特徴ゆえに，発達のでこぼこや行動上の問題をもちやすい場合である。例えば自閉症の子どもは，認知や感覚が特異であるという特徴をもつため，発達上のでこぼこや行動上の問題をもちやすい。周りの子どもの泣き声にパニックを起こす，1日中ミニカーを並べているなど遊びの種類が偏っている，落ち着きがないなどである。しかし，自閉症の子どもであっても通常の発達との共通点は見出すことができ，自閉症の子どもの保育においても発達的な視点は支援のヒントを示してくれる。

　もう1つは，その子どものもつ障害に加えて育つための**適切な環境**が用意されない場合，二次的に発達の遅れや偏り，行動上の問題が生じることである。例えば，自閉症の子どもが1日中ひとりで数字を並べて遊んでいる様子を「楽しそうだから」とか「好きだから」と見守る保育をしていたら，その子どもは，ますます人との関わりが苦手になっていき，対人関係のトラブルなど二次的な行動上の問題を生じさせることになる。このように子どもに十分に働きかけずにそのまま放っておくと，その子どもの発達にとって十分に刺激のある環境が用意されず，さらなる遅れや問題行動が生じる。これは保育の中で注意すべきことであり，保育者は子どもが育つ上で適切な環境を整えることが大切である。

❸ 個人差と個人内差

　個人差とは1人ひとり違うことであり，**個人内差**とは1人の子どものなかの得意，不得意である。どの子どもも1人ひとり違うことはいうまでもないが，発達に障害があると1人ひとりの違いが大きい。つまり個人差が大きい。また個人内差も，どの子どもにもあるのだが，発達に障害のある子どもは1人の子どもの中の得意，不得意がはっきりしていたり，得意と不得意の差が大きかったりする。

　例えば，同じ自閉症の子どもであってもある子どもは行動全体に落ち着きがないが，ある子どもは決まった活動であれば落ち着いて座っていられたりするなど，その行動特徴は1人ひとり違っている。また，ある知的障害の4歳の子どもは運動や身辺自立の領域は得意で年齢相応であるが，ことばは苦手で3歳程度の発達であり，その中でも特にことばの表出は苦手であるなど，得意な領域と不得意な領域の差が大きいことは個人内差の例である。「身の回りのことがよくできるから」「お話できるから」と一面を見て判断せず，多面的に子どもを理解することが，保育につながっていくのである。

　以上のようにいくつかの特徴はあるが，障害のある子どもの発達は，障害のない子どもの発達と共通の部分が多いのである。通常の発達と共通の部分が多いという理解は，発達に障害がある子どものニーズに応じて，どのような援助をすればよいかを考えていく手がかりとなる。通常の発達の理解を基礎に1人ひとりの子どもの発達を捉え，そのうえでその子どものもつ発達のでこぼこ，発達上の問題，発達上の課題などを丁寧に理解していくことが求められる。

4. 発達に障害のある子どもを捉える視点

1 障害を捉えるまなざしの変化

　日本は**障害者権利条約**に2014（平成26）年に批准した。障害者権利条約に沿った社会をつくるために，関連する国内の法律を改正してきた。障害者権利条約は，正式には「障害者の権利に関する条約」という。障害者権利条約では，障害を社会の側の問題と捉える「**社会モデル**」の考え方で捉えている。こうした考え方は，**インクルージョン**（inclusion）に結びつく考え方である。障害者権利条約の目的は「全ての障害者によるあらゆる人権及び基本的自由の完全かつ平等な享有を促進し，保護し，及び確保すること並びに障害者の固有の尊厳の尊重を促進すること」としている。教育についての条項もあり，近年の障害児の保育，教育のあり方に大きな影響を及ぼす基本的な考え方となっている。難しいと考えずに，外務省のHPにとてもわかりやすいパンフレットが載っているので参照してほしい[*1]。

*1 外務省「障害者権利条約」

　また，障害者権利条約においては，合理的配慮という言葉が用いられている。**合理的配慮**とは，障害者の人権と基本的自由を確保するための「必要かつ適当な変更及び調整」である。均衡を失したり過度の負担を課さないものであり，本人や保護者からの申し出により調整していくことになる。乳幼児期は，子どもの行動の背景に障害があるかどうか明確にならない場合が多くある。合理的配慮という考え方があることを知り，同時に乳幼児期の発達特徴や子どもの遊びや生活を通して子どもを育てるという保育カリキュラムを踏まえて，障害の有無にかかわらず，1人ひとりの子どもが楽しく園生活を過ごし，共に育つ保育になるようにしていくことが大切である。

　この障害者権利条約が「**共生社会**」をめざしていることは，周知のことである。では，「共生社会」とはどのような社会だろうか。

　「共生社会」は「誰もが相互に人格と個性を尊重し支え合い，人々の多様な在り方を相互に認め合える全員参加型の社会」（文部科学省，2012）であり，文部科学省は「共生社会に向けたインクルーシブ教育システムの構築」を掲げている。

　保育の場においても，1人ひとりの子どもが「お互いに人格と個性を尊重し」「多様なあり方を認め合える」経験をすることが，共生社会をつくるために求められることであり，またそうした保育が求められる。「お互いに人格と個性を尊重し」「多様なあり方を認め合える」保育は，障害児はもちろんであるが，多様な背景の子どもがいる今日（例えば外国にルーツがある子ども，虐待などつらさを抱える子どもなど）において求められており，1人ひとりの子どもが尊重され，お互いに認め合い，一緒に生活する喜びを感じられ，そして共に育っていく保育への志向と工夫が求められる。

近年**インクルーシブ保育**といわれるようになってきたが、インクルージョンもこうした考え方と根を同じにするものである。以下では保育のなかでのインクルージョンについて述べることにする。

❷ インクルージョンという考え方 ―どの子どもも1人ひとり違う―

障害のある子どもの教育にあたって、**インクルージョン**（inclusion）という考え方が提案されてきている[*1]。インクルージョンは「包み込む教育」と訳される。これまでのインテグレーション（integration, 統合）の考え方は、障害のある子どもと障害のない子どもという2つの集団を考え、両者を一緒にしようという二元論にたつ発想であったが、しかしもともと同じ子どもであり、障害があることはその子どものうちの個人差であるという一元論的な発想がインクルージョンである。

インクルージョンにおいては、次の2つの点が重要である。1つは同じ子どもであり、1人ひとりを尊重しようという考え方である。つまり保育者の目の前にいるのは、まず「子ども」であるということである。もう1つは、すべての子どもが場を共有した上で、個別のニーズへの対応を用意しようとしているのである。

これらを考えると保育をするにあたっては、「同じ子ども」であるというまなざしがまず必要なのである。しかし、配慮も支援もない状態で場だけを統合したのでは、子どもが発達するうえで十分な環境とはいえない。一緒に保育し、どの子どもにとっても発達するうえでの豊かな環境となるのには、障害のあるなしにかかわらず、その子どものニーズに応じた支援をしていくことが必要なのである。

もし、保育の場で仲間に入れない子どもがいたら保育者はどうするであろうか。その子どもに声をかけて誘ってみたり、まず保育者とじっくり遊んでみる、保育者とその子どもの遊びに周りの子どもを引き入れて一緒に遊ぶなど、その子どもの現在の状況、発達、興味などを手がかりにいろいろな関わりをするであろう。仲間に入れないのが障害のある子どもであっても、保育をするうえでの支援は同じであろう。このようにその子どもにそのときに必要な支援をしていくことになる。支援を必要としているのは発達に障害のある子どもかもしれないし、障害のない子どもかもしれない。こう考えると、1人ひとりに応じた保育の延長上に障害のある子どもに対する援助を考えることが可能ではないだろうか。

＊1 文部科学省「共生社会の形成に向けたインクルーシブ教育システム構築のための特別支援教育の推進（報告）」2012

3 子どもの発達を捉える

　障害のある子どもの日々の保育を考えるにあたっては，発達に障害のある子ども1人ひとりの発達を理解することが大切となる。1人ひとりの発達の理解にあたって大切なことは，その子どもの発達全体を多面的に把握することである。例えば，4歳の子どもで運動や身辺自立が年齢相応にできるからだいじょうぶと思っても，丁寧に見るとことばの発達は1年程度遅れていたことがわかったとする。すると今まで保育者のことばを理解して動いていたのではなく，周りの子どもの動きをみて動いていたのだと気づく。こう考えてみると，その子どもへの保育者のことばかけは，その子どもにとっては難しくて理解できないものだったと気づくことができ，今後は少し短いことばかけをするなど，その子どもがわかりやすい関わり方を考えることができる。このように運動，生活習慣，ことば，遊び，友だちとの関係などいくつかの視点から丁寧に子どもの発達を捉えていくことが大切である。もちろん，1人ひとりを丁寧に捉えていくことは，障害のない子どもについても同じである。

　乳幼児期には，その子どもの不得意なところを伸ばすことと，得意なところを認めさらに伸ばすことの両面から考えていくことが必要である。乳幼児期は発達期であるので，その子どもにとって不得意なことであってもその子どもの興味や，保育者との信頼関係をもとに，少しずつ経験させることが望ましい。同時にその子どもの得意なところは認め，十分に力を発揮できるような保育が求められる。

5．保育における支援

1 保育者が育てたいこと

（1）遊びを育てる

　子どもの発達における遊びの意味や重要性については，ここで触れるまでもない。子どもの生活は遊びそのものといってもよく，子どもは遊ぶ中から多くを学び発達していくし，保育者は遊びを通して育てていくことになる。したがって，保育の中で発達に障害のある子どもの遊びをどう育てるかが最も大切な課題となる。

　発達に障害のある子どもの遊びは，遊びがなかなか発展しない，遊びの種類が少なく偏っているなどの問題をもつ場合がある。例えばままごとが好きで毎日ままごとをしていた子どもをよく観察してみると，何カ月も同じ内容で，食器を並べお茶を入れて飲むことをくりかえしていただけだったということもある。また，ミニカーを色別に並べるのが好きで，これ以外の遊びはほとんどしない子どもが

いたりする。

　遊びを育てるにあたっては，1つはその子どもが今，好きでやっ
ている遊びを十分にさせることである。もう1つはいろいろな種
類の遊びを経験させ遊びの種類を増やしたり，遊びが発展してい
くような支援をしていくことである。現在の子どもの遊びや興味
をもとに，これを発展させていくことが求められる。例えば，1
日中ミニカーを色別に並べている子どもであれば，保育者がこの
遊びに入り，一緒に順番に並べたり，保育者が手渡しして並べた
りしてみれば，1人遊びから大人とやりとりする2人での遊びに

広がる。保育者とのやりとりをもとに，連絡帳を並べる，給食の食器を並べるな
ど活動の種類を増やしていくこともできるだろう。さらに発展させるなら，ミニ
カーの車庫をつくって車をしまうとか，周りの子どもをこの遊びに誘うなどいろ
いろと考えられる。どの子どもにも豊かな遊びが経験できる環境を用意すること
が大切である。

（2）達成感，充実感を味わう

　子どもが日々の生活や遊びの中で，やりとげたという達成感や十分遊んだとい
う充実感を味わうことは大切なことである。発達に障害のある子どもの中には何
をするにしても自信がなく，決してできないわけではないのにすぐにあきらめて
しまう子どもが見受けられる。なぜであろうか。これは障害のある子どもは発達
がゆっくりであるなどの特徴をもつために，一斉保育の中の製作では周りの子ど
もと同じように製作できなかったり，遊びに加われなかったりと失敗した経験を
多く味わっているためである。また保育の場では，保育者も「急いでね」「がんばっ
てね」などと注意や促すことばかけが多くなり，「よくできたね」といったほめ
ことばが少なくなっていないだろうか。こうした経験を通して，やってもうまく
できないのではと思い，すぐにあきらめてしまったりするのである。うまくでき
ないことが多かったり，注意されることが多い生活が，子どもにとって楽しい生
活ではないだろう。

　発達に障害のある子どもも障害のない子どもと同じように「やった」という充
実感を十分に味わうことができ，のびのびと生活できるように，保育者の環境設
定の工夫と日々の保育の中での支援や配慮が求められる。

② 環境設定の工夫の必要性

　発達に障害のある子どもに保育の中で何を育てたらよいかを考えると，保育で
育てたいことは，発達に障害のある子どもも発達に障害のない子どもも共通して
いる。では，どこに配慮してどの子どもも育つ保育を考えていけばよいのだろうか。

保育は環境を通して行う。保育者は意図をもって環境設定し，子どもは環境を通して学ぶことになる。環境を通して学ぶという視点から発達に障害のある子どもを捉えると，発達に障害がある子どもは環境から学ぶ力が弱いと考えることができる。発達に障害のない子どもは保育者が設定した環境で十分に遊び，そこから学ぶことができても，障害のある子どもは障害のない子どもと同じように遊び，学ぶことができないかもしれないのである。したがって，発達に障害のある子どもも障害のない子どもも，ともに十分に学べる環境を設定するための工夫や配慮が保育者に求められるのである。

　環境設定をするうえでの工夫や配慮は，例えば保育者のことばかけかもしれないし，はさみで切るのではなく手でちぎる製作にすることかもしれない。これはその園，そのクラス，その子どもによって異なることなので，その場，その子どもにあった環境を考えていくことになる。

❸ 親の気持ちの理解

　子どもに障害のあることがわかると親はたいへんなショックをうける。親が子どもの障害を受け入れ，1人の子どもとして育てていこうと思うことは，子どもの発達に望ましいことである。しかし，そう思うにはさまざまな心の葛藤があり，長い時間がかかるのである。田中（1993）はダウン症児の親が子どもの障害を受け入れていく過程を次のように5つに分けている。

第1期　第1の心理的衝撃の時期（誕生直後から約3カ月の間）
第2期　第1の心理的衝撃からの立ち直りの時期（生後約1年目）
第3期　第2の心理的衝撃の時期（生後1－2年の間）
第4期　第2期の心理的衝撃からの立ち直りの時期（生後約3年目）
第5期　転換期（学齢期）

　近年，障害のある子どもを育てた親の育児記録が多く出版されている。ぜひ，これらの一読をすすめるが，それらには「まさか」と思う気持ちや「この子はこの子なのだから」と前向きに育てはじめても，周りの人の心ないひとことで深く傷つき，とても育てていけないと思う気持ちなど，さまざまな心の葛藤が記されている。

　このように乳幼児期は多くの葛藤がある時期なのである。子どもの障害をどのように理解したらよいかだけではなく，どうやって子どもを育てればよいのか，園ではどのように過ごしているのかなど親の不安はつきない。

　乳幼児期は多くの場合，障害の「診断」がなされる時期であるが，診断されるのは平均2歳6カ月（杉山，1997）といわれる。一方でアスペルガー障害やADHDなどは3歳児健診では診断がつきにくいとされる。こうしてみると乳幼

児期には，子どもの障害にまだ気づいていない親，また子どもになにかあるのかもしれない，いや違うかもしれないと大きな葛藤や不安を抱えている親など，いろいろな親がいるのである。保育者のほうが先に子どもの障害に気づくこともよくあることである。保育者にとって大切なことは，こうした親の気持ちを理解し寄り添うことである。そして，親が前向きに楽しく育児に取り組めるような支援をしていくことが求められる。

　支援の1つの視点として「**家族支援**」がある。これは，障害のある子どもだけではなく，きょうだいや親など家族全員が生き生きと過ごせるような支援をしていこうというものである。障害のある子どもを育てる親は悩みが多く，また，自閉症のように動きが多い子どもであれば，つねに目が離せないなどで子育ての疲労感も強い。障害のある子どもを心配するあまり，他のきょうだいに気が回らないこともある。保育者は子どもだけではなく家族まで視野に入れた援助が求められるのである。

＜引用・参考文献＞

宮本信也『乳幼児から学童前期のこころのクリニック』安田生命社会事業団，2000

田中千穂子『母と子の心の相談室－"関係"を育てる心理臨床』医学書院，1993

アメリカ精神学会編『DSM-IV　精神疾患の診断・統計マニュアル』医学書院，1994

杉山登志郎「精神遅滞の早期発見と早期教育」栗田　広編『精神遅滞の精神医学』ライフ・サイエンス，1997

川崎葉子「自閉症スペクトラムにおける行動障害への新たなアプローチ」日本発達障害支援システム学会研究大会資料，2002

金子健「これからの統合教育」『発達の遅れと教育』3月号，p.76-79，1997

文部科学省「障害のある子供の教育支援の手引き～子供たち一人一人の教育的ニーズを踏まえた学びの充実に向けて～」2021，https://www.mext.go.jp/a_menu/shotou/tokubetu/material/1340250_00001.htm

文部科学省　中央教育審議会　初等中等教育分科会「特別支援教育のあり方に関する特別委員会共生社会の形成に向けたインクルーシブ教育システム構築のための特別支援教育の推進（報告）」2012，https://www.mext.go.jp/b_menu/shingi/chukyo/chukyo3/044/houkoku/1321667.htm

外務省「障害者の権利に関する条約（障害者権利条約）」https://www.mofa.go.jp/mofaj/gaiko/jinken/index_shogaisha.html

第12章

子育て支援と保育カウンセリングの基礎

〈学習のポイント〉　①子育て家庭の現状について理解し，子育て支援の必要性を学ぼう。
　②子育て支援のために，保育者に何が求められているか理解しよう。
　③保育カウンセリングの基本的な考え方を理解し，どのような点を配慮して
　　子育て支援をするとよいのかを考えよう。
　④日々の保育実践の中での配慮点についても理解し，子育て支援について自
　　分なりの視点をもてるようにしよう。

　この章では，現在の保育における課題の１つである子育て支援を取り上げる。

　子育て支援が必要とされる背景について理解したうえで，子育て支援の実践の中でも特に子育てについての相談・助言（保育カウンセリング）について具体的に学んでいく。

1. 子育て支援が必要とされる背景

■1 保育所保育指針，幼稚園教育要領における子育て支援についての記述

　保育所保育指針，幼稚園教育要領には，子育て支援について**表12−1**のように記されており，保育所・幼稚園には，地域の関係機関と連携しながら（表内---部分），保育所・幼稚園に通う子どもの保護者だけでなく，地域の子育て家庭の保護者に対しても子育て支援を行う役割が求められている（表内─部分）。その背景としては，子育てに悩んだり，孤立感を募らせる保護者の存在が指摘されており，保育所保育指針には「子育て支援」という章も設けられている（第４章）[*1]。

> ＊1 本章では，紙幅の都合から保育所保育指針と幼稚園教育要領を取り上げているが，認定こども園も，保育所・幼稚園と同様に子育て支援の役割を担っており，幼保連携型認定こども園教育・保育要領にも「子育ての支援」の章がある（第４章）。

表12−1　『保育所保育指針』『幼稚園教育要領』における子育て支援の記述

『保育所保育指針』	第1章　総則　1　保育所保育に関する基本原則 （1）保育所の役割 ウ　保育所は，入所する子どもを保育するとともに，家庭や地域の様々な社会資源との連携を図りながら，入所する子どもの保護者に対する支援及び地域の子育て家庭に対する支援等を行う役割を担うものである。
『幼稚園教育要領』	第3章　教育課程に係る教育時間の終了後等に行う教育活動などの留意事項 2　幼稚園の運営に当たっては，子育ての支援のために保護者や地域の人々に機能や施設を開放して，園内体制の整備や関係機関との連携及び協力に配慮しつつ，幼児期の教育に関する相談に応じたり，情報を提供したり，幼児と保護者との登園を受け入れたり，保護者同士の交流の機会を提供したりするなど，幼稚園と家庭が一体となって幼児と関わる取組を進め，地域における幼児期の教育のセンターとしての役割を果たすよう努めるものとする。（後略）

出典）厚生労働省『保育所保育指針』2017・文部科学省『幼稚園教育要領』2017

表12－2　18歳未満の児童のいる世帯の状況

年　次	児童のいる世帯（全世帯に占める割合）	核家族世帯			三世代世帯	その他の世帯	児童のいる世帯の平均児童数
			夫婦と未婚の子のみの世帯	ひとり親と未婚の子のみの世帯			
1989（平成元）年	16,426,000（41.7%）	11,419,000（69.5%）	10,742,000（65.4%）	677,000（4.1%）	4,415,000（26.9%）	592（3.6%）	1.81
1998（平成10）年	13,453,000（30.2%）	9,420,000（70.0%）	8,820,000（65.6%）	600,000（4.5%）	3,548,000（26.4%）	485（3.6%）	1.77
2010（平成22）年	12,324,000（25.3%）	9,483,000（76.9%）	8,669,000（70.3%）	813,000（6.6%）	2,320,000（18.8%）	521（4.2%）	1.70
2019（令和元）年	11,221,000（21.7%）	9,252,000（82.5%）	8,528,000（76.0%）	724,000（6.5%）	1,488,000（13.3%）	480（4.3%）	1.68

注）核家族世帯・三世代世帯・その他の世帯の数値下のパーセンテージ：児童のいる世帯における割合
出典）厚生労働省「2019年国民生活基礎調査」

　家族化，少子化[*1]により，子育て家庭の割合が低くなる中で（**表12－2**），乳幼児と触れ合う経験がないまま親となる保護者も多く，保育所・幼稚園に期待される役割はますます大きくなっている。

② これまでの研究が明らかにしてきたこと

　子育て支援のために保育者に何が求められているか理解するために，これまでの研究が明らかにしてきたことを概観してみよう。

（1）母親にかたよる子育ての負担

　子育て家庭においては，子育てに不安や悩みをもつ母親の問題がよく取り上げられる。これまでの研究で結果が一致しているのは，仕事をもつ母親よりも専業主婦の母親，子育てを一手に引き受けている母親に，より子育てについての不安が強いという点である（牧野カツコ，1982；柏木惠子・若松素子，1994）。

　またその背景には，「母性本能をもつ女性は子育てに適しているため，子どもは母親によって育てられるべきである」という考え方の存在が指摘されてきた（大日向，2001）。かつては愛着研究が母子関係にのみ焦点をあてられることが多く，そこで得られた知見がこのような考え方の心理学的根拠とされることもあったが，現在では子どもは幼いときから複数の対象との**愛着関係**を形成しうること，**複数の愛着ネットワーク**をもつことが後の発達にもプラスの意味をもつことが，さまざまな研究成果によって明らかにされてきている（数井みゆき，2001）。しかし，従来の**性役割分業観**[*2]とも結びつき，今もこのような考え方に縛られて悩む母親がいる[*3]。

（2）父親の子育てへの参加

　父親が**子育て**に参加することは，母親の子育てへの肯定感を高め（柏木惠子・若松素子，1994），子育てに対する姿勢や内容にも好ましい影響を与えること（服

*1　1989（平成元）年に合計特殊出生率が，過去最低の1.58を下回る1.57になったことをきっかけに，これまでさまざまな子育て支援（少子化対策）施策がなされてきたが，少子化は進み，2021（令和3）年の合計特殊出生率は1.30である（厚生労働省，2022）。

*2　「性役割分業観」とは「夫は外で働き，妻は家庭を守るべきである」というように，性別によって家庭での役割を分けた考え方のこと。

*3　「母性愛」信奉傾向を肯定しているが自分はできない，「母性愛」信奉傾向を否定しているが自分はそれにかなったことをしているという「信念と実態とのギャップ」が大きい母親は，自分のことをよりネガティブに語ることも明らかとなっている（江上園子，2009）。

部祥子・原田正文，1991)，父親自身の子どもへの感情や関わり方にも変化をもたらすことが明らかとなっている（Field，1978；柏木惠子・若松素子，1994)。また，夫が家事や配偶者へのケアをよく行うほど，母親の子育てへの意識は肯定的になることも明らかになっている（平山順子，1999)。

しかし，**男女共同参画社会**[*1]の実現が叫ばれて久しい現在においても，就労状況にかかわらず母親に子育てや家事の負担がかたよる状況に変わりはなく，父親の育児休業取得率も低水準のままである（内閣府男女共同参画局，2021）[*2]。

（3）地域からのサポート

地域からのサポートも，子育てに大きな意味をもつ。例えば，地域の中で子どもを預けられる人や子どものことを気にかけて声をかけてくれる人がいると，母親・父親ともにQOL[*3]がより高く，近隣に子育ての悩みを相談できる人がいると，「子育てに自信を持てるようになった」と回答する割合がより高かった（ベネッセ次世代育成研究所，2007)。しかし，近所の人に子どもを預けられると回答する母親は少なく，その割合も年々減ってきている（ベネッセ教育総合研究所，2016)。

（4）「家族の発達」という視点をもち，ネットワークの中で子育てを支援する

これらの研究成果からわかるように，**子育て家庭を支援**する際には，子どもの発達，父親や母親の発達，それらが相互に関連して成し遂げられていく「**家族の発達**」という視点をもつことが必要である。子育て家庭も多様化しているため，各家庭の保護者の考え方や抱える困難について日々理解を深めていき，**表12-1**（p.205）に記したように，地域の関係機関などの**社会資源**とも**連携・協働**したネットワークの中で子育てを支援することが求められている[*4]。

2. 保育カウンセリングとは

■ 子育て支援としての保育カウンセリング

このような子育て支援の必要性から，保育所は「保育に支障がない限りにおいて，乳児，幼児等の保育に関する相談に応じ，及び助言を行うよう努めなければならない」（児童福祉法第48条の4)。また，幼稚園においても保育者に求められる資質として「**カウンセリングマインド**」が重視されている。カウンセリングマインドとは，「カウンセリングの基本的な姿勢を教育の場に生かしていこうとするもの」であり，「カウンセリングマインドを持った接し方は，幼児に対してだけでなく，保護者との信頼・協力関係をつくり出し，幼児の教育について共に考え合うためにも必要なことである」（保育技術専門講座資料，1993)。

この章では，その実践の1つとして挙げられている子育てについての相談・助

*1「男女が，互いにその人権を尊重しつつ責任も分かち合い，性別に関わりなく，その個性と能力を十分に発揮することができる男女共同参画社会の実現」のため，1999年「男女共同参画社会基本法」が制定された。

*2 厚生労働省「令和3年度雇用均等基本調査」によると，女性の育児休業取得率85.1％に対し，男性は13.97％。この状況を改善するため，2021（令和3）年に育児休業に関する法律が改正された。子どもの出生直後の柔軟な育児休業の枠組みの創設，雇用環境の整備，妊娠・出産の申し出があった場合は，育児休業制度の説明や取得意向確認等が義務づけられた。

*3 QOL(Quality of Life クオリティ・オブ・ライフ：生活の質)とは，自分で感じている生活の良質さのこと。

*4 保育所保育指針にも「一人一人の保護者の状況やその意向を理解，受容し，それぞれの親子関係や家庭生活等に配慮しながら，様々な機会を捉え，適切に援助すること」と記している（第1章 総則 1 保育所保育に関する基本原則（3)保育の方法カ)。

➡ さらに学び考える資料
藤後悦子監修『社会的子育ての実現』ナカニシヤ出版，2022。地域の子どもたちを社会で制度的にも精神的にもケアしていくことを「社会的子育て」と定義し，子どもを軸に多様な人の交わり，つながり，育ち合う方法について考える。

言を「**保育カウンセリング**」と呼び，次のように定義する。

> 　保育者がカウンセリングの原則について理解し，保育の専門性と保育所・幼稚園の特徴を生かして子育てについての相談・助言を行い，子育てを支援していくこと。

② 保育者による保育カウンセリングの特徴

　この章で取り上げる**保育カウンセリング**は，カウンセリングの専門家ではなく保育の専門家が行うものであり，通常のカウンセリングのように限られた空間・時間の中ではなく，日常生活の中で，あるいはその延長として行うことが多い。

　また，保育所・幼稚園には以下のような特徴がある。

> ・さまざまな発達の時期にある子どもたちが，集団で生活している。
> ・保育の専門家が，子どもの生活全体を総合的に見て日々保育をしている。
> ・子どもが育つためにふさわしい環境が整っている。
> ・地域のさまざまな関係機関との連携や協働に取り組んでいる。

➡ さらに学び考える資料
亀﨑美沙子『保育の専門性を生かした子育て支援－「子どもの最善の利益」をめざして－』わかば社，2018。子育て支援のための園内の環境構成についても，さまざまな実践例を紹介している。

このような特徴を生かすと，保護者に次のような体験を保障することもできる。

> ・子どもたちや保育者の姿を実際に見て，子どもや子育てについて具体的に学ぶ。
> ・同じ年頃の子どもを育てる者同士で集う。
> ・気の合う子育て仲間や相談相手を見つける。
> ・家族で支え合って子育てをすることの大切さに気づく。
> ・他の関係機関からどのような支援を得ることができるかを知る。

　保育者はカウンセリングの原則を理解するとともに，保育の専門家が行う保育カウンセリングとして配慮することについて理解する必要がある。

3．保育カウンセリングの基本的な考え方

　保育所保育指針には，子育て支援について次のように述べられている。

> **第4章　子育て支援　1　保育所における子育て支援に関する基本的事項**
> **（1）保育所の特性を生かした子育て支援**
> 　ア　保護者に対する子育て支援を行う際には，各地域や家庭の実態等を踏まえるとともに，保護者の気持ちを受け止め，相互の信頼関係を基本に，保護者の自己決定を尊重すること。

この記述についての『保育所保育指針解説』における解説も参考にしながら，保育カウンセリングの基本的な考え方について述べていく[1]。

＊1 『保育所保育指針解説』「第4章　子育て支援」参照。

■ 安心して悩みを打ち明けられる雰囲気づくり

（1）どんな些細なことでも話せるように

　子育てをしていると，心配や悩みは次から次に生まれ，子どもの成長・発達に合わせて悩みの内容も変わってくる（図12−1）。このような心配や悩みが生まれたときに，日頃からのやりとりの中で「ついでに」「この際」と思って話せる相手がいることは，保護者にとって大きな支えとなる。**どんなに些細なことでも安心して話せる雰囲気が園全体にあることが必要**である。

　在園児の場合は，日頃からのやりとりの中で子どものことについて気軽に話し合える関係を作っていくことがまず大切になる（p.212，第4節■（1）参照）。家庭で子育てをしている場合も歩いて行ける範囲に保育所・幼稚園があるだろう。しかし，単に物理的に近いだけでは意味がなく，「あそこに行けば相談できる人がいる」「話せる仲間がいる」という身近さを感じられることが必要である。

　「いつでも来ていいですよ」というのが理想だが，それが難しい場合は，**子どもと一緒に遊びに来ることができる日などを地域に発信しておく**（p.220，同■（1），（3）参照）。保護者が話しかけることのできる「隙」を意図的に作り，心配事がありそうだと感じれば，世間話などをしながらでも話し出せるきっかけを

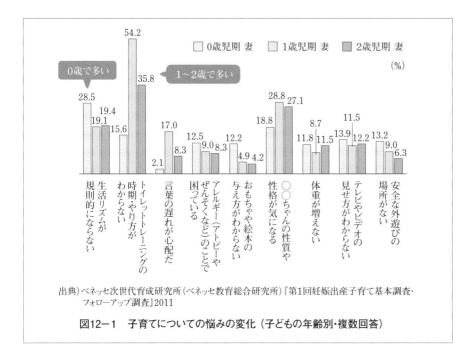

出典）ベネッセ次世代育成研究所（ベネッセ教育総合研究所）『第1回妊娠出産子育て基本調査・フォローアップ調査』2011

図12−1　子育てについての悩みの変化（子どもの年齢別・複数回答）

作るなどの配慮も必要である。

（2）場所や時間の確保

　話の内容によっては，場所や時間を確保することが必要となる。そのほうがじっくりと話を聴くためによいと思われる場合や，保護者が希望する場合もあるからである（p.217【事例4】参照）。そのような場合に対応できる場所を園内に確保しておくことも必要である。

2 相談の基本原理についての理解を深める

（1）保護者を信じ，相互信頼関係を確立できるように

> カウンセリングでは，人間は本来**自分で成長しようとする力**をもっており，悩みや不安を抱えてカウンセリングに来る人（クライエント）は，何らかの理由でその力が発揮できない状態にあるのだと考える。そして，その**本来の力を発揮**できるようにするのが**カウンセラーの役割**である。

　保育者の場合も，保護者はどの人も子どもを育てる者として成長しようとしていると信じることから始める。保護者に何か問題を感じることがあったり，子どもに問題を感じているのに保護者は理解してくれないと思える状態であったとしても，保護者に対して不信感ばかりもつようでは，保護者も保育者を信頼することはないだろう。

（2）心を傾けて保護者の話を聴く

> カウンセリングでは，「聴く」ことを非常に大切にする。クライエントの話す内容や話しているときの気持ちに関心をもち，しっかりと心を傾けて聴くのである。

　保育者もこのような態度で保護者に関心をもち，心を傾けて聴こうとすれば，保護者は自分が1人の人間として大切にされていると感じる。自分が大切にされていると感じれば，自信をなくしていたり不安な状態であったとしても，より自分の気持ちを話しやすくなる。

（3）保護者の気持ちを受容し，共感的に理解する

> カウンセリングでは，クライエントの話に評価や判断を加えず，ありのままを尊重して受けいれようとする（「**受容**」という）。そのように受けいれてくれる人との間では**信頼関係**が形成され，クライエントは話すかどうか迷うことや話すこと自体もつらいようなことでも話せるようになる。そして，率直に話したことを受けいれてもらう中で，「**ありのままの自分**」でよいのだと自分で自分を受けいれることもできるようになっていく。また，自分の内面を見つめる中で，これからの自分のことを前向きに考えていこうという気持ちにもなっていく。
> そのためには，カウンセラーはクライエントの物事の受けとめ方や感じ方等を理解することが必要となる。

➡ さらに学び考える資料
冨田久枝・杉原一昭編著『改訂新版　保育カウンセリングへの招待』北大路書房，2016。保育者がカウンセリングの基礎を学び，保育現場で総合的にカウンセリングを活用することを意図している。カウンセリングに求められる技法，子育て相談の実際と留意点，地域の社会資源との連携についても解説している。

　保育者も，保護者の話をもとにその保護者の物事の受けとめ方や感じ方をつかんでいくと，どのようなことに不安や悩みをもちやすいのか理解しやすくなる。そして，保護者の話を「そのように感じたり考えたりするこの人だったら……」と**共感的に理解**していきながら，話されたことを繰り返し言ってみたり，整理したり，理解したことを言葉にして伝えていく。すると，保護者は「ということよりも〜」「そうではなくて〜」と，より自分の気持ちを見つめて言い表そうとしたり，「本当は〜だったのかもしれない」と，自分でもよくわからなかった気持ちに気づくこともある。

　保護者の物事の受けとめ方や感じ方に問題を感じることがあっても，「指導しなければ」という姿勢で「もっと〜したほうがいい」「でもね……」とばかり言っては，保護者は「理解してくれない」「批判された」「指示された」と思い，話したいという気持ちにはならなくなる。心の中のことは表情やしぐさ，声の質や言葉遣いなどにも表れ，保護者はその保育者が自分のことを本当に受けとめ共感してくれているのかを敏感に感じとっている。

（4）問題を解決するのは保護者自身である

　保護者が本来もっている力を発揮し，子どもを**育てる者**として**成長**しようとするのを支えていくのが**保育者の役割**である。したがって，保育者は子どもや保護者の問題を自分で解決しようとしたり，どのような子育てをするのかを教えてその通りにさせるのではなく，保護者がこれからどのような子育てをしたいのかを自分で考えて決めていくことができるように，**一緒に考えていく**ことが大切である。

3 守秘義務

　保育者には子どもや保護者，またその家庭について知り得た情報を守る「**守秘義務**」がある。保護者との信頼関係を築き，保護者に「ありのままの自分」を出してもらうために必要であるし，何よりも子どもと保護者の人権を守るために必要なことである。

4 他機関との連携

（1）保育者として対応できる範囲について職員間で共通理解を図る

　保護者の相談内容によっては，判断に迷う場合や他の分野についての専門知識が必要な場合もある。そのときは，「よく調べてみます」「園長，主任に聞いてみます」などと話し，**即答しない**ようにする。保護者を必要以上に動揺させたり，信頼関係を壊すようなことにもなりかねないからである。

　そのためにも，日頃から保育者として対応できる範囲について**職員間**で**共通理解**を図っておくことが必要である。

（2）相談内容によって連携したい地域の専門機関について理解しておく

　各自治体で作成している子育て支援情報の冊子等も活用し，各家庭の状況に合わせてどのような情報を提供できるかについて日頃から確認しておく。また，地域の関係機関との関係を作っておき，**相談内容によってどの関係機関と連携**するとよいかを判断できるようにしておく。地域の関係機関での相談が必要だと判断される場合には，**保護者の了承を得る必要がある**（p.216，**1**（7）および【**事例4**】参照）。

5 記録に残す

　保護者からの相談内容や自分が話したことは，**記録**しておく。記録する中で，また記録を読み直すことで，保護者が本当に話したかったことは何か，保育者としての自分の対応は適切だったのかについても考えることができる。

　そして，園全体で支援のあり方を検討することが必要な場合には，記録をもとにこれまでの子どもや保護者の姿と自分の援助・支援について振り返り，報告できるようにする。その際には，職員全員に**守秘義務を徹底**したうえで行う。また，地域の専門機関との連携が必要となった場合は，記録をもとに園でのこれまでの対応を具体的かつ正確に伝えていく。

4. 日々の保育実践の中での配慮

　保護者が小さな心配をためず，いつでも気軽に相談できるように，日々の保育実践の中で以下のことに配慮していきたい。

1 在園児の保護者の場合

（1）毎日の出会いの中で

　朝の登園時には，どの保護者にも子どもにも目と目を合わせ，笑顔で「おはようございます」と迎えたい。降園時も笑顔で保護者を迎え，子どもと楽しく過ごしたこと，その子どもらしさが見られたり成長が感じられた姿を楽しく具体的に話していく。質問されたことには具体的かつわかりやすく答える力も求められる。

　子どもの成長を保護者が実感できることは，子育ての喜びと同時に保育者への信頼につながる。毎日のやりとりの積み重ねの中で，子どもを一緒に育てる者としての信頼関係も築かれていく。

（2）連絡帳

　3歳未満児であれば，保護者との連絡帳のやりとりが毎日あるだろうが，3歳以上児でも必要なときには連絡帳を**活用**できるようにしておきたい。人づき合い

➡ さらに学び考える資料
丸亀ひまわり保育園・松井剛太『子どもの育ちを保護者とともに喜び合う―ラーニングストーリーはじめの一歩―』ひとなる書房，2018。子どもの育ちを，子どもに関わる大人みんなで共有し，喜び合い，その喜びを子どもとも共有するために，写真と文での記録を保護者とやりとりしている保育園の実践が紹介されている。今後の保育と子育て支援のあり方について考える手がかりとなる。

が苦手で面と向かっては話せないことも，連絡帳になら書けるという保護者もいる。その際は次の点に配慮する。

<連絡帳の活用法>

①保護者の記述内容から，その保護者の考えや気持ちをつかむ。

②質問されたことには具体的にわかりやすく答える。

③保護者にとって困ること，心配なことについては，その行為の意味についてわかりやすく伝える（子ども同士のトラブル，かむ・たたく，「いや」「だめ」と主張する，「バカ」などの言葉を使う，ほか）。

④勤務時間の関係等で保護者と直接話せないことがある場合には，その日に伝えたいこと（p.212，■（1）参照）も記入しておく。

⑤子どもに気になることがあった際には直接会って話をするほうがよいが，記入が必要な場合は書き方に十分配慮する。断定的な表現や他の子どもと比べる表現は避ける。

⑥保護者が気になる記述をしている場合（「イライラして子どもにあたってしまう」等）には，その保護者の気持ちを受けとめ，理解したことを言葉にしていくとともに，直接会って話す機会も作る。

⑦時間があるときに，今までの記述のやりとりを通して読み，下記の点を確認する。

・その保護者はどのようなことに不安や悩みをもちやすく，どのような子どもの姿に成長や子育ての喜びを感じるのか。

・その保護者が求めていることを理解し，保護者が自分の子育てについて考える手がかりになるような記述をしているのか。

（3）園だより・クラスだより

　園だより・クラスだよりは，**子どもの園生活での姿がイメージできるように楽しく具体的に書き**，子どもをよく見ることの面白さ，**子育ての楽しさを保護者が実感できる**ようにする。そして，保育者が1人ひとりの子どもの姿をどのように捉え，子どもたちの成長のためにどのようなことを願い，どのような保育をしているのかも具体的に書き，保護者が自分の子育てを考えるための参考にもなるようにする。連絡帳や日頃のやりとりから保護者が心配したり不安に思っていることを取り上げて書くのもよい。

　楽しく読めるような内容，レイアウトを考え，「心配なことがあったら，いつでもどうぞ」という保育者の気持ちも伝わるようにしたい*1。

（4）保育参観・保育参加

①具体的な子どもの姿をもとに，子どもや子育てについて考えられるように

　保育参観や保育参加をする際には，事前に保育者が子どもたちの姿をどのように捉え，どのようなことを大切にして保育をしているか，どのような子どもたちの姿を見てほしいかを伝えると，保護者も参観・参加をしやすくなる。

*1 最近は，配布する園だより・クラスだよりだけでなく，ホームページやFacebookで写真も用いて園生活の様子を紹介している園も多い。その場合は，事前に保護者に子どもの写真の掲載について承諾を得る手続きが必要である。

その後に保育者や他の保護者と話せる時間も設けると，保護者は参観・参加をして思ったことや知りたいことについて話したり聞いたりすることもできる（【事例1】参照）。また，保育者が具体的な場面をもとに，これまでどのような体験をしてきて子どもたちの今の姿があるのかを説明したり，子ども1人ひとりの個性には違いがあること，ある場面だけでその子どものことを判断することはできないこと，望ましく思えないような行為，保護者からすると困ったり感情的になってしまいがちな行為にも，その時期の子どもの発達の上で意味があることなどを伝えていくと，保護者はこの時期の子どもについての理解を深めることができる。

【事例1】「家では食べないんですけど」（1歳児の母親）

「家では食べないんですけど，連絡帳に保育所では『完食』って書いてあるんですよね。本当でしょうか？」と言っていたAちゃんの母親。保育参加をし，実際にAちゃんが保育者や周りの子どもたちと楽しく食べているのを見て，「安心しました」「家のどこがいけないんでしょうか？」と言う。

そこで，「どのように食べていますか？」と家での食事の様子を聴いていく中で，母親には「食事は○時までに終わらせ，○時には寝かせないといけない」という考えがあること，自分の食事は遅くに帰ってくる夫ととること，Aちゃんが手づかみで食べると汚すので，母親のペースで食事をAちゃんの口に運んで食べさせていることがわかってくる。

それで，手づかみで食べていたAちゃんの姿を一緒に振り返りながら，「お友だちや保育者と一緒に食べてましたよね。おいしそうに食べているモデルがあるってことですよね」と伝え，保育所では子どもの食べたい方法で食べたい気持ちを大切にしていることも伝えていく。

---

②子どもや子どもとの関わり方について体験的に理解できるように

保護者が保育参加を体験すると，他の子どもとも関わってみて気づくことがあり，他の保護者や保育者と関わる自分の子どもを見て，今まで見たことのない姿に気づくこともある。そのような体験の中で，保護者は自分の子どもを新たな視点で見たり，自分の子どもへの関わりを振り返ることができる[*1]。

保育者は，保護者1人ひとりの子どもとの関わり方に目を配り理解するとともに，実際に子どもと関わる自分の姿を見てもらい，保護者が子どもの気持ちや考え方を理解したり，子どもとの関わり方を学ぶ機会となるようにすることも大切である（【事例2】参照）。

【事例2】「先生ってすごいですね」「そういう見方もできるんですね」

2学期の保育参加のある日，B君の母親は，B君が仲良しの友だちと積み木で道路を作り，車のおもちゃで遊ぶ様子をしばらく見ていたが，その後はほかの子

➡ さらに学び考える資料
友定啓子・山口大学教育学部附属幼稚園『保護者サポートシステム—もう一つの子育て支援—』フレーベル館，2004。子どもの年齢や時期に応じた保護者の成長を支援するプログラムや，プログラムに参加した保護者の声を紹介している。この園では，3・4歳児クラスの保護者は年に数回保育参加を数回体験し，5歳児クラスの保護者になると，園外保育等に「保育アシスタント」としても参加している。

どもたちの製作の手伝いをしたり，「一緒に遊ぼう」と誘われて鬼ごっこに参加したりする。

　その間，保育者が全力で走り回って子どもたちと鬼ごっこをしたり，子ども同士でもめごとが起きた時には，お互いの話をよく聞いて納得できる方法を一緒に考えたりしている様子も見ている。

　片付けの時間になると，保育者は積み木や車のおもちゃの箱をB君たちの横にもってきて，「ここに駐車をお願いします」と言う。その後も，「わー，きれいに並んだねー」と時折声をかけながら，一緒に片付けていく。

　保育参加後の懇談で，B君の母親は「子どもたちとあんなに遊んで，先生ってすごいですね」「うちの子があんなに楽しそうに片付けするの，初めて見ました」と言う。「ほかのお子さんは，1学期に比べるとお友だちといろんな遊びをしてて，成長してるなって思いました。うちの子もそうなってほしい」とも言う。保育者が笑顔で「B君は，1つのことにじっくり取りくむ子なんだと思いますよ」と言うと，B君の母親は「そういう見方もできるんですね」と感心して答える。

③家族みんなで子育てについて考えることができるように

　母親だけに参加者がかたよる場合には，**父親や祖父母**も参加する機会を作り，**家族みんなで子育てについて考えること**を支援できるようにしたい（【事例3】参照）。その際には，ひとり親家庭などもあることを配慮して実施する[*1]。

＊1　表12-2（p.206）参照。

【事例3】「自分たちに何ができますかね」

　父親の保育参加が多くなってきたので，「男性保護者の会」を作れないかと考えた。そこで，父親たちに呼びかけてみたところ，初回に集まったのは5名。子どもの姿をスライドショーにして見てもらうと，「子どもの成長がよくわかる」ととても喜んでくれる。自己紹介もし合い，「子どもが喜ぶことをしたい」「自分たちに何ができますかね」という声も出る。

　そこで，2回目には子どもたちのために何ができるかを話し合ってみる。その中で，「子育ては母親にまかせきりで…」「自分は父親がいなかったので，どのように子どもに接したらよいかわからない…」と話し始める父親もいる。具体的な案が出なかったので，前からみんなでできるといいなと思っていた「そうじの日」をしませんか？と提案する。

　「そうじの日」参加者を募ったところ，当日は夫婦での参加や祖父母の参加もあり，子どもたちもできることを手伝って園内の大掃除をした。「子どもから『きれいにしてくれてありがとう』って言われてうれしかった」と言う父親もいた。

　これからも，子どもたちのためにできることをみんなで考えていきたい。

（5）個人懇談・クラス懇談

①個人懇談

個人懇談では，園内での様子がイメージできるよう，**楽しいエピソードを交え**，会話がはずむような内容から話し始めたい。日頃から気になることがあっても，なかなか話す機会がつくれない保護者とも直接話ができるよい機会である。具体的な姿をもとに，**保護者**が自分の**子どもの成長を実感**できるように話をしていく。

家庭での様子や心配なことはないかも尋ね，保護者が心配なこと，困ったことを話題にしてくれた場合をチャンスとして捉え，どうすれば解決できるかを**一緒に考えていく**。そして保護者も納得したことは園でも家庭でも一緒に対応を進めていき，懇談後も機会を見つけて話し合っていくことが必要である。

②クラス懇談

クラス懇談では，互いをよく知らないこともあるので，みんなで**話しやすい雰囲気づくり**を心がける。そして，子どもたちの姿を保育者がどのように捉え，何を大事にして保育しているのか，子どもたちにどのような成長が見られるのか，**具体的に伝えていく**。日頃の子どもたちの姿をスライドショーで紹介するなど，写真や映像も活用して伝えると，保護者も楽しく話を聞くことができるし，理解しやすくなる（【事例3】参照）。

子どもの姉や兄の子育て経験もある保護者がいると，これまでの経験談を話しながらファシリテーター（進行役）の役割を担ってくれることもある。子育てをしている者同士で思いや考えを出し合い，子育てについて考え合う機会とするためにも，日頃から1人ひとりの保護者を理解しておくことが大切になる。

（6）電話

通園バスを利用していると，保護者と毎日は会えないために電話でのやりとりが多くなるだろう。電話はお互いの表情が見えず，言葉だけのやりとりになるので，声の高さ，話すテンポ，言葉の調子を敏感に感じながら対応し，自分の言葉1つひとつに気を配り，穏やかな声で対応したい。

（7）保護者の状況に応じた個別の支援

①障害や発達上の課題が気になる場合

『保育保育指針解説』（2018）には，子どもに**障害や発達上の課題**が見られる場合は，関係機関と連携や協力をしながら，保護者に対する個別の支援を行うことが大切であると述べられている[*1]。このような場合は，保護者が子どもの障害や発達上の課題があると受けいれることの大変さを**共感的に理解**し，細心の配慮が必要となる。日頃から**信頼関係**を作っていきながら，子どもの様子も具体的に伝えていき，家庭での子育ての状態を把握していく（子どもについての理解，子どもへの関わり方，それらが家族間で一致しているのか等）。

*1 『保育所保育指針解説』「第4章 子育て支援 2 保育所を利用している保護者に対する子育て支援 （2）保護者の状況に配慮した個別の支援 イ」

療育機関などの**専門機関**も，その子どものニーズに沿った子育ての方向性を一緒に考えて支援してくれるところを調べておき，保護者自身が納得したうえで具体的な紹介をすることが必要である。そして，**保護者の了解**を得たうえで，関係機関とも連携しながら保育を進めていく（【事例4】参照）。

➡ さらに学び考える資料
市川奈緒子『気になる子の本当の発達支援（新版）』風鳴舎，2017。「発達の気になる子ども」の保護者の理解と支援についても具体例を挙げて解説している。

【事例4】「今度時間とってもらっていいですか？」

　Cちゃんは衝動的な行動が多く，「触らないでね」と言った物も触ってしまうなど，発達上の課題を感じる子どもだった。母親には，「気になる」という言い方はせずにCちゃんの園での様子を具体的に伝えていたが，母親は「自分も子どものときはそうだったから」と言い，じっくり話し合う機会をもてずにいた。

　保育参加をした日，他の参加者と一緒の懇談も終わり，2人になったときに「今度時間とってもらっていいですか？」と母親から言われる。数日後，話す時間をもった際，「気になった」「うちの子おかしいですかね」と言う母親に，「どんなことが気になりますか？」と聴いていく。その中で母親は「実は親戚からも気になると言われてて，1度みてもらったほうがいいんじゃないかと言われてるんです」と話す。また，その一方で「こんなこともできるし」ということを次々に挙げていく。

　保育者は1つひとつの母親の話を「そうですね」と聴いていき，「私たちの勉強のために専門の先生に来てもらうんですが，その時にCちゃんの様子もみてもらっていいですか？」と尋ねると，母親が了解したため，療育機関の地域支援担当職員にCちゃんの様子をみてもらう。その結果，児童相談所での相談を勧められ，母親と保育者が一緒に相談に行く。そこで，集団生活をするうえで個別の支援をしていくよう助言を受け，現在は地域支援担当職員のサポートも得ながら保育をしている。

　母親も少し安心したようで，「何か変わったことがあったら，知らせてください」と自分から保育者に言うようになった。

②さまざまな家庭の状況に配慮した支援

『保育保育指針解説』（2018）には，外国籍家庭や外国にルーツをもつ家庭，ひとり親家庭，経済的に困窮している家庭では，社会的困難を抱えている場合もあり，日々の関わりの中で家庭の状況や問題を把握することが必要であるとも述べられている。また，保護者の意向や思いを理解した上で，必要に応じて市町村等の関係機関等の社会資源を生かしながら個別の支援を行う必要があるとも述べられている[*2]。

＊2 『保育所保育指針解説』「第4章 子育て支援 2 保育所を利用している保護者に対する子育て支援 (2) 保護者の状況に配慮した個別の支援 ウ」

（i）外国籍家庭や外国にルーツをもつ家庭

　例えば，**外国籍家庭や外国にルーツをもつ家庭**では，**生活習慣や子育てについ**ての考え方がかなり異なることもある。日本語でのやりとりができても，保育所・幼稚園での連絡事項については理解が難しい保護者も多い。連絡帳でどのようにやりとりをするか，おたよりをどのように渡すのか等，その保護者に応じた対応を考える必要がある。また，保護者の考えを日々のやりとりの中で理解するだけでなく，保育者として大切にしていることを保護者が理解できるように伝える力も求められる（【事例5】参照）[*1]。各自治体の**外国人相談窓口**や，**ボランティア団体**等についても調べておき，必要に応じて連携ができるようにしておく[*2]。

【事例5】「なぜですか？」

　外国籍家庭のDちゃんの父親・母親は，簡単な日本語のやりとりはできるが，文章を読むことは難しい。そのため，おたよりを渡す際には，書いてある内容について説明をして渡すようにしている。日々のやりとりの中でも，担任保育者が「今日こんなことがあったんですよ」とその日のDちゃんの園生活について，わかりやすく簡潔な言葉を選んで話すようにしている。園生活を写真と文でまとめた掲示も活用し，写真を一緒に見ながら話したりもしている。

　父親も母親もその話を笑顔で聞いてくれ，家庭でのDちゃんの話や，自分たちが子どもの頃の話もしてくれる。その話をよく聴いていると，家庭での子育ての様子や，父親・母親の考え方について知ることができる。

　「園ではこのようにしています」という話をしていると，「なぜですか？」と質問されることも多い。その都度言葉を選びながらわかりやすく説明するように努めているが，納得してもらえないこともある。そのような場合は，職員会議の中で「なぜか」をどのように伝えていくかをみんなで話し合っている。その中で，「子どものために，私たちは何を大切にしたいのか」について考え合うことが増えている。

（ii）ひとり親家庭や経済的に困窮している家庭への支援

　保護者が1人で子育てをしている家庭や，経済的に大変なことがうかがえる家庭の場合も，保護者の考え方はさまざまであり，日々のやりとりの中で互いに**信頼して話ができる**関係をつくっていくことが基本となることに違いはない。そして，その保護者の考えやどのような困難を抱えているのかを理解していき[*3]，**必要だと考えられる情報**や，利用を希望するのではないかと考えられる**サービス**等について**情報提供**していくことも，子育てを支援することになる（【事例6】）[*4]。

【事例6】「利用してみました」

　Eちゃん・Fちゃんの母親は，毎日とても疲れた様子で遅い時間にお迎えに来る。連絡帳を見ると，晩御飯も簡単なものですませているようである。経済的にも

＊1 『幼稚園教育要領解説』にも，「海外から帰国した幼児や生活に必要な日本語の習得に困難のある幼児」の保育のためには，「家庭との連携も図ることも大切である。保護者は自身が経験した幼稚園のイメージをもっているため，丁寧に園生活や園の方針を説明したりすることなどが必要である」と述べられている（第1章 総説 第5節 特別な配慮を必要とする幼児への指導2）。

➡ さらに学び考える資料
咲間まり子『保育者のための外国人保護者支援の本』かもがわ出版，2020。保育所・幼稚園における外国人保護者支援の実践例のほか，連絡帳を書く時に参照できるWebサイトや，無料で使える多言語翻訳ツール等も紹介している。

＊2 自動音声翻訳機（ポケトーク）を貸し出したり，通訳ができる職員がいる自治体もある。

＊3 経済的に困窮していても，子どものことは優先する保護者の場合は，支援を必要としていることに気づきにくい場合もある。子どもの気になることが貧困に起因するものか，虐待等の他の要因によるものなのかを見極めることも必要である（全国社会福祉協議会・全国保育士会，2017）。

＊4 子どもの生活に関する実態調査では，家庭の経済的状況によって5歳児の生活においても食事や就寝時間に違いがあること，困窮度が増すほど「相談相手がいない」割合が高くなること等も明らかになっている（山野則子他，2019）。

大変なのではないかと感じられるが，保育者にそのような話をすることはない。

　職員間で話し合い，母親の自尊心を傷つけることがないように配慮しつつ，できるサポートを考えようと確認し合う。地域にある子ども食堂のチラシをもらった時には，印刷して全家庭に配布するようにしてみたが，利用はしていないようである。

　その後，地域で「こども宅食」事業*1 が始まったことがわかったので，そのチラシも配布してみた。すると，「スマホで簡単に申し込めるので，利用してみました。便利ですね」と母親から報告があったので，「園にはこんなお知らせがよく来るので，こんな情報があるといいってことがあれば，教えてくださいね」と伝える。

（iii）不適切な養育等が疑われる家庭への支援

　不適切な養育等が疑われる場合には，特に子どもや保護者の様子をよく**観察**することが必要である。話しやすい雰囲気，時間や場所をつくり，保護者の話をしっかりと聴きながら，抱えている問題を把握し，支援の方向性を考えていく（【事例7】参照）。特定の保育者だけで対応して問題を抱え込んでしまうことのないように，**職員全員**でどのような**支援**をしていくかを考えて実践することが必要である。また，園内だけで支援を考えるだけでなく，さまざまな専門性をもった地域の関係機関とも連携・協働して支援していく必要がある*2。

【事例7】「まず，お母さんにお話してもらえるようにしよう」

　G君の母親は，登園時に保育者が挨拶をしても返事がない。G君にも「何やってるの！」と大声で怒鳴ったり，手が出てしまうこともあった*3。生活リズムも整っていないようで，連絡なく休んだり遅い時刻に登園することもしばしばあった。G君が友だちに対してきつい口調で怒ることが多いことも，気になっていた。

　それで，職員間で「まず，お母さんにお話してもらえるようにしよう」と話し合い，登園時にこれまで以上に笑顔で挨拶をして迎えるようにした。降園時にも笑顔で話しかけ，短時間でも会話ができるように心がけていった。関係機関とも連携をとったことで，保健師が定期的にG君の家を訪問してくれるようにもなった。

　このようなことを重ねるうちに，母親も挨拶を返してくれるようになってきた。きれいなネイルをしてきた時に，主任が「わあ，これどうやってするの？」と興味をもって聞くと，とてもうれしそうに教えてくれる。その後，主任にはよく話をしてくれるようになったので，降園時には主任もできるだけ保育室で母親を迎えるようにしている。時折「子ども一人でも大変…」等，話もしてくれるようにもなってきたので，主任がその気持ちを「そうなんですね」と時間をかけて聴いていると，「ちょっとすっきりした」と笑顔になることもある。

　G君の友だちへの話し方も，前よりは穏やかになってきた。

---

*1 「こども宅食」は，生活の厳しい家庭に定期的に食品を届ける取り組み。つらい状況に置かれていても，声を上げられない，自ら助けを求められない親子がいるため，食品を届けることをきっかけにつながりをつくり，見守りながら，必要な情報や機会，適切な支援を提供していくことをめざしており，各地で取り組みが進められている。

---

*2 児童虐待を受けたと思われる子どもを発見した場合には，福祉事務所または児童相談所に通告しなければならない。（「児童虐待の防止等に関する法律」第6条）。
児童虐待予防や虐待を受けた子どもの保護のためには，各市区町村には要保護児童対策地域協議会（子どもを守る地域ネットワーク）も置かれている。
『子ども虐待対応の手引』（平成25年8月改正版）には，虐待予防のための関係機関との協働の方法や，子育て支援サービスとしての経済的支援，乳児家庭全戸訪問事業（生後4カ月までの乳児がいる全世帯を訪問），養育支援訪問事業（養育支援が必要な家庭を訪問して相談を受け，支援，助言等を行う）についても説明されている。また，保護者への対応，機関間協議などは複数の職員での対応が必要であり，そのことは担当者ひとりに負担を負わせず，組織としてサポートすることにつながるとも述べられている。

---

② 家庭で子育てをしている保護者の場合

（1）親子で遊びに来る機会

①笑顔で迎える

未就園児が**親子で**参加し，保育者や他の親子と触れ合う機会を作っておくと，「危ないから」とすぐに止められることなく遊んだり，保育者と遊ぶことを楽しみにして来る子どもも多い。また，「よく来たね」「大きくなったね」と笑顔で迎えてくれる場があることは，子どもにとっても保護者にとってもうれしいことである。

②楽しい時間を過ごす中で気軽に話せるように

「相談」には抵抗がある保護者も，このような場で楽しい時間を過ごす中であれば「ついでに」「この際」という気持ちで日頃から気になっていることを気軽に話しやすい。また，そこで保育者や他の保護者の体験談をもとにした助言をもらうと，子育てについて自分なりに考えるヒントを得ることができる。気の合う子育て仲間も見つかるかもしれない。

③参加者が疎外感を感じたり心配しないような配慮

このような場では，初めて参加する親子が疎外感を感じることがないよう配慮することも必要である。また，初めての場で小さな子どもが緊張したり嫌がったりすることは自然な姿であるが，「集団になじめない」と心配する保護者もいる。そのような姿が見られた場合には，この時期の子どもの発達の特徴や子どもの気持ちをさりげなく伝える配慮も必要となる。

④地域への発信

このような取り組みは，年間計画を立てて実施することが多い。日時や内容について，掲示板やHPを活用したり，関係機関に広報資料を置いてもらうなどして地域に情報を発信し，参加者にも資料等を渡して，さらに情報が伝わるようにしたい。

（2）保育参加

自分の子どもと同年齢の子どもたちの保育室に入り，一緒に遊ぶことを取り入れている園もある。保護者にとっては，在園児の保護者以上に子どもや子育てについて学ぶ機会として重要であろう。しかし，自分の子どもを集団生活に慣れている子どもと比べて「うちの子はこんなことできない」と心配になる保護者，どのように行動すればよいか戸惑う保護者がいるので，ただ参加してもらうだけでなく，保護者が聞きたいこと，話したいことにもこたえられるよう配慮する必要がある。

また，乳幼児と関わる機会もなく親となる保護者が多いため，出産前の時期からこのような体験ができる機会を設け（**【事例8】**），父親となる人たちも参加しやすい工夫をしたい[*1]。

＊3 （p.219）児童福祉法改正により，親などによる体罰の禁止が法定化され，2020（令和2）年4月から施行された。しかし，2021（令和3）年の調査でも，「あなたは，たたいたり怒鳴ったりせずに子育てをしていますか」という問いへの回答は「たたいたり怒鳴ったりせずに子育てをしている」が46.4%，「たたいたり怒鳴ったりせずに子育てをしたいし，その方法も知っているが，実践は難しい」が30.9%であった。しつけのために怒鳴りつけることへの回答も，「必要があればやっていい」が14.8%，「他に方法がないと思ったときだけやっていい」が32.3%であった（セーブ・ザ・チルドレン・ジャパン，2021）。

＊1 妻の妊娠期に子育て情報を集める等の準備をした父親の方が，子どもが0歳児の時に一緒に遊ぶ頻度が高いこと，また0歳児に一緒に遊ぶ，おむつ替え，寝かしつけ，ぐずった時に落ち着かせる等の育児参加が多い父親は，その後も育児参加が維持される傾向があることが明らかになっている（ベネッセ次世代育成研究所，2011）。

【事例8】「赤ちゃんと関わったことがない」（妊婦対象の「プレママ体験」）

　この園では，妊婦を対象とした「プレママ体験」も行っている。妊婦仲間で一緒に参加する人もいる。

　ある日，「赤ちゃんと関わったことがない」という妊婦が「プレママ体験」に参加した。「こういうときは，こうするといいですよ」と保育者に実際にやり方を見せてもらいながらおむつ替えや授乳をしたり，離乳食を作って食べさせるところや遊んでいる様子も見ながら，関わり方や子どもの発達について話を聞いたりした。

　体験後，この妊婦は「体験してよかった」「保育士さんと話せてよかった」「子どもって苦手な部分があったんですけど，かわいいなって思いました」と話していた。

（3）電話

　電話であれば匿名で話しやすいために，電話相談だと利用しやすい保護者もいる。保育者に聞きたいこと，情報を得たいことについて教えてもらうだけで済む場合もあるが，中には深刻な悩みを抱えた保護者の場合もある。その場合には，言葉だけのやりとりであることを配慮しながら（p.216，**1**（6）参照）ゆっくりと話を聴き，どのようなことに不安や悩みを抱えているのかをつかんでいく。必要によっては他の専門機関の情報を伝え，園に来てもらえるようなら，子どもと一緒に来てもらって話せる機会をもてるとよい。

　もし，「相談に来る」ことに抵抗があるならば，親子で遊びに来ることのできる日を伝えておくのもよいだろう。「いつでも待ってますよ」という気持ちが伝わるようにしたい。

　※本章の事例は，実際の出来事を組み合わせて学習用に作成したものです。

＜引用文献＞

ベネッセ次世代育成研究所「第1回　妊娠出産子育て基本調査」2007

ベネッセ次世代育成研究所「第1回　妊娠出産子育て基本調査・フォローアップ調査」2011

ベネッセ教育総合研究所「第5回　幼児の生活アンケート」2016

江上園子「子育て期にある母親の「母性愛」信奉傾向における主観的な意識」『お茶の水女子大学大学院人間文化創成科学研究科　人間文化創成科学論叢』11，pp.421－430，2008

Field, T. Interaction Behaviors of Primary Versus Secondary Caretaker Fathers, *Developmenral Psychology*, 14（12），pp.183－184，1978

服部祥子・原田正文「父親について」『乳幼児の心身発達と環境－大阪レポートと精神医学的視点－』名古屋大学出版会, pp.213-223, 1991

平山順子「家族を「ケア」するということ－育児期の女性の感情・意識を中心に－」『家族心理学研究』13（1）, pp.29-47, 1999

柏木惠子・若松素子「「親となる」ことによる人格発達：生涯発達的視点から親を研究する試み」『発達心理学研究』5（1）, pp.72-83, 1994

数井みゆき「乳幼児期の保育と愛着理論：子どものより良い発達を求めて」『母子研究』21, pp.62-79, 2001

厚生労働省『保育所保育指針解説書』2018

厚生労働省「国民生活基礎調査」2019

厚生労働省「令和3（2021）年人口動態統計」2022

厚生労働省「令和3年度雇用均等基本調査」2022

牧野カツコ「乳幼児をもつ母親の生活と＜育児不安＞」『家庭教育研究所紀要』3, pp.34-56, 1982

文部省「保育技術専門講座資料」1993

文部科学省『幼稚園教育要領解説』2018

内閣府男女共同参画局「男女共同参画白書令和3年版」2021

大日向雅美「育児不安のアセスメント」, 藤崎眞知代・本郷一夫・金田利子・無藤隆編著『育児・保育現場での発達とその支援』ミネルヴァ書房, pp.113-120, 2002

セーブ・ザ・チルドレン・ジャパン「子どもに対するしつけのための体罰等の意識・実態調査報告書」2021

山野則子編著『子どもの貧困調査－子どもの生活に関する実態調査から見えてきたもの－』明石書店, 2019

全国社会福祉協議会・全国保育士会「保育士・保育教諭として, 子どもの貧困問題を考える－質の高い保育実践のために－」2017

＜参考文献＞

市川奈緒子『気になる子の本当の発達支援（新版）』風鳴舎, 2017

亀﨑美沙子 『保育の専門性を生かした子育て支援 －「子どもの最善の利益」をめざして－』わかば社, 2018

國分康孝編『カウンセリング辞典』誠信書房, 1990

國分康孝監修『現代カウンセリング事典』金子書房, 2001

厚生労働省「体罰等によらない子育てのために～みんなで育児を支える社会に～」2020

丸亀ひまわり保育園・松井剛太『子どもの育ちを保護者とともに喜び合う－ラーニングストーリー はじめの一歩－』ひとなる書房, 2018

咲間まり子『保育者のための外国人保護者支援の本』かもがわ出版, 2020

冨田久枝・杉原一昭編著『改訂新版 保育カウンセリングへの招待』北大路書房, 2016

友定啓子・山口大学教育学部附属幼稚園『保護者サポートシステム－もう一つの子育て支援－』フレーベル館, 2004

藤後悦子監修 『社会的子育ての実現－人とつながり社会をつなぐ, 保育カウンセリングと保育ソーシャルワーク』ナカニシヤ出版, 2022

第13章

家庭の子育てへの支援

〈学習のポイント〉 ①子育て支援の対象である，親子・家族の状況について理解を深めよう。
②家族を捉える理論や視点について学んでみよう。
③より支援を必要とする家庭の状況について理解を深めよう。
④子育てにおける今日的な課題について考えてみよう。

1. 家族の多様化と家族をとりまく社会的な変化

　家庭の子育ての担い手は，多くの場合，親・養育者と考えられるが，近年「家族の多様化」という言葉を耳にすることが増えているように，その担い手としての親・養育者と子どものありようもさまざまである。初婚夫婦とその子どもがいる家族，死別や離別や未婚によるひとり親とその子どもからなる家族，親のどちらかもしくは双方が再婚で子どもがいる家族，養子縁組や里親里子の親子からなる家族など，血縁の有無をはじめ実に多様である。家族の定義も，従来の「婚姻と血縁を基礎とし，夫婦を中心に，その近親者らと共に営まれる生活共同体」（「国民生活白書」1983）といった概念だけで捉えることは，もはや困難である。こうした多様な状況の中で，家庭での子育てを支えるには，対象となる親子や家族のおかれた状況やその変容を広い視野から捉える必要がある。ここでは，少子高齢化や世帯構造の変化を踏まえつつ，子育て家庭をとりまく状況について考えてみる。

1 超少子化社会

　少子化が指摘されて久しいが，子どもの出生数は，2019（令和元）年にはじめて90万人を割り，2021（令和3）年には81万1,622人という数字を記録した（厚生労働省「令和3（2021）年人口動態統計」）。これは，第1次ベビーブーム（戦後の1947〜49年ごろ）の約3分の1程度にあたる。また，2005（平成17）年に1.26にまで低下した**合計特殊出生率**[*1]は，2021年時点でも1.30と低水準が続いており（厚生労働省「令和3年人口動態統計」），さらに**完結出生児数**[*2]は，2010（平成22）年に1.96と2人を割って以降，低下傾向に歯止めがかかっていない（国立社会保障・人口問題研究所「第16回出生動向基本調査（2022年公表）」）。これらの状況から，名実ともに超少子化社会が続いていることがわかる。

　この背景には，子育てにおける経済的な負担をはじめ，さまざまな理由が考えられるが，人口動態的な要因としては，依然として続く晩婚や非婚の現象が少な

[*1] 出生率計算の際の分母の人口数を15歳から49歳の女性に限定し，年齢ごとの出生率を足し合わせ，ある期間（1年間）の出生状況に着目したもの。

[*2] 婚姻関係にあり，かつ，その期間が15年から19年の間にいる夫婦のみを対象とした子どもの出生数で5年ごとにデータが発表されている。第16回出生動向基本調査では1.9となっている。

からず影響している。2018（平成30）年に60万件を初めて割った婚姻件数は，新型コロナウィルス禍の影響もあって，2021年は50万1,138件と，戦後最小の件数となっている。生涯結婚しないという**生涯未婚率**の上昇傾向，すなわち非婚化の傾向もますます著しい。50歳時点の未婚率は男性が28.3％，女性は17.8％で（国立社会保障・人口問題研究所「人口統計資料集2022」），2040年の推計値では，男性の生涯未婚率は29.5％にまで上昇すると見込まれている[*1]。この中には自分の意思で結婚という選択をしなかった場合もあれば，自身は望んでいるけれども結婚していないという意味での非婚も含まれる。一方で，事実婚など，必ずしも婚姻という形をとらずに家族を築き，子育てする家庭もあるため，今後の状況の把握には，こうした動向も見ていく必要があるだろう。

＊1 内閣府「少子化社会対策白書」

② 世帯構造の変化

　世帯とは，住居および生計を共にする者の集まり，または独立して住居を維持し，もしくは独立して生計を営む単身者をいう。2021（令和3）年の全国の世帯総数は5,191万4,000世帯で，そのうち65歳以上の者のいる世帯は2,580万9,000世帯で，全世帯の49.7％に該当する（厚生労働省「2021年国民生活基礎調査の概況」）。また，世帯構造をみると，「**単独世帯**」が最も多く（全世帯の29.5％），次いで「夫婦と未婚の子のみの世帯」が27.5％，「夫婦のみの世帯」が24.5％となっている。

　図13-1は，厚生労働省「国民生活基礎調査」による世帯構造の推移を1989（平成元）年と比較したものである。この30年間で，「単独世帯」および「夫婦のみの世帯」の割合はさらに増え，「**ひとり親**」と「未婚の子のみの世帯」も増加傾向にある一方で，「夫婦と未婚の子のみの世帯」や「三世代世帯」は減少していることがわかる。また，2000（平成12）年は2.67人だった一般世帯の人員数は2.21人まで減少し，この20年ほどでさらに減少傾向にあることがわかる（総務省「令和2年国勢調査」2021）。このように，超少子高齢化の傾向と共に，世

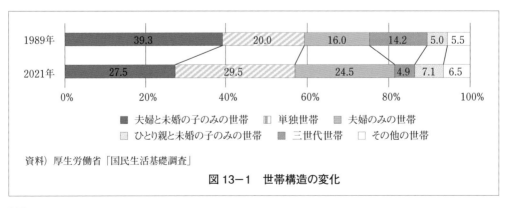

図13-1　世帯構造の変化

帯構造においても，そのサイズはますます縮小化していることがわかる。

❸ 孤独な中での子育て

　超少子化や家族の縮小化，地域とのつながりの希薄化した現代社会の中で，子どもは「授かるもの」から「つくるもの」に変化した（柏木, 2001）。さらに「つくる」からには，「子どもにはできるだけのことをしてやりたい」という思いから，子ども自身の望みや能力，個性などを考慮するより，親の期待が先行しがちな「先回り育児」や，よかれと思ってという親の思いが，ともすると「押し付け」になるようなことも子育ての中では生じやすい。

　この背景には，孤独で**孤立した子育て**を強いられやすい保護者，特に乳幼児を育てる母親たちの抱える不安や負担感も大きく関わっているだろう。東京大学Cedep研究所とベネッセ教育研究所による縦断調査（2020）によると，3歳児を育てる父母の8割以上が，「家事や育児を夫婦で分担して行うのは当然である」と答えている一方で，平日に子育てをする時間は，母親の77.2％が4時間以上なのに対して，父親では70.0％が2時間未満で，39.2％は1時間未満というのが現状である（妻が専業主婦の場合は51.2％　正規職の場合でも27.5％が1時間未満）。特に，多くのケアを要する乳幼児期の子育ては，本来，複数の大人が関わる必要があるにもかかわらず，いわゆる「**ワンオペ育児**」という言葉に象徴されるように，孤立しがちな子育ての状況は依然として続いていることが見えてくる。

　一方，父親への支援においては，関わる時間の少なさもあいまって子どもの世話に自信がもてず，結果として母親まかせになっている可能性も視野に入れる必要がある。近年，ようやく増加傾向の兆しを見せつつある男性の育児休業については，制度や経済面での使いやすさとともに，上司や同僚をはじめとする職場の意識，現実的な人手の確保なども関わっている。男女を問わず，働き方の課題に目を向け，子育てと仕事の両立がより図られる社会になるためにも，行政や民間双方による**子育て支援**の拡充はもちろん，ともすれば子育てを家族の責任として捉えがちな**社会全体の意識の変容**も重要である。

2. 支援に役立つ視点

　子育て中の家族，家庭への支援は，今後さらに必要性が増していくと考えられる。
　そこで本節では，支援の際に役立つと考えられる理論や視点について「家族のライフサイクルと発達課題」「システムとしての家族」「ポピュレーションアプローチとハイリスクアプローチ」という3点から述べる。

◼ 家族のライフサイクルと発達課題

　子育て支援を捉える際に役立つ視点の1つに，**家族のライフサイクル**[*1]と発達課題という考え方をあげておきたい。**表13－1**は，家族メンバーを構成する個人のライフサイクルと家族のライフサイクルをあらわしたものである（ここでは一組の男女が子どもをつくる家族を想定した）。これをみると，個人の発達と同様，時間と共に，家族も変化する中で，それぞれの時期に出会うことの多い一般的な課題が示されている。家族は，ひとたび作り上げた安定状態がずっと続くのではなく，個人と家族の発達を促進するような変化を幾度となく遂げていくものである（平木,2019）ことがわかる。

＊1　ライフサイクル：人生周期，生活周期などと訳される。

　また，**表13－1**の家族のライフサイクルには7つの段階があり，それらはさらに家族作りの準備を進める「家族の形成期」，子どもの誕生と成長に伴って家族が拡大・発展する「家族の発展期」，子どもの巣立ちと老年期の家族からなる「家族の収束期」の3つの時期に分けられる（平木，2019）。支援の現場で出会う家族はその多くが**家族の発展期**にあり，親としての役割への適応や子どもを含んだ家族の関係を再調整することが大きな課題となる。それまでの大人2人の関係から，日夜を問わずケアを要する子どもを含めた三者関係に移行するこの時期は，特に変化も大きく，大人同士の関係も揺れやすい。

　いつになったら自分ひとりの時間がもてるのだろうと，焦りや制約感を強く感じる親にとっては，例えばこのライフサイクルを眺めると，子どもが小さくて手がかかる今の時期は，「長期的」なサイクルの一時期でもあり，子育て中の「今」の見え方が少し変わるかもしれない。また今抱えている課題は，多くの家庭で共通のものだとわかるだけでも肩の力が抜けることもあるだろう。

　また，次の段階への移行期は，家族全体が変化に対応する必要があると同時に，親にとっても大きな変化を経験する時期（例えば子どもの就学など）であるとわかるだけでも，安心したり，必要な支援につながったりする面もあるだろう。また，家族の発展期とされる子育ての初期を支えることが，これからの家族のライフサイクルにおいてどのような意味があるのか，支援者側もあらためて問い直すきっかけにもなりうるだろう。

◻ システムとしての家族

　家族は年齢や性別，立場や役割も異なる者同士が，日常的に影響を与え合いながら共同生活を送っている。こうした家族の相互作用を理解する視点に，**システム**という捉え方がある。

　システムとは，意味のあるまとまり，つまり何らかの関係性が存在し，互いに影響し合うもの，という意味が含まれている。例えば食べ物が体に入ると消化器

表 13 － 1　個人・家族のライフサイクルと発達課題

個人のライフサイクルと発達課題		家族のライフサイクルと発達課題
Erikson 1963/1997	Levinson 1978/1996	McGoldrick, Carter, & Garcia-Preto 2011
1. 乳児期 基本的信頼 VS 不信		
2. 幼児期初期 自律性 VS 恥・疑惑		
3. 遊戯期 自律性 VS 罪悪感		
4. 学童期 勤勉性 VS 劣等感		
5. 青年期 同一性確立 VS 拡散	1. 成人前期への移行期 自律性の発達	
6. 成人前期 親密性 VS 孤立	2. 暫定的成人期 親密さと職業的同一化	Ⅰ. 家庭からの出立：情緒的・経済的責任受容 a. 源家族からの自己分化 b. 親密な仲間関係の発達 c. 経済的・職業的自己確立 d. コミュニティと社会での自己確立 e. スピリチュアリティ
7. 成人期 世代性 VS 沈滞	3. 30代への移行期 生活構造の改善・是正	Ⅱ. 結婚／結合による家族形成：新システムへの関与 a. パートナー・システムの形成 b. 新たなパートナーを包含するために拡大家族，友人，コミュニティ，社会システムとの関係の再編成
	4. 定着 関係の深化 長期目標の追求	Ⅲ. 幼い子どものいる家族：システムの新メンバー受容 a. 子どもを包含するカップル・システムの編成 b. 子育て，家計，家事の協働 c. 親と祖父母の子育て役割を含む拡大家族との関係の再構築 d. 新たな家族構造と関係を包含するためにコミュニティと社会システムとの関係の再編成
	5. 人生半ばの変わり目 抱負と状況の調和	Ⅳ. 青年のいる家族：子どもの自立と祖父母のもろさを許容する家族境界の柔軟性 a. システムの出入りを青年に許容する親／子関係への移行 b. 中年期カップル関係とキャリア問題への再焦点化 c. 老年世代のケア d. 新たな関係パターンの形成に移行していく青年と親を包含するためにコミュニティ，社会システムとの関係の再編成
	6. 再安定化 優先事項の再設定・再整理	Ⅴ. 子どもの出立と中年期の継続：システムへの多くの出入りの受容 a. 二人カップル・システムの再編成 b. 両親と成人した子どもの大人同士の関係の発達 c. 血縁や孫を含む関係の再構成 d. 家族関係の新たな構造と布置を包含するためにコミュニティと社会システムとの関係の再編成 e. 育児責任からの解放による新たな関心／キャリアの探索 f. 両親（祖父母）のケア，障害，死への対応
8. 老年期 統合 VS 絶望	7. 老年期 老い・病気・死への取り組み	Ⅵ. 中年後期の家族：世代役割移行の需要 a. 身体の衰えに直面し，自分自身と／あるいはカップルの機能と関心の維持―新たな家族役割，社会的役割の選択肢の探索 b. 中年世代のより中心的役割取得の支持 c. この段階の家族関係パターンの変化をコミュニティと社会システムが受けとめられるようシステムを再編成 d. システム内に長老の知恵と経験を包含する場の形成 e. 過剰機能しないで老年世代を支持
9. 老年的超越 前進 VS 諦め		Ⅶ. 人生の終末を迎える家族：限界と死の現実の受容と人生の一つのサイクルの完結 a. 配偶者，子ども，仲間の喪失への対応 b. 死と継承への準備 c. 中年と老年世代間の養護における予備的役割の調整 d. 変化するライフサイクルの関係を受けとめるようコミュニティと社会システムとの関係の再編成

個人の列は Erikson,E.H. に 9 の Erikson,J.M. を追加し，Levinson,D.J. と合わせたもの。家族の列は McGoldrick,Carter&Garcia-preto の平木訳である。出典 平木(2019)

官が働くなど，私たちもさまざまな組織や器官からなる個人のシステムを有している。その個人から構成される家族も，家族という1つのシステムとして捉えることができる。さらに家族の中には，**夫婦関係やきょうだい関係**という**下位システム（サブシステム，** subsystem）も存在する。サブシステム間の境界は適度に明確である必要があり，特に父母（夫婦システム）と，子どもたちの世代間の境界は，家族の礎石であるとされている（平木, 2019）。

さらに，家族の外にも**地域**や**学校**，**職場**や**コミュニティ**といったより大きなシステム，つまり**上位システム（スープラシステム，** suprasystem）が存在している。**家族**はこれらに対しても開かれた存在であり，家族内，家族外の多様なシステムと影響を及ぼし合っている**開放システム**と捉えることができる。このように，子育ての問題を捉える際，単に子ども個人の問題や親子・家族の関係にとどまるのではなく，子どもの属する学校や保護者の職場の状況，住んでいる地域や属する社会といったさまざまなシステムとの関係の中で捉える必要があることがわかる。

❸ 予防的な視点とハイリスクという視点

ひとくちに子育て支援といっても，その目的や方法，担い手は多様であり，対象者の置かれた状況やニーズも幅広い。そのため，どのような立場で何を目指し，どのような状況の家族に関わっているのか，自分の立ち位置をある程度明確にしながら，対象についても検討しつつ関わることも大切である。例えば，家族のライフサイクルでみられるような，子育て期の家族が一般的に抱えやすい不安や困難感などの問題に**予防的に関わる**のか，それとも発達の偏りや子どもの問題行動，保護者のアルコールや暴力の問題など，より特化した**ハイリスクな状況**も含めた支援なのか，ということも考える必要がある。

前者の考え方は，集団全体などより多くの対象に早い段階から働きかけを行い，全体としてリスク因子を下げる一次予防的な役割を担うことから，**ポピュレーションアプローチ**とも言われている。1例を挙げると，保護者・養育者を含むすべての大人を対象とした CARE（Child-Adult Relationship Enhancement 子どもと大人の絆を深める）プログラムは，子どもとよりよい関係を築くための養育スキルを具体的かつ体験的に習得できるペアレンティングプログラムであり（福丸, 2020），こうした支援はポピュレーションアプローチの考え方に基づいた例にあたる。また，離婚を経験した親子など対象は限定的だが，離婚後の子育てに関して，一般的かつ重要な知識や情報の共有に加え，共通の体験をした人たちとのやりとりや交流なども視野に入れた心理教育プログラムの実践などもこの考え方にあてはまる（福丸, 2023）。

一方，後者のより特化した支援は，リスクが高くニーズもより高い対象に向け

られ、かつ治療的介入の要素を有することから、**ハイリスクアプローチ**と言われる。例えば子どもの問題行動や親の養育困難やマルトリートメント（不適切な養育）など、より専門的な介入を要する問題を抱える親子に向けた心理療法のPCIT（Parent Child Interaction Therapy）などがこれにあたる（加茂，2020）。このアプローチは、より特化した問題を対象に、その効果に関するエビデンスが示されているものが多い。

　このように、ポピュレーションアプローチとハイリスクアプローチという分化の視点をもつことで、優先順位をつけながら支援におけるアプローチの方法を工夫することが可能になる。もちろん、実際には常にきれいに二分されるとは限らず、両方の要素が混在していたり、また統合的な取り組みが必要になったりすることも少なくない。目の前の対象者の状況に応じて複数の切り口を意識し、両者をつないだり橋渡ししたりといった**統合的な視点**も必要になる。またその方法も、家庭訪問などのアウトリーチによる個別的、介入的な取り組み、またコロナ禍を経たオンラインを活用したアプローチなど、今後さらに多様化する可能性がある。

3.　より支援ニーズのある家庭の子育て

　ここでは、家庭での子育てを支える際に、よりリスクを抱えやすい支援について考えるために、「ひとり親家庭」、経済的困難のなかでも「子どもの貧困」の問題、また「外国籍の家庭」という視点から、よりニーズのある家庭の子育て支援について考えてみたい。

■1 ひとり親の家庭

　ひとり親と子どもからなる世帯数は、母子家庭が約120万世帯、父子家庭が約15万世帯、またひとり親世帯になる主な理由は、配偶者との離婚、死別、未婚などで、特に離婚によるものが圧倒的に多い[*1]。わが国では、年間の離婚件数は20万件前後で推移している（2021〈令和3〉年は18万4,384件と前年より8,000組ほど減少している）（厚生労働省「令和3年人口動態統計」）。

　離婚は家族メンバーそれぞれに影響を与える出来事であり、そこに至るまでの経緯や、その後の家族関係の変化を含む長期にわたるプロセスとして考える必要がある。また、ひとり親世帯では、1人の親にかかる家事や育児の負担や不安、経済的な問題も抱えやすい。特に、欧米と比べて日本の**シングルマザー**は育児時間が短く仕事時間が顕著に長いために、**親子関係の貧困**というリスクも指摘されている（赤石，2014）。その背景には、女性の雇用問題や労働におけるジェンダー

＊1　厚生労働省「令和3年度全国ひとり親世帯等調査結果報告」2022

の問題，すなわち先進国の中で最低レベルとされる，**ジェンダーギャップ**（男女格差）といったわが国の社会構造的な問題も存在している[*1]。ひとり親家庭の支援においては，親子双方を視野にいれた支援と同時に，こうした収入格差の問題や厳しい就労状態といった側面にも十分目を配る必要があるだろう。

　また，離婚は夫婦関係の解消であるが，親子の関係にも大きく影響を及ぼし，子どもと親とでは異なる体験である。それゆえ，子どもへのサポートと親子双方を視野にいれた多領域からの支援が必要であるが，未だにこうした面での課題も少なくない（福丸ほか，2023）。さらに，子ども時代に親の離婚を経験した成人を対象とした調査によれば，両親が不仲になったことを知っていた，うすうす感づいていたという子どもは80％以上なのに対して，十分な説明がなかった，または覚えていないという人が47％と約半数いることも示されている（法務省，2021）[*2]。子どもの理解が伴わない中で，いつの間にか一方の親が不在になるという喪失体験などを踏まえれば，親への支援はもちろん，子どもへのケアの大切さを十分に理解することも必要である。

❷ 子どもの貧困

　ひとり親世帯の経済的な問題をはじめ，子どもの貧困という現実が，社会全体の課題としてあらためて議論されるようになったのは，2000年代以降というのが実情であろう。ここではまず，貧困の定義から考えてみる。

　貧困状態を捉える概念としてよく用いられるのが，絶対的貧困と相対的貧困である。絶対的貧困とは，国や地域の生活レベルとは無関係に，生きる上で必要最低限の生活水準が満たせていない状態を指す。相対的貧困とは，その国や地域の水準の中で相対的に比較した考え方で，等価可処分所得の中央値の半分（貧困線）に満たない状態をさしている。子どもの貧困は，相対的貧困という考え方を用いている。現在，13.5％の子ども，つまり約7人に1人の子どもが，それに該当する状況であり，ひとり親家庭に限定すると，48.1％の子どもが相対的貧困という状況にある（厚生労働省「2019年国民生活基礎調査の概況」）。全国ひとり親世帯調査結果報告（厚生労働省，2022）によれば，特に母子世帯の平均年収は373万円と低く，児童のいる世帯の平均年収813万円の半分以下，父子世帯の平均606万円に比べても6割前後に相当していることもあり，生活保護受給率も高い。

　子どもの貧困問題への取り組みは，生活面にとどまらず，親の就労支援，子どもの進学支援や学習支援などを通じて，子ども本人と世帯の双方にアプローチし，その先にある子どもの将来の自立，就業など，長期的な視野のもとに行う必要がある。このような子ども本人と親世代の双方に向けて子どもの将来の自立を後押しすることは，貧困の連鎖を予防するためにも不可欠といえる。

＊1 世界経済フォーラム（World Economic Forum）の「The Global Gender Gap Report 2022」では日本のジェンダーギャップ指数は146カ国中116位と非常に低い水準にある。

＊2 法務省「未成年期に父母の離婚を経験した子の養育に関する実態についての調査・分析業務報告書」2021

❸ 外国籍の家庭

　日本の総人口のうち，日本人の人口が2010（平成22）年以降減少傾向にある一方，外国人の人口は2015（平成27）年に比べて増加率は43.6％，2020（令和2）年の総人口当たりの割合は2.2％と上昇傾向が続いている（総務省「令和2年国勢調査」）。ひとくちに**外国籍等の家庭**といっても，両親共に外国籍で，その子どもも海外出身の場合もあれば，親の国際結婚によって両親の国籍が異なる親と子ども，外国籍ではあるけれど子どもの生まれや育ちは日本である場合など，その**背景はさまざま**である。幼稚園や保育所，認定子ども園，学校等においても外国に何らかのつながりをもつ子どもの受入れが増加しており，その受け入れや支援が大きな課題となっている（文部科学省 2020）[*1]。

　また，自治体レベルの調査においても，外国籍等の子ども・保護者への対応において，「言語面での支援（通訳・翻訳派遣等）が不十分 である」と感じている自治体は60％に上り，「個別的な配慮などを実施する上での人員が足りない」（40.2％），「外国にルーツを持つ子どもや保護者の具体的な困りごとやニーズがわからない」（37.1％）など，さまざまな課題がある（厚生労働省，2020）[*2]。たとえ日本語が話せても日々の生活で戸惑う保護者は少なくないし，宗教上の理由によって食べられない食材があったり参加が難しい活動が生じたりもするなど，園や学校生活における子どもたちの過ごし方など，さまざまな習慣の違いに対処していくことが求められる。そのため，入園や入学の時点だけでなく，日々の丁寧なやり取りがとても大切になる。また，親子が地域で孤立しないためにも，保護者間の交流促進などを視野に入れることも意味があるだろう。

　日中多くの時間を過ごす子どもたちへの配慮はさらに重要である。イラストや写真，ジェスチャーなどの視覚情報を活用したコミュニケーションなど，母国語への配慮も含めた教示や声かけを心がけることや，言葉や文化の違いが子どもの発達の壁とならないためにも，必要な場合は心理の専門家など外部との連携も求められる。

　こうした丁寧な対応が大切であると同時に，もう1つ忘れてはならないことがある。それは，保育・教育にあたる大人自身が多文化共生の意味やその重要性を意識し，外国籍ではない周囲の子どもたちへの働きかけや日々の取り組みを工夫することである。日本の環境に適応するよう促すことも確かに必要な視点ではあるが，多様性の観点から互いの違いや文化を大切に尊重し合うことを学ぶ貴重な機会でもある。国や自治体がまとめている手引きや事例集なども参考にしながら，文化の違いを踏まえつつ，きめ細かな支援や取り組みが求められる。

＊1 文部科学省「外国人幼児等の受け入れにおける配慮について」2020

＊2 厚生労働省　令和元年度子ども・子育て支援推進調査研究事業「保育所等における外国籍等の子ども・保護者への対応に関する調査研究事業報告書」（三菱UFJリサーチ&コンサルティング，2020）

4．今日的な課題と家庭への子育ての支援

コロナ禍を経て，われわれの生活は大きな変化を余儀なくされ，子育てをとりまく状況にもさまざまな変容がもたらされている。最後に，今日的な課題を踏まえて，家庭の子育ての支援について概観する。

1 体罰によらない子育て

子どもの権利擁護，児童虐待対策の強化という観点から，**体罰禁止**を定めた**児童福祉法**の一部改正法が 2019（令和元）年 6 月に成立し，翌 2020 年 4 月から保護者が「しつけ」と称して体罰を加えることが禁止された。これによってわが国もようやく世界で 59 カ国目の**体罰全面禁止国**となったが，これは奇しくも，コロナ禍で緊急事態宣言が出され，多くの子どもたちが家庭にとどまらざるを得なくなった春のことであった。

それに先立って作成されたガイドライン「体罰によらない子育てのために～みんなで育児を支える社会に～」（厚生労働省，2020）[1]には，しつけのためと保護者が思っても，身体に何らかの苦痛を引き起こし，または不快感を意図的にもたらす行為（罰）は，どんなに軽いものでも体罰に該当すること，また子どもの心を傷つける暴言等も子どもの健やかな成長発達に悪影響を与える可能性があることが，明記されている。

一方，この法律に罰則がないことからもわかるように，体罰の禁止が子育て中の保護者を追い詰めることにならないようにすることも，とても大切なことである。これまで見てきたように，さまざまな要因によって不安になったり追い詰められやすい子育ての現状を考えれば，思い余ってつい手をあげてしまったり，声を荒げて酷い言葉を口にしてしまうことなどは，特別な保護者，子育てに限られるわけではない。**保護者の悩みや負担感を軽減**し，よりよい関係を支える**ケアの視点**と，体罰を正当化することなく**子どもの人権を尊重**するという視点，この両輪があってはじめて，**体罰によらない子育て**が実現していくものと考えられる。

また，体罰禁止をうたうキャッチフレーズは，一般市民からのアイディアを得ながら決定された。「**みんなで育児を支える社会に**」という言葉は，子育て中の親だけでなく，私達 1 人ひとりが子どもの育ちや子育てを支えていく役割を担いながら，体罰のない子育てを大切にする社会をつくっていく，そのスタートラインに立ったことを示している。

2 あたたかく丁寧な見守りを

新型コロナウイルス感染症による三密を避ける生活様式の中で，人とのつなが

* 1 厚生労働省「体罰によらない子育てのために～みんなで育児を支える社会に～」2020

りや見守り，支え合うといった，人の育ちに大切なことが今まで以上に難しくなるなど，子育てをとりまく従来の課題に加えて，新たな課題も見えてきた。

　こうした状況を背景に，さまざまな**地域ネットワーク**を用いて，特に支援ニーズの高い子どもや家庭への見守りの重要性が指摘されている。**図13－2**は，コロナ禍に出された子どもの見守り強化に関するプランである[1]。2004（平成16）年度の児童福祉法改正によって設置された**要保護児童対策地域協議会**を中心とし，さらに**子ども食堂**や**子育て広場**などの地域の居場所づくりにおける民間団体の協力をより幅広く求め，**地域のネットワークを総動員して見守りを強化する**ことを目的にしている。草の根的に行われてきた地域の人々による活動を活性化させ，保護者や子どもとのつながりをつくること，また支援に関わる多様な立場の人や機関が連携することによって，必要な支援をより多くの家庭に届けられる仕

＊1　厚生労働省「子どもの見守り強化アクションプラン」2020

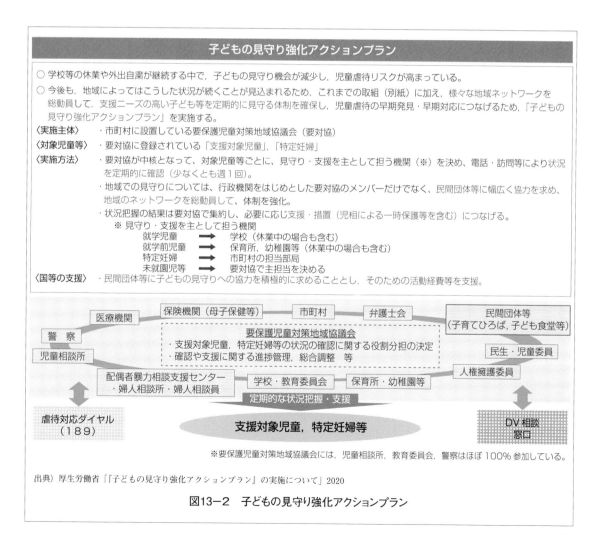

図13-2　子どもの見守り強化アクションプラン

組みを目指している。こうした取り組みは今後ますます求められるだろう。

　これまで見てきたように，**子育てを支える営み**は，より専門性を活かした取り組みもあれば，より一般的な養育のスキルや知識の共有，さらには日々の生活のささやかな時間や空間を共にすることなど，さまざまな形がある。その際，支援に関わる者自身が，子育てや家族などに対する自らの価値観に気づき，開かれていることは，同時に自分の得手不得手を意識することにもつながるため，とても大切である。自分ではカバーしきれない部分を他の人に補ってもらったり，情報交換により助言を受けるといった関わりが求められることも多い。また，必ずしも支える立場と支えられる立場に固定化した関係にとらわれない**柔軟さ，視野の広さ**が求められることも多いだろう。**お互いに支え合う**あたたかな関係は，子育て中の親子の支援に限らず，**社会全体**にも必要であり，未来を担う子どもたちにとってかけがえのないものである。

＜引用・参考文献＞

赤石千衣子『ひとり親家庭』岩波新書，2014

ベネッセ教育総合研究所『乳幼児の育ちと生活に関する調査』東京大学大学院教育学研究科附属発達保育実践政策学センター（Cedep）・ベネッセ教育総合研究所共同研究「乳幼児の生活と育ち研究プロジェクト，2022

福丸由佳「家族関係における夫婦の葛藤，親子の葛藤」『子ども学第8号』（白梅学園大学子ども学研究所編）pp87-106，萌文書林，2020

福丸由佳ほか「離婚を経験する家族への心理教育プログラムFAITの適用可能性：支援者向けワークショップにおける調査から」『日本家族療法学研究』2023

福丸由佳編『離婚を経験する親子を支える心理教育プログラムFAIT-ファイト-』新曜社，2023

平木典子・中釜洋子・藤田博康・野末武義『家族の心理　家族への理解を深めるために』第2版，サイエンス社，2019

加茂登志子『PCITから学ぶ育て』小学館，2020

柏木恵子『子どもという価値　親になることによる人格発達：生涯発達的視点から少子化時代の女性の心理』中公新書，2001

経済企画庁・内閣府「国民生活白書」1983

国立社会保障・人口問題研究所「人口統計資料集」2022

厚生労働省「全国ひとり親世帯調査」2016

厚生労働省「保育所等における外国籍等の子どもの保育に関する取り組み事例集」令和元年度子ども・子育て推進調査研究事業　三菱UFJリサーチ＆コンサルティング，2020

厚生労働省「2021年　国民生活基礎調査の概況」2022

厚生労働省「令和3年(2021)人口動態統計の概況」2022

文部科学省「外国人幼児等の受け入れにおける配慮について」2020

総務省統計局「国勢調査」2021

第14章 保育者の専門性とキャリア発達

〈学習のポイント〉　①保育者に求められている専門性について学ぶ。
　　　　　　　　　　②幼稚園教育要領や保育所保育指針，幼保連携型認定こども園教育・保育
　　　　　　　　　　　要領で述べられている保育者の役割を整理する。
　　　　　　　　　　③保育者の専門性を高めるためのポイントを考える。
　　　　　　　　　　④キャリア発達の段階を参考に，自分の保育者としてのありようを捉える。

1. 保育者に求められる専門性

　人間形成の基礎が培われる重要な乳幼児期に，その成長発達を支えていくことは保育者に求められる大きな役割である。近年，子どもや保護者をめぐる環境が変化し，保育ニーズの多様化が進む中で，保育者の専門性の向上は重要課題とされている。2015（平成27）年12月の中央教育審議会「これからの学校教育を担う教員の資質能力の向上について」[*1]では，これまで教員として「不易」とされてきた資質能力に加え，ＩＣＴの活用や発達障害を含む特別な支援を必要とする児童・生徒等への対応，幼小接続をはじめとした学校間連携等への対応など，新たな教育課題に対応できる資質能力の必要性を提言している。そして，「チーム学校」の考えの下，教員が自主的な学習を積み重ねながら，組織的・協働的に諸課題の解決のために取り組む専門的な力についても自主的に生み出していくことが求められている。

　ここでは，幼稚園教育要領，幼保連携型認定こども園教育・保育要領，保育所保育指針に示される保育者の役割を整理し，また2つの研究報告を参考にしながら，保育者の専門性とは何かを考えていきたい。なお，わが国の乳幼児教育・保育制度においては，現在，幼稚園，幼保連携型認定こども園，保育所などが学校や児童福祉施設として設置され，それぞれの保育現場で保育等に従事する者を関連する法令において「幼稚園教諭」「保育教諭」「保育士」と規定している。本章では幼稚園教諭，保育所保育士，保育教諭とも乳幼児教育の現場で保育に携わっている者ということで，引用等を除き「保育者」という総称を用いる。

＊1　中央教育審議会「これからの学校教育を担う教員の資質能力の向上について～学び合い，高め合う教員育成コミュニティの構築に向けて～（答申）」2015

◾ 生きる力を育む乳幼児期

　乳幼児期は，人間形成の基礎が培われる極めて重要な時期である。ものや人と出会い，周囲への興味・関心が広がり，そしてものや人とつながりをもつことを通して成長発達を遂げていく時期である。近年，諸外国においても，乳幼児教育・

235

保育において**社会情動的スキル**，いわゆる**非認知能力**を育むことの重要性の認識は高まっている。そのため，幼稚園や認定こども園，保育所などでは，子どもが，さまざまな活動や遊びを通して，自らの好奇心を高め，他者の存在に気づき，ともに活動する喜びや楽しさを得，また嬉しさやおもしろさだけではなく，悲しみや悔しさなどの多様な感情体験を通して，**生きる力の基礎**を身につける場となることが重要である。だからこそ，保育者には，この時期に子どもたちが必要な力を養っていくための支えとなる関わりが求められる。それは，ある側面では保護者たちと同じように子どもを丸ごと受け止めることが必要となり，またある側面では保護者とは異なった眼差しで1人ひとりの育ちを内面から理解し，子どもたちの主体的な活動を保障し自律を促すなどの両義的ともいえる専門的な能力である。

　しかし，こうした専門性は表に現れにくい部分もある。ある母親は，保育の仕事を「子どもと遊ぶだけの楽しい仕事」と思っていた。自分の子どもが幼稚園に通いだして初めて，「ただ単に子どもの相手をして遊んでいるだけではない」とわかったのである。

　また，保育者を目指して養成校に進学してくる学生に「なぜあなたは保育者になりたいか」と質問すると，「子どもが好きだから」「子どもと遊んでいると自分も楽しくなるから」「純粋な気持ちになれるから」と言う。そうした学生が保育実習や教育実習を経験すると，「子どもが好きでないとできないが，子どもが好きなだけでもできない」「けんかのときなど，どう対応してよいかわからず困った」「言葉かけ1つをとっても，その子の気持ちを思うと言葉を選ぶのが難しい」「子どもが興味をもっていることを考えながら，毎日過ごさなければならない」「どこまで子どもの思いを受け入れてよいのかわからない」などが聞かれるようになる。

　つまり保育の実践では，「公園で遊んでくれる子ども好きなお姉さん・お兄さん」とは異なり，子どもの育ちを捉えながら，専門職としての対応を考える必要性，つまり保育者の**専門性**を磨き，保育者としての役割を遂行しなければならないのである。

❷ 子どもを取り巻く環境の変化と保育ニーズの多様化

　近年，子どもを取り巻く社会環境は，大きく変化してきている。例えば，第3次産業に従事する人数が増え，人が都市に移り住み（都市化と過疎化），結果として家族が分散し核家族化が進む。また，女性の就労などによる社会進出，未婚女性の増加，晩婚化，夫婦当たりの子どもの数の減少傾向などに起因した少子化[*1]，1人1台といわれる携帯電話やインターネットの普及などによる情報化，国際化などが挙げられる。

　こうした社会の変化に伴い，保護者や地域社会の保育施設（幼稚園，認定こど

＊1 2005（平成17）年の合計特殊出生率（女性1人当たりの平均出産数）は1.26と落ち込んだが，2015（平成27）年には1.45と上昇した。その後は減少し2021（令和3）年は1.30となり，出生数も最小の81万1,622人となっている（厚生労働省統計情報局「人口動態統計」より）。

も園, 保育所など) に対する**ニーズが多様化**している。

　例えば, 子どもの数が多いときには子ども同士で群れて遊ぶ機会も多く, 異年齢での関わりも起こり, そこではさまざまな学びがあった。しかし, 一緒に遊ぶことができる子どもの数が減少している地域では, このような子ども集団を作ることが難しくなる。そこで, 保護者が子どもに熱心に働きかけることとなり, **過干渉**や**過保護**, **育児不安**などを引き起こし, 子どもと保護者の関係作りを難しくしている。

　また, 近年の**家庭教育力の低下**も指摘されていることや, 子どもをもつ女性の就業率の高まり, ライフスタイルや家族形態 (単身親家庭, 血縁関係をもたない家庭など) の多様化, そして国際化の進展に伴う外国にルーツをもつ子どもの増加などもある。そうした社会状況に対応するために, 幼稚園や認定こども園, 保育所では集団生活を経験し, 家庭では得ることのできないさまざまな経験を得る場としての役割が求められる。また, 保護者の生活時間に合わせた預かり保育の実施, 子育て相談や地域の子育てサービスへの取り組み (例えば, 未就園児の親子登園や保護者サークル) などもニーズとして高まっているのである。

❸ 幼稚園教育要領および幼保連携型認定こども園教育・保育要領に記される保育者の役割

　幼稚園は, 学校教育法第 22 条に記されているように, 「義務教育及びその後の教育の基礎を培うものとして, 幼児を保育し, 幼児の健やかな成長のために適当な環境を与えて, その心身の発達を助長することを目的」とした学校である。

　また幼保連携型認定こども園は, 「就学前の子どもに関する教育, 保育等の総合的な提供の推進に関する法律」第 2 条第 7 項において「義務教育及びその後の教育の基礎を培うものとしての満三歳以上の子どもに対する教育並びに保育を必要とする子どもに対する保育を一体的に行い, これらの子どもの健やかな成長が図られるよう適当な環境を与えて, その心身の発達を助長するとともに, 保護者に対する子育ての支援を行うことを目的」として設置された施設である。

　2017 (平成 29) 年に改訂された幼稚園教育要領[*1]では, 幼稚園教諭の役割を「第 1 章総則　第 1 幼稚園教育の基本」で, また同じく改訂された幼保連携型認定こども園教育・保育要領[*2]では, 保育教諭 (保育者) の役割を「第 1 章総則　第 1 幼保連携型認定こども園における教育及び保育の基本及び目標等　1 幼保連携型認定こども園における教育及び保育の基本」で, 次のように述べている。

　　教師 (保育教諭等) は, 幼児 (園児) の主体的な活動が確保されるよう幼児 (園児) 一人一人の行動の理解と予想に基づき, 計画的に環境を構成しなければなら

＊1　文部科学省「幼稚園教育要領」2017

＊2　内閣府・文部科学省・厚生労働省「幼保連携型認定こども園教育・保育要領」2017

ない。この場合において，教師（保育教諭等）は，幼児（園児）と人やものとの関わりが重要であることを踏まえ，教材を工夫し，物的・空間的環境を構成しなければならない。また，幼児（園児）一人一人の活動の場面に応じて，様々な役割を果たし，その活動を豊かにしなければならない。

※（　）内は「幼保連携型認定こども園教育・保育要領」の表記

　ここでは，保育者が専門家として，1つは**計画的に環境を構成**すること，もう1つは場面に応じての**さまざまな役割**を果たすことの2つが挙げられている。1つ目の計画的に環境を構成することは，保育者の勝手な思いや場当たり的に物的・空間的環境を構成するのではない。子どもたちの生活する姿から，どんなものに興味や関心をもち，その活動がどのような方向へ向かうのか，またそれらの活動で1人ひとりの子どもたちにとって必要な経験を考えながら，子どもの育ちを見通した計画を基に**適切な物的・空間的環境を構成**することが求められている。

　2つ目の場面に応じたさまざまな役割について，幼稚園教育要領解説(2018)[*1]の中で，**活動の理解者としての役割，共同作業者・幼児と共鳴する者としての役割，憧れを形成するモデルとしての役割，遊びの援助者としての役割，心のよりどころとしての役割**の5つが挙げられている。例えば，4月の入園当初，初めての集団生活に戸惑いを感じている子どもに，保育者は優しく話しかけ，一緒に絵本を見たり砂場で遊んだりと子どもの気持ちに寄り添いながら心のよりどころとなっていくこともあるだろう。幼稚園における生活の中で，保育者は遊び活動を一方的に押し付けるのではなく，幼児の姿から活動を選び，見通しをもって保育に臨むことが求められている。

　また，2016（平成28）年12月の中央教育審議会「幼稚園，小学校，中学校，高等学校及び特別支援学校の学習指導要領等の改善及び必要な方策等について（答申）」[*2]を踏まえ，2017年に告示された幼稚園教育要領の改訂においては，「幼稚園教育において育みたい3つの資質・能力」や「幼児期の終わりまでに育ってほしい姿」が明確に示された。

　そのため保育者には，深い子ども理解に基づきながら**カリキュラム・マネジメント**に努めることや，**幼児教育と小学校教育との円滑な接続を図る**ように努めることが求められている。さらに，2008（平成20）年の改訂以降も力点を置いている家庭と緊密に連携を図りながら，地域のさまざまな資源を活用して取り組むこともある。

　こうしたさまざまな役割が求められる今，保育者間の共通理解と協力体制を築き，専門性を高め合う園内研修の場は不可欠になっている。

＊1 文部科学省「幼稚園教育要領解説」2018

＊2 中央教育審議会「幼稚園，小学校，中学校，高等学校及び特別支援学校の学習指導要領等の改善及び必要な方策等について（答申）」2016

４ 保育所保育指針に記される保育者の役割

　保育所は，児童福祉法第39条に記されているように，「保育を必要とする乳児・幼児を日々保護者の下から通わせて保育を行うことを目的」とした児童福祉施設である。子どもや保護者を取り巻く環境が変化し，保育所保育への期待が高まり，質の高い保育が求められるようになる中，2008年に保育所保育指針の大きな改定が行われた。保育指針を大臣告示と定め，保育所の役割を保育指針に位置づけ，保育士の業務についても規定した。2017（平成29）年に告示された改定・保育所保育指針[*1]では，保育者の役割を「第1章総則　1保育所保育に関する基本原則（1）保育所の役割」の中で次のように述べられている。

＊1 厚生労働省「保育所保育指針」2017

> （エ）保育所における保育士は，児童福祉法第18条の4の規定を踏まえ，保育所の役割及び機能が適切に発揮されるように，倫理観に裏付けられた専門的知識，技術及び判断をもって，子どもを保育するとともに，子どもの保護者に対する保育に関する指導を行うものであり，その職責を遂行するための専門性の向上に絶えず努めなければならない。

　このことについて保育所保育指針解説（2018）[*2]には，保育所の保育士に求められる主要な知識及び技術として次の6つが考えられている。

＊2 厚生労働省「保育所保育指針解説」2018

①これからの社会に求められる資質を踏まえながら，乳幼児期の子どもの発達に関する専門的知識を基に子どもの育ちを見通し，**一人一人の子どもの発達を援助する知識及び技術**

②子どもの発達過程や意欲を踏まえ，**子ども自らが生活していく力を細やかに助ける生活援助の知識及び技術**

③保育所内外の空間や様々な設備，遊具，素材等の物的環境，自然環境や人的環境を生かし，**保育の環境を構成していく知識及び技術**

④子どもの経験や興味や関心に応じて，**様々な遊びを豊かに展開していくための知識及び技術**

⑤子ども同士の関わりや子どもと保護者の関わりなどを見守り，その気持ちに寄り添いながら**適宜必要な援助をしていく関係構築の知識及び技術**

⑥**保護者等への相談，助言に関する知識及び技術**

　さらに，上記①〜⑥のような「専門的な知識及び技術」をもちながら適切な支援を行うことだけではなく，倫理観に裏づけられた状況に応じた判断力，そして自己を省察するとともに，同僚と協働し学び続けていく姿勢も専門性として欠かせないものとしている。

　そして第5章には「職員の資質向上」という独立した章を設け，「1　職員の資質向上に関する基本的事項」「2　施設長の責務」「3　職員の研修等」「4

研修の実施体制等」という４つの節で構成され，さらなる専門性の向上が求められている。

5 保育者に求められる専門性

次に保育者の専門性について，２つの研究報告を参照したい。

まず鯨岡[*1]は，保育における３つの柱から保育者の３つの専門性を挙げている。１つは実践を行うために，多岐にわたる知識に支えられながらその時期ごとにふさわしいカリキュラムに関わる「**保育者の計画・立案の専門性**」，２つ目は保育の実践場面において，受け入れ・認めつつ教え・導くというような両面的対応にある２つの保育目標に関わる「**両義的対応の専門性**」，３つ目は実践後に，立案された保育計画と実践の結果を子どもの様子を踏まえながら批判的，反省的に吟味し，評価することに関わる「**ふりかえりの専門性**」である。そしてその専門性を支えているのは，柔軟な心の働き，何事も謙虚に学ぶ姿勢，子どもとともにいることを楽しめる心の余裕などの「**保育者の人間性**」であると述べている（図14－1）。しかし最も大切なことは，一般的に語られている専門性を知識として蓄えるだけではなく，保育者自身が各々の実践場面において，どのような対応を紡ぎ出すかということを問われなければ，本当の意味での専門性が養えない，保育者の資質も向上しないと結論づけている。

＊1 鯨岡峻「保育者の専門性とはなにか」『発達』第83号，ミネルヴァ書房，pp.53-60, 2000

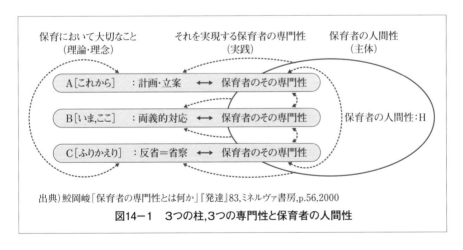

出典) 鯨岡峻「保育者の専門性とは何か」『発達』83,ミネルヴァ書房,p.56,2000

図14－1　３つの柱，３つの専門性と保育者の人間性

次に，保育教諭養成課程研究会（2022）による「幼児教育を担う教員に求められる資質・能力を高める研修モデルの開発」[*2]では，2015（平成27）年12月中央教育審議会答申「これからの学校教育を担う教員の資質能力の向上について〜学び合い，高め合う教員育成コミュニティの構築に向けて〜」（前掲 p.235）を踏まえ，教員に求められる資質・能力を以下の５点に整理している。

＊2 保育教諭養成課程研究会「幼児教育を担う教員に求められる資質・能力を高める研修モデルの開発」2022

○教員として不易とされてきた資質・能力
○自律的に学ぶ姿勢をもち，時代の変化や自らのキャリアステージに応じて求められる資質・能力を生涯にわたって高めていくことのできる資質・能力
○情報を適切に収集し，選択し，活用する能力や知識を有機的に結び付け構造化する資質・能力
○新たな課題に対応できる力量を高める資質・能力
○「チーム学校運営」の考えの下，多様な専門性をもつ人材と効果的に連携・分担し，組織的・協働的に諸課題の解決に取り組む資質・能力

　そして，上記の5点と，幼児期の教育の特質は，子どもが主体的にものや人との関わりを重ねることで，豊かな体験を得て，学びを深めることであるという点を踏まえ，「幼児教育を担う教員に求められる資質・能力」として，AからGの7つの視点を示した。

　Aは，幼児理解に基づいて発達の理解を深め，保育を構想するという幼児教育の基本となる「**A：幼児理解を深め一人一人に応じる資質・能力**」である。Bは，幼児教育の基本を踏まえた上で，組織的・計画的な指導を行うために求められる「**B：保育を構想する資質・能力**」である。Cは，具体的な保育の展開において，子ども1人ひとりが環境との主体的な関わりを通して，豊かな体験が得られるための「**C：豊かな体験を創り出す資質・能力**」である。Dは，特別な配慮を要する子どもへの指導において，集団の中で生活することを通して全体的な発達を促していくことを配慮し，1人ひとりの子どもの状態に応じて行うための「**D：特別な配慮を必要とする子供を理解し支援する資質・能力**」である。Eは，豊かな教育実践を展開していくために，同僚と連携して実践を進めることや，地域の人々や地域の専門機関，小学校等と連携をするための「**E：他と連携し，協働する資質・能力**」である。Fは，各園での実践が，教育課程に基づき組織的かつ計画的に教育活動の質の向上を図っていくための「**F：カリキュラム・マネジメントの資質・能力**」である。Gは，幼児の主体的な学びを支援する専門家としての能力をもち，キャリアステージに応じて資質向上に努めるための「**G：自ら学ぶ姿勢と，教師としての成長（リーダーシップを含む）**」である。

　さらに，上記AからGの「幼児教育を担う教員に求められる資質・能力」の向上を図るために，研修を通して身につく力として「37の具体的な視点」も明らかにし，体系化して示されている（**表14-1**）。ここで示された「資質・能力の7つの視点」と「37の具体的な視点」は，幼児教育を担う保育者の研修の充実を図ることや，自治体等での研修の企画立案に活用されることを期待するものとなっている。

表 14 － 1　幼児教育を担う教員に求められる資質・能力の一覧

教員に求められる資質能力	幼児教育を担う教員が身に付けたい資質・能力		
	資質・能力	37 の具体的な視点	
○教員として不易とされてきた資質・能力	A：幼児を理解し一人一人に応じる力	(1)	温かなまなざしをもって子供をみる力
		(2)	子供が経験し学んでいることを読み取る力
		(3)	指導の過程を振り返る力・省察力
		(4)	その子らしさを捉え、寄り添う力
		(5)	子供の活動を予想する力
○自律的に学ぶ姿勢をもち、時代の変化や自らのキャリアステージに応じて求められる資質・能力を生涯にわたって高めていくことのできる資質・能力	B：保育を構想する力	(6)	「生きる力」の理念を具体的に語る力
		(7)	幼児期にふさわしい生活を通して発達していく姿を見通す力
		(8)	ねらいと内容の組織化を図り、教育の道筋をつくっていく力
		(9)	園や学級、子供の実態から保育を構想し、指導計画を作成する力
		(10)	子供にとっての環境の意味を捉え、よりよい環境をデザインしていく力
		(11)	指導計画の評価から、次の指導計画を作成する力
○情報を適切に収集し、選択し、活用する能力や知識を有機的に結び付け構造化する資質・能力	C：豊かな体験を創り出す力	(12)	子供と共に楽しむみずみずしい感性
		(13)	発達を紡ぎだす領域の本質を理解する力
		(14)	教材のもつ可能性を見いだして、活動を豊かにする力
		(15)	指導の過程を振り返り、よりよい実践を追究する力
		(16)	園の特色を生かした園環境をデザインする力
		(17)	子供の生活に即した行事を創り出す力
		(18)	安定し学び合う学級を形成する力
○新たな課題に対応できる力量を高める資質・能力	D：特別な配慮を必要とする子供を理解し支援する力	(19)	人としての尊厳を尊重する姿勢
		(20)	特別な配慮を必要とする子供に関する知識を実践に生かす力
		(21)	個に応じた適切な支援を実践する力
		(22)	組織として適切な支援を推進する力
○「チーム学校運営」の考えの下、多様な専門性をもつ人材と効果的に連携・分担し、組織的・協働的に諸課題の解決に取り組む資質・能力		(23)	保護者との関係及び関係機関との連携を推進する力
	E：他と連携し、協働する力	(24)	相手を尊重し、互恵的に関わり合う力
		(25)	組織の目的を理解し、自分の資質・能力を発揮する力
		(26)	人間関係を調整し、よりよい関係を構築する力
		(27)	他との関係を維持改善できるコミュニケーション力
		(28)	幼児教育を分かりやすく発信する力
		(29)	異なる専門性をもつ人と協働し、幼児教育の専門性を高める力
		(30)	幼児教育や子育ての支援等、教育・保育に関わる必要な情報を選択収集・整理する力
	F：カリキュラム・マネジメント	(31)	保育の質向上を目指して実践を重ねようとする力
		(32)	幼児期の教育の実践の構造（PDCA サイクル）を理解し、教育活動の質の向上を図る力
		(33)	教育理念や目指す幼児像、発達の過程、指導内容等を踏まえ、全体としてまとまりのある計画を作成する力
		(34)	園長のリーダーシップの下、教職員で組織的・計画的にカリキュラム・マネジメントを推進する力
	G：自ら学ぶ姿勢と、教師としての成長（リーダーシップを含む）	(35)	自分らしさを生かしたキャリアを形成する力
		(36)	協働的な組織をつくり、推進する力
		(37)	教育理念とビジョンを明確にもち、実現を目指して運営する力

出典）令和 3 年度文部科学省「幼児期の教育課題に対応した指導方法等充実調査研究」『幼児教育を担う教員に求められる資質・能力を高める研修モデルの開発』（保育教諭養成課程研究会）2022

2. 保育者の専門性を高める要素

　これまでに，幼稚園教育要領や幼保連携型認定こども園教育・保育要領，保育所保育指針に記されている保育の専門家として期待されている役割や，その役割を担うために備わっていなければならない資質・能力や専門性について述べてきた。ここでは，保育者にとって具体的に保育を想定し総合的な指導を展開していくうえで，必ず備わっていなければならない「子ども理解」や「保育を構想する力」「実践力」「総合的に指導する力」，そして「保護者に対する支援」について，その専門性を高めるためのポイントを考えていく。

１ 子どもを内面から理解する

（1）子ども理解の必要性

　保育は，**子どもを理解する**ところから始まる。しかし，子どもを理解するといっても，行動を分析し，この行動はこういう意味であると決めつけてしまうことではない。まして，一般化された発達の姿に照らし合わせて，「できるようになった」「まだできていない」などと理解することでもない。つまり，目の前の子どもたち１人ひとりと直接関わりながら，子どもの行為や発話からその子の良さや可能性，心の動きなどを理解しようとすることである。そのような保育者の子ども理解と育ちの見通しで，保育は展開されていくのである。例えば，入園当初，友だちの遊びを見ているだけでなかなか仲間に入れない子どもに，保育者は「一緒に入ろうか」と誘いかけたり「入れてって言ってるよ」と遊びに入りたい気持ちを周りの子へ伝えたりという**援助**をし，遊びへの入り方を教える。しかし２学期以降，人間関係が固定し始めた頃に，なかなか仲間入りができない子どもにどのような援助をするだろう。子どもの気持ちを完全に理解することは不可能であるかもしれないが，子どもの表情や動きに現れたことから，「入りたいと思っているのかな」「でも，○○ちゃんがいるから迷っているのかな」「入れてって言うタイミングを計っているのかな」などと内面を推し量ってみることが大切なのである。理解の仕方によっては，しばらくその子の様子を**見守る**，**待つ**という**援助**もある。このように，表面的には「入れない」という同じ状況であっても，その援助の方向は子どもの内面の理解や，時間や場の状況，人との関係性を視点とした理解で変わるのである。

（2）カウンセリングマインドを生かした子ども理解

　カウンセリングマインドをもって子どもを理解するということは，子どものありのままの姿を受け止め，思いに共感し，寄り添いながら育ちを助けていく姿勢を保育者がもちながら，子ども理解を進めることである。

しかし，「受容」し，「共感」しさえすれば子ども理解がうまくいくわけではない。その１つに，**受容**するということは何でも受け容れればよいということではない。例えば，悔しいという気持ちを汲み取ることと，悔しいから物を投げつける行為を許すということは違う。また，子どもの心に**共感**する際には，単に気持ちを寄せるだけではなく，保育の見通しや読みといったものを探る客観性が必要となる。例えば，４月頃は母子分離がなかなかできず，数週間泣きつづけている子どももいる。そんな子どもの心細い気持ちをともに感じることも必要である。それと同時に，数週間の泣く様子を客観的に観察することで，その後の援助の方向性がもてるようになるはずである。

こうしたことに留意しながら，カウンセリングマインドを生かしていくことが大切である。

（3）子ども理解のための記録の工夫と振り返り

子どもを理解する手がかりとして，子どもの生活する姿を**記録**に残すことが必要となる。

記録の方法は，保育終了後に振り返ってまとめるエピソード記録や担任以外の保育者による観察記録，ビデオ等による映像記録などさまざまである。その記録により，自分の行った保育の状況を思い起こし，そのときその瞬間の子どもの行為や気持ちに心を寄せながら**保育者自身の関わり方を省察**することができる。その記録の積み重ねから，子どもの生活の変化や姿を生み出した状況を捉え，子どもなりの思いの筋道を見出すことができる。さらに保育者自身の関わりを客観視できるようになる。

またこうしたさまざまな記録を基に，保育者間で保育を振り返り，話し合うこと（**保育カンファレンス**[*1]）が子ども理解を深めることに役立つ。**多様な保育観**に触れることで，独りよがりにならずに，多角的な視点で子どもを理解する力となっていく。

＊1 保育カンファレンス：p.251 参照

２ 具体的に保育を構想する力・実践力

子ども理解を基に，１人ひとりの発達段階や状況に応じた**指導の計画を立てる**ことは，子どもたちの成長発達を支えていくうえで大変重要なことである。子どもの姿を捉えるための記録では，その活動の何が面白いのか，何に夢中になっているのか，子どもは満足感や充実感を感じているのか，子ども同士あるいは保育者と子どもの関わりや集団としてどのような関係にあるのかなどが大切な意味をもつ。なぜなら，こうした観察によって，個々のそして集団の保育の課題を見出すことが可能となり，保育者の願いも明確にされていく。

また，子どもにふさわしい生活を展開していくためにも，家庭では得ることの

できない生活体験や自然と触れ合う機会，異年齢交流，地域の福祉施設や小学校，他の乳幼児教育施設との交流などを**計画，実践していく力**も必要である。そのためには，保育者自らが好奇心をもち，周りの自然へ目を向けることやボランティア活動に参加してみる，さまざまな分野へも興味を広げるなど，**豊かな体験を積極的に積む**ことである。

３ 遊びを通じて総合的に指導する力

子どもの生活のほとんどは**遊び**によって占められており，切り離すことはできない。遊びは楽しさがすべてであり，遊ぶことそれ自体が目的であって，遊びを通して何らかの成果を生み出すことが目的ではない。そうした遊びという自発的活動を展開する過程において，子どもは心身全体を働かせながら活動し，いろいろな経験から心身のさまざまな能力や態度を身につけていく。例えば，身体活動を通じての運動能力や物事を理解する力・思考する力，仲間との生活を通じて養われる社会性や道徳性などである。しかしこれらの諸能力は個別に発達するのではなく，相互に関連しながら**総合的に発達**していく。したがって保育者は，遊びの中で成長する幼児の姿を**多様な視点**から総合的に捉え，発達にとって必要な経験が得られるように**遊び状況を構成**することが大切になってくる。特に，「幼児期の終わりまでに育ってほしい姿」を念頭に置きながら子どもの姿を捉え，１人ひとりに必要な体験が得られるように考慮することが求められる。

そのためにも，まず保育者は乳幼児期の発達特性について，広く知識をもっておくことが求められる。また**保育者自身の豊かな遊び経験**や，遊びの広がりや深まりを**探求する姿勢**が必要であろう。単に活動や教材の特質を熟知するだけの教材研究ではなく，その活動を通して子どもの内面に育つものやその活動から生まれる関係性，状況性などを問うような教材研究が求められる。

４ 保護者に対する支援

保育者には保護者に寄り添い理解し，信頼関係を作りながら，ともに子どもを育てていく力が求められている。つまり，**保護者との良い関係作りを進めるために**，「**質**」の高いコミュニケーションをとる力が問われることとなる。

では，どのようにコミュニケーションをとればよいであろう。まず大切なのは日々のコミュニケーションであろう。連絡帳の記入，送迎時の対話など，直接子どもの様子などを知らせることは，保護者とつながる一歩となる。しかし，その日の子どもの様子を伝える場合に「今日も元気に遊んでいました」ということでは，園での様子が保護者には伝わらない。逆に「本当に遊んでいるところを見てくれているの」と思われることもあるだろう。専門職としての視点から，どのよ

うな思いで，どのようなことを願いながら子どもを見たのかということを語ることが必要になる。そして子どもの行動やその意味，**成長している姿を丁寧に知らせる**ことである。また保育者自身が「**聴く**」という雰囲気をもちながら，1人ひとりの子どもの背景にある家庭の状況を捉え，関わる姿勢や配慮も必要であろう。保育者と保護者が，**子どもの成長を喜ぶ気持ちを共感**することによって，保護者自身も子どもへの愛情を確認し，子育てへの意欲や自信を膨らませることができるのである。

　このような専門性はすぐに身につくものではない。保育者として過ごす毎日の中で，子どもから学び，自らの経験を通して学んでいく部分も大きい。そこで次に，保育者が経験を重ねる中で，どのように専門性を高めていくのかを考えていきたい。

3. 保育者のキャリア発達

　幼稚園や認定こども園，保育所に勤務し始めたその日から，保育者としての経験が始まる。子どもは入園当初，自分の好きな遊びをする事や保育者との触れ合いの中で園生活に親しみ，安定していく。やがて，周りのものや人への興味・関心が広がり，友だちと遊びのイメージを共有し，ともに目的をもって生活することを楽しむ。その過程において，自己発揮することや自己を抑制することも学ぶのである。そうした育ちを支えることが保育者の役割であるが，保育という営みの中で子どもだけが成長するのではなく，保育者自身も学び，成長していく。同僚保育者からの学び，他園の保育文化に触れること，そして何よりも子どもたちとともに生活するなかで，さまざまなことを思考し，多岐にわたる感情を体験し，ときには困難を乗り越え，**保育者の成長**はある。

　保育者として働いている卒業生たちが，子どもたちとともに生活する楽しさや，自園の子どもたちのかわいさを自慢しに養成校へ戻ってくる。しかし中には，「言うことを聞いてくれない子が多くて，気がついたら怖い顔をしている」「すぐに友だちを叩く子がいて，そのときは叩いたら駄目！と注意ばかりしてしまう。でも後で考えると，その子にも叩く理由があったのかなと思う」という体験を話す者もいる。また，「なかなか自分のやりたいことが見つからない子どもに，どのように援助していけばよいのか」などを尋ねにくる場合もある。保育者であれば，「子どもたちのために良い先生になりたい」「楽しさや喜びを共有したい」と思いながら，「私は，本当に子どものことをわかっているのか」「子どもにとって良い先生でいられるのか」などの葛藤や挫折を感じることがある。しかしこの難しさに出会うことで，もう1度自分の保育者としてのありようをふりかえることにな

ることも事実であろう。ここでは，保育者の**キャリア発達**および**専門性向上**のための研修について取り上げる。

1 学び続ける保育者

　1966年に出された ILO・ユネスコ「教員の地位に関する勧告　六」[*1] において，「教育の仕事は専門職とみなされるべきである。この職業は，きびしい継続的な研究を経て獲得され，維持される専門的知識及び特別な技術を教員に要求する公共的業務の一種である」と述べられていることから，乳幼児の教育・保育に関わる保育職は**専門職**と位置付けられている。そして教育基本法第9条には「法律に定める学校の教員は，自己の崇高な使命を深く自覚し，絶えず研究と修養に励み，その職責の遂行に努めなければならない」とされ，第2項では「前項の教員については，その使命と職責の重要性にかんがみ，その身分は尊重され，待遇の適性が期せられるとともに，養成と研修の充実が図られなければならない」とある。

　つまり，幼稚園教員免許や保育士資格を有するということは，幼稚園教諭，保育教諭，保育士となるための必要条件であるが，それだけで専門職としての資質が十分であるということではない。保育者は保育現場への入職後も，現場での課題や求められる技術を学ぶなど，**継続した専門的力量の向上**が求められている。そのため，幼稚園教員や保育教諭，保育士の**現職研修の充実**は，保育者の資質能力を向上する上で不可欠とされる。

＊1 ILO/UNESCO「教員の地位に関する勧告」（仮訳）1966（文部科学省HP）

2 保育者の発達段階モデルとその問題点

　秋田[*2] は，保育者のライフステージをモデル化したヴァンダー・ヴェン（Vander Ven）の作成した保育者の発達段階モデル（**表14−2**）を用いて，**保育者の生涯発達過程**をどのように考えていくのかを検討している。

　そのモデルでは，発達を5つの段階に分けている。段階1は「実習生・新任の段階」，段階2は「初任の段階」，段階3は「洗練された段階」，段階4は「複雑な経験に対処できる段階」，段階5は「影響力のある段階」と考えられている。ここでは具体的な経験年数などは特に記されていない。

　5つの段階の特徴を簡単に見ていくと，この5つの段階で，保育の専門家として保育をしていると認められ始めるのは，段階2からである。専門家としては認められない段階1では，単なるアシスタント的に実践に加わり，指示されたように行うだけである。そして，専門家として関与し始める段階2，さらに専門家としての意識を強くもつ段階3，段階4は保育のスペシャリストとして自律的に働くことができるようになり，最終の段階5では現場の将来の発展を導く仕事に取り組むようになるのである。

＊2 秋田喜代美「保育者のライフステージと危機」『発達』第83号，ミネルヴァ書房，pp.48-52，2000

表14－2 保育者の発達段階モデル

段階1：実習生・新任の段階	園の中でまだ一人前として扱われていない。場に参加することから学ぶ段階であり，指示されたことをその通りにやってみるアシスタントとなったり，実際に保育で子どもに直接関わり援助したり世話することに携わる。実践をその場限りの具体的なこととしてしか捉えられず，自分自身の過去の経験や価値判断のみで対処することが多く，子どもの発達からその行為の意味やつながりをみることができない。ある状況で起きた行動の原因や生起の過程をいろいろな視点から説明したり，そこから対処の方法を構成的に考えていくような探求をしようとはしない。直線的に単一の原因を考えたり（例：あの子が取り乱しているのは，朝家で何かあったにちがいない），二分法的に判断したり（例：今子どもは遊んでいるから，学習はしていないのだ）しやすい。 自分の実経験から，先輩の助言に抵抗しようとすることもあり，経験を重視し，子どもと関わるのには本で学ぶ必要などないと考えたり，また本を読んでもそれを実際の保育に応用することが困難である。
段階2：初任の段階	保育者として周りからも認められ，正式に仕事の輪の中に関わり始め，徒弟制度の中で学んでいくようになる。保育室や遊びの場で子どもに直接かかわる場面で主に仕事を行う。理論や学んだことを保育に生かせるようになってきているが，自分の行った行為の理由や説明を言語化することは難しい。自分の行動や環境設定が子どもの発達を促すことに手応えや誇りを感じるようになり，幼児教育学の知見にも興味を示し始める。 しかし，子どもたちや親，同僚など他者の要求にしっかり応えたいという思いから，自分自身を過剰に提供し自己犠牲にしてしまう「救済のファンタジー」現象が生じる。熱意や自発性が保育の改善に寄与することもあるが，一方で子どもへ過剰に注目しすぎたり，援助が必要な子どもの要求を拒むことができず際限なく自己を与えてしまうなどの問題も起きてくる。新任期ほど個人的な考え方に偏った行動はとらなくなるが，まだ自分の価値体系に依存しやすい。 先輩からの助言や指示を積極的にもとめたり受け入れることで変化することが大きいが，助言をうのみにしてしまいがちである。仕事にうちこむほどに何でも役にたちそうな処方箋をもとめるようになるが，その内容を十分に理解しつかいこなせるだけの技能はまだ持ち合わせていない。他者と一緒に仕事をする時には，自分の実際の能力よりも控えめにして周囲にあわせるので，自らの生産性や創造性を感じにくくフラストレーションを感じることも起きるようになる。
段階3：洗練された段階	保育者としての専門家意識を強く意識し始めるようになり，実践者として自分を信頼し落ち着きを見せてくるようになる。徒弟ではなく同僚として職場での関係性ができるようになる。いわゆる常識や，自分の子ども時代の経験や保育の基礎知識をそのままあてはめたり主観的印象のみに頼るという次元を越え，現実の事実をよくみることを判断の基礎にできるようになる。だが，まだ保育に直接影響を与えている要因変数をシステム的に捉えたり，日常の実践の複雑な要求に対処する点では，完全に熟練しているというわけではない。よい悪いといった二分法的思考から，現実を事実として評価しそこで役に立つことや自分の追うべき責任を考えることができるようになる。保育の質に関心を払うようになり，子どもと関わる保育だけではなく，親や家族，子どもをとりまく関係性に働きかけることの必要性を認識するようになる。保育者としての自分の能力を認識できるようになるので，自己犠牲的な立場をとるのではなく，肯定的主張的にふるまうことができる。
段階4：複雑な経験に対処できる段階	より複雑な問題や状況に対処できる知識や経験を得，個々の断片的知識だけではなく，自らの経験とものの見方の参照枠組みが統合されてくる。保育のスペシャリストとして自律的に働くことができる。二つの方向での発達，直接的な実践や臨床的側面でより熟達していく方向と，園経営や他の若手教師の教育，助言など，保育に関わる間接的文脈に携わる方向のいずれか，あるいはその両方向に関わるようになる。 直接的な実践面では，子どもの人格をより深く力動的に読みとったり，また特別な境遇に置かれた子どもや家族へ援助したり，個別の集団の要求に応じるシステムづくりをデザインできるようになる。現象の中にある秩序や規則性をみることができるようになり，相手にあわせながらも自分らしい保育を行うことができるようになり，達成感を得られる。また間接的には子どもとの関係だけではなく，親や社会，行政制度など公的な側面に対し主張的になり，保育を行う財政や経営面にも関わるようになる。
段階5：影響力のある段階	中年期から中年期後半にあたり，身体的活動は低下減衰する。しかし，それが新たな発達の機会，実践の複雑さや要求を新たな創造的視点から捉えたり，知恵を発達させるのに寄与する。さまざまな事柄を二分法ではなく相乗作用として捉え，より抽象度の高い多様な概念とつなぎあわせて考えることが可能になる。現場の将来の発展を導くような仕事，子どもや家族の生活に影響を与える社会的なさまざまな問題についての条件の改善や保護に対し働きかけるようになる。直接子どもに働きかけるだけではなく，親や保育者が参加するネットワークや，その社会文化がもっている信念やマクロシステムを強調し，自分の実践の創り手として主張できるだけではなく，他のスタッフへの責任も負うようになる。

出典）秋田喜代美「保育者のライフステージと危機」『発達』83，ミネルヴァ書房，p.50，2000

　実践の捉え方としては，段階1では子どもの発達からその行為の意味やつながりを見ることができない。段階2では，保育者らしく学習した理論等を基に保育に生かせるが，その行動の意味を言語化することが難しく，役に立ちそうな情報もまだ使いこなす技能はもち合わせていない段階である。そしてまだ自分の価値体系に依存しやすい。段階3になると，現実の事実をよく見ることを判断の基礎にできるようになる。段階4では，子どもの人格をより深く力動的に読み取ることができたり，特別な境遇におかれた子どもや家族へ援助したりできるようになる。そして，最終段階ではより抽象度の高い多様な概念とつなぎ合わせて考えることが可能となり，新たな創造的視点をもつようになる。

　しかし秋田は，日本の場合において，保育者の経験年数は携わる園の条件によりその意味するものや発達の軌跡は違ってくるとし，5つの段階で保育者の発達するステージを検討する際に，単なる外側からの判断により位置づけられるだけでは，保育者の専門性を的確に捉える役目は果たせないと，このモデルの問題点を述べている。なぜなら「つねに，保育者は日々の保育を生成し，その生成を振り返るとそこに道ができているというものであり，線を引かれたモデルを歩んでいるのではない（p.49）」からである。そのため「保育者が生きる世界という内側の窓，保育者の声によるライフストーリーの時どきの微視的な創出過程とこうしたステージモデルが重ね合わせられ検討されること（p.51）」で保育者の生涯発達過程を考えていく必要があるとしている。

3 キャリアステージに応じた研修

　中央教育審議会答申（2015）では，**チーム学校**の担い手としての**ミドルリーダーの育成**と**キャリアステージ**に応じた研修の必要性を提言している[*1]。保育者は，養成段階を経て，新しく採用され着任して間もない新任保育者の時期から，採用後2，3年の初任保育者の時期，10年程度の中堅保育者の時期，さらに管理職へと成長していくときに，年齢や経験に応じてその時期に修得すべき知識や技術，学びたい内容，葛藤や課題などが異なってくる。そのため，保育者の専門性を踏まえた成長過程（キャリアステージ）を見通し，そしてそれぞれのステージにおける研修指標を明確にすることが必要である。**図14−2**は，幼稚園教諭・保育教諭としての成長過程を4つの時期（養成段階，新規採用から初任の時期，中堅の時期，リーダーとなる時期）で捉え，そして各時期に見られる保育者の姿を示している。

　また，このように教職キャリア全体を俯瞰しつつ，保育者がキャリアステージに応じて身に付けるべき資質や能力の明確化のために，各都道府県等において教員育成指標を整備することが求められている。

＊1　中央教育審議会答申「チームとしての学校の在り方と今後の改善方策について（答申）」2015

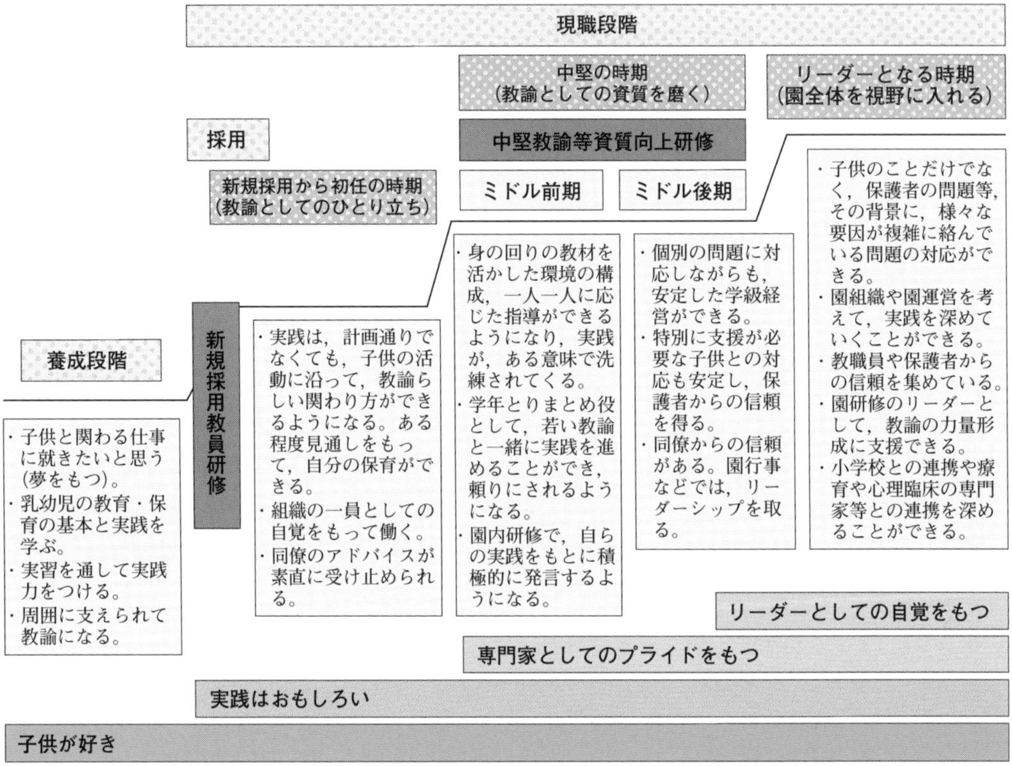

図14−2　幼稚園教諭・保育教諭としての成長過程

現職段階

中堅の時期
（教諭としての資質を磨く）

リーダーとなる時期
（園全体を視野に入れる）

採用

中堅教諭等資質向上研修

新規採用から初任の時期
（教諭としてのひとり立ち）

ミドル前期

ミドル後期

・子供のことだけでなく，保護者の問題等，その背景に，様々な要因が複雑に絡んでいる問題の対応ができる。
・園組織や園運営を考えて，実践を深めていくことができる。
・教職員や保護者からの信頼を集めている。
・園研修のリーダーとして，教諭の力量形成に支援できる。
・小学校との連携や療育や心理臨床の専門家等との連携を深めることができる。

養成段階

新規採用教員研修

・実践は，計画通りでなくても，子供の活動に沿って，教諭らしい関わり方ができるようになる。ある程度見通しをもって，自分の保育ができる。
・組織の一員としての自覚をもって働く。
・同僚のアドバイスが素直に受け止められる。

・身の回りの教材を活かした環境の構成，一人一人に応じた指導ができるようになり，実践が，ある意味で洗練されてくる。
・学年とりまとめ役として，若い教諭と一緒に実践を進めることができ，頼りにされるようになる。
・園内研修で，自らの実践をもとに積極的に発言するようになる。

・個別の問題に対応しながらも，安定した学級経営ができる。
・特別に支援が必要な子供との対応も安定し，保護者からの信頼を得る。
・同僚からの信頼がある。園行事などでは，リーダーシップを取る。

・子供と関わる仕事に就きたいと思う（夢をもつ）。
・乳幼児の教育・保育の基本と実践を学ぶ。
・実習を通して実践力をつける。
・周囲に支えられて教諭になる。

リーダーとしての自覚をもつ

専門家としてのプライドをもつ

実践はおもしろい

子供が好き

出典）平成28年度文部科学省委託「幼児期の教育内容等深化・充実調査研究」『幼稚園教諭・保育教諭のための研修ガイドⅢ—実践の中核を担うミドルリーダーの育成を目指して』（保育教諭養成課程研究会）

４幼稚園教諭や保育士の法定研修および保育士等キャリアアップ研修

　公立幼稚園教諭の現職研修については，教育公務員特例法により，1992（平成4）年から新規採用教員研修が，そして2003（平成15）年から10年経験者研修が法定研修として定められ，教育委員会や私立幼稚園協会などが主催し，教員の専門性を高めることに努めてきた。そして「チーム学校」の必要性とあいまって，2017（平成29）年度より，「ミドルリーダー」となるべき人材を育成すべき研修として「**中堅教員等資質向上研修**」に制度が改められた。また保育教諭は，公立の場合，教育公務員特例法に規定する教育公務員としての取り扱いとなるため，今まで保育士として勤務していた職員は，新規採用者研修や中堅教員等資質向上研修を受けることが必要となった。

　一方，私立の幼稚園教諭や保育士の場合は各法人や園にまかされており，法的

に整備された研修などが位置づけられておらず努力義務に留まっていた。しかし2017（平成29）年4月1日に厚生労働省より「保育士等キャリアアップ研修の実施について」[*1]が示され，そのなかで「保育士等キャリアアップ研修ガイドライン」を定め，研修が制度として運用されることとなった。その研修の内容は，**専門分野研修**（①乳児保育，②幼児教育，③障害児保育，④食育・アレルギー対応，⑤保健衛生・安全対策，⑥保護者支援・子育て支援），**マネジメント研修**，**保育実践研修**である。受講対象者は保育所等の保育現場において，各専門分野に関してリーダー的な役割を担う者とされている。つまり，中堅の保育士等の力量向上を目指し，なおかつリーダーとしての働きに報酬も加えていくという趣旨も含まれている。また私立幼稚園教諭等も，地方自治体や幼稚園団体等が実施する研修を受講することでキャリアアップに活用できるようになり，保育者の専門性向上につながることが期待される。

＊1 厚生労働省「保育士等キャリアアップ研修の実施について」2017

5 園内研修での学び

　キャリアステージに応じて実施される園外での研修が多数ある一方，近年，自園において定期的に実施する**園内研修**の重要性が，これまでに増して強調されている。園外における研修は，その形態が講演，実技講習，他園の見学など多種にわたるが，大人数で参加するため，受講者が受け身になることが多い。それに対して，園内研修の利点は，少人数で実施でき，保育者が継続して主体的に参加できることである。また野本（2013）は，園内研修を行う利点として，同じ保育現場の保育者が共通の目標をもって計画・実施できること，実際の保育における具体的な課題に取り組めること，日々の保育を振り返り，見直すことを通して，新たな保育の課題を見つける機会となることを挙げている。

　保育者同士が保育について話し合い，学び合う園内研修の1つの形態として，「**保育カンファレンス**」がある（森上,1988）。保育カンファレンスとは，医師や看護師などが集団で行う臨床事例についての協議を，保育に適用した事例検討会である。保育カンファレンスは，「各々の保育者のひとりよがりの実践と省察に陥る危険性をカバーし，お互いの保育の見方，考え方をより豊かにし，園全体の保育の質を向上させていく」（平山,1995）という点で有効である。ただ「日本の保育者集団は，率直な意見を交わしつつ学び合うということがそれほど得意ではない」（佐伯,2000）という指摘がある。しかし近年では，すべての参加者が意見を出し合い，新たな気づきや学びを生み出す「参加型園内研修」（秋田,2011）や「創発型研修」（岡,2013）が提言されるようになり，そのような研修を有効に行うための方法も提案されている。例えば，話し合いを効果的に進めるためのツールとして，KJ法，付箋や写真，ビデオなどを使用する方法，参加者同士の

議論を活発にするためのファシリテーター（進行役）の導入などである。

　なお中央教育審議会答申（2015）[*1]において，「研修そのもののあり方や手法の見直し，講義形式の研修から，主体的・協働的な学びの要素を含んだ研修への転換を図る必要性」が課題として挙げられており，現在，園内研修を参加型に転換し保育者の資質向上を図り，保育の質の維持向上を目指していくことが求められている。

＊1 p.235, 脚注＊1参照

＜引用・参考文献＞

秋田喜代美「保育者のライフステージと危機」『発達』第83号ミネルヴァ書房，pp.48-52，2000

秋田喜代美「これからの園内研修－育ちあう組織に向けて本実践から学ぶこと」『参加型園内研修のすすめ－学び合いの「場づくり」』秋田喜代美（監修）松山益代（著），pp.93-104，ぎょうせい，2011

中央教育審議会「これからの学校教育を担う教員の資質能力の向上について～学び合い，高め合う教員育成コミュニティの構築に向けて～（答申）」2015.12

中央教育審議会「幼稚園，小学校，中学校，高等学校及び特別支援学校の学習指導要領等の改善及び必要な方策等について（答申）」2016.12

平山園子「園内研修における保育者の成長－保育カンファレンスの有効性の検討」『日本保育学会大会論文集48』pp.666-667，1995

保育教諭養成課程研究会『幼稚園教諭・保育教諭のための研修ガイドⅢ－実践の中核を担うミドルリーダーの育成を目指して－』2017

保育教諭養成課程研究会『幼児教育を担う教員に求められる資質・能力を高める研修モデルの開発』2022

厚生労働省『保育所保育指針』2017

厚生労働省『保育所保育指針解説』2018

鯨岡峻「保育者の専門性とはなにか」『発達』第83号，ミネルヴァ書房，pp.53-60，2000

文部科学省「幼稚園教員の資質向上について－自ら学ぶ幼稚園教員のために（幼稚園教員の資質向上に関する調査研究協力者会議報告）」2002

文部科学省『幼稚園教育要領』2017

文部科学省『幼稚園教育要領解説』2018

森上史朗「より良い実践研究のために」別冊発達7『乳幼児保育実践研究の手びき』ミネルヴァ書房，pp.243-250，1988

内閣府・文部科学省・厚生労働省『幼保連携型認定こども園教育・保育要領』2017

野本茂夫「園内研修」，森上史朗・柏女霊峰（編）『保育用語辞典（第7版）』ミネルヴァ書房，pp.194，2013

岡健「園内研修が活性化する三つのポイント」『これからの幼児教育』春号，pp.2-5，2013

佐伯胖「学び合う保育者　ティーム保育における保育者の成長と学び」『発達』83，ミネルヴァ書房，pp.41-47，2000

保育・教育ネオシリーズ [5]

発達の理解と保育の課題

2003 年 4 月 1 日　第一版第 1 刷発行
2010 年 4 月 1 日　第二版第 1 刷発行
2023 年 4 月 1 日　第三版第 1 刷発行

編著者　無藤　隆
著　者　藤谷智子・上村佳世子
　　　　松嵜洋子・吉川はる奈
　　　　小松　歩・平山祐一郎
　　　　相良順子・塩﨑万里
　　　　大國ゆきの・細川かおり
　　　　中島寿子・福丸由佳
　　　　中橋美穂
本文イラスト　いば さえみ
ＤＴＰ　稲垣園子
発行者　宇野文博
発行所　株式会社　同文書院
　　　　〒 112-0002
　　　　東京都文京区小石川 5-24-3
　　　　TEL (03)3812-7777
　　　　FAX (03)3812-7792
　　　　振替　00100-4-1316
印刷・製本　中央精版印刷株式会社